银行业专业人员职业资格考试辅导系列

银行业法律法规与综合能力(中级)

过关必做1200题(含历年真题)

(第3版)

主编:圣才学习网
www.100xuexi.com

中国石化出版社
·北京·

内 容 提 要

本书是银行业专业人员职业资格考试科目“银行业法律法规与综合能力(中级)”的过关必做习题集。本书遵循银行业法律法规与综合能力(中级)考试大纲的章目编排，包括5部分，共分为26章，根据《银行业法律法规与综合能力》教材内容及相关法律法规精心编写了约1200道习题，其中包括历年机考真题。所选习题基本涵盖了考试大纲规定需要掌握的知识内容，侧重于选编常考重难点习题，并对大部分习题进行了详细的分析和解答。

圣才学习网(www.100xuexi.com)提供银行业专业人员职业资格考试辅导方案【视频课程、电子书、题库等】。购书即可享受大礼包增值服务【本书电子书(手机版、电脑版)】。手机扫码(本书封底)领取本书大礼包。

图书在版编目(CIP)数据

银行业法律法规与综合能力(中级)过关必做1200题：含历年真题/圣才学习网主编. —3版. —北京：中国石化出版社，2024.2
(银行业专业人员职业资格考试辅导系列)
ISBN 978-7-5114-7403-2

Ⅰ.①银… Ⅱ.①圣… Ⅲ.①银行法-中国-资格考试-习题集 Ⅳ.①D922.281.4

中国国家版本馆CIP数据核字(2024)第050363号

中国石化出版社出版发行
地址：北京市东城区安定门外大街58号
邮编：100011　电话：(010)57512500
发行部电话：(010)57512575
http://www.sinopec-press.com
E-mail：press@sinopec.com
武汉市盛宏源印务有限公司印刷
全国各地新华书店经销
*
787×1092毫米 16开本 15.75印张 396千字
2024年3月第3版　2024年3月第1次印刷
定价：58.00元

序　言

为了帮助考生顺利通过银行业专业人员职业资格考试，我们根据考试大纲和指定参考教材精心制作了银行业专业人员职业资格考试辅导系列。

1. 银行业法律法规与综合能力(中级)过关必做1200题(含历年真题)
2. 银行业法律法规与综合能力(中级)历年真题与考前押题详解
3. 个人理财(中级)过关必做1200题(含历年真题)
4. 个人理财(中级)历年真题与考前押题详解
5. 公司信贷(中级)过关必做1000题(含历年真题)
6. 公司信贷(中级)历年真题与考前押题详解
7. 个人贷款(中级)过关必做1000题(含历年真题)
8. 个人贷款(中级)历年真题与考前押题详解
9. 风险管理(中级)过关必做1000题(含历年真题)
10. 银行管理(中级)过关必做1000题(含历年真题)

本书是银行业专业人员职业资格考试科目“银行业法律法规与综合能力(中级)”的过关必做习题集。本书遵循银行业法律法规与综合能力(中级)考试大纲的章目编排，包括5部分，共分为26章，根据《银行业法律法规与综合能力》教材内容及相关法律法规精心编写了约1200道习题，其中包括历年机考真题。所选习题基本涵盖了考试大纲规定需要掌握的知识内容，侧重于选编常考重难点习题，并对大部分习题进行了详细的分析和解答。

购书即可享受大礼包增值服务。手机扫码(本书封底)领取本书大礼包。具体包括：本书电子书(手机版、电脑版)。

与本书相配套，圣才学习网提供银行业专业人员职业资格考试视频课程、电子书、题库。

圣才学习网(www.100xuexi.com)是一家为全国各类考试和专业课学习提供名师视频课程、电子书、题库等全方位教育服务的综合性学习型视频学习网站，拥有近100种考试(含418个考试科目)、194种经典教材(含英语、经济、管理、证券、金融等共16大类)，合计近万小时的面授班、网授班课程。

资格考试：www.100xuexi.com(圣才学习网)
考研辅导：kaoyan.100xuexi.com(圣才考研网)

圣才学习网编辑部

目　录

第一部分　经济金融基础知识

第一章　经济基础知识

一、单选题(下列选项中只有一项最符合题目要求，请将正确选项的代码填入括号内)

1. 在国际收支中，汇款和捐赠应该记入国际收支平衡表中的(　　)。[2023 年 10 月真题]
   A. 资本与金融账户　　B. 经常账户
   C. 错误与遗漏账户　　D. 储备与相关账户

【解析】汇款和捐赠属于国际收支平衡表经常账户中的经常转移。

2. 以下不属于影响行业兴衰主要因素的选项是(　　)。[2023 年 10 月真题]
   A. 社会变化　　B. 政府政策　　C. 企业家精神　　D. 技术进步

【解析】影响行业兴衰的主要因素包括：①技术进步；②政府政策；③行业组织创新；④社会变化；⑤经济全球化。

3. 下列不属于经济周期所经历阶段的是(　　)。[2023 年 10 月真题]
   A. 衰退阶段　　B. 成长阶段　　C. 繁荣阶段　　D. 萧条阶段

【解析】经济周期是指经济处于生产和再生产过程中周期性出现的经济扩张与经济紧缩交替更迭、循环往复的一种现象。经济周期一般分为四个阶段：繁荣阶段、衰退阶段、萧条阶段和复苏阶段。

4. 在行业的市场结构中，(　　)是由许多企业生产同质产品的市场情形，是竞争充分而不受任何阻碍和干扰的一种市场结构。[2021 年 6 月真题]
   A. 完全竞争的行业　　B. 寡头垄断的行业
   C. 完全垄断的行业　　D. 垄断竞争的行业

【解析】完全竞争的行业，是指由许多企业生产同质产品的市场情形，是竞争充分而不受任何阻碍和干扰的一种市场结构。在现实生活中这类市场非常罕见，只有初级产品的市场类型如农产品市场较为接近。

5. 一个市场中许多生产者生产同种但不同质产品的市场情形，这种行业是指(　　)。[2019 年 6 月真题]
   A. 完全竞争的行业　　B. 寡头垄断的行业
   C. 完全垄断的行业　　D. 垄断竞争的行业

【解析】垄断竞争的行业，是指一个市场中许多生产者生产同种但不同质产品的市场情形。在垄断竞争的市场上，每个厂商都在市场上具有一定的垄断能力，但它们之间又存在着激烈的竞争。

1B　2C　3B　4A　5D

6. 下列关于 GDP 增长率的表述，正确的是(　　)。[2018 年 6 月真题]

A. GDP 增长率越高越好

B. 表示国民生产总值的增长情况

C. 反映了通货膨胀情况

D. 反映一定时期经济发展水平变化程度的动态指标

【解析】国内生产总值 GDP 是衡量一国(或地区)整体经济状况的主要指标，GDP 增长率是反映一定时期经济发展水平变化程度的动态指标。

7. 一国领土范围内，本国居民和外国居民在一定时期内所生产的、以市场价格表示的产品和劳务总值是(　　)。[2017 年 6 月真题]

A. 国民收入　　B. 国民生产总值　　C. 国民生产净值　　D. 国内生产总值

【解析】衡量经济增长的宏观经济指标是国内生产总值(GDP)，它是指一国(或地区)所有常住居民在一定时期内生产活动的最终成果，即指在一国的领土范围内，本国居民和外国居民在一定时期内所生产的、以市场价格表示的产品和劳务总值。

8. 国际收支平衡是宏观经济发展总体目标的重要内容之一，关于这一目标的表述，正确的是(　　)。[2017 年 6 月真题]

A. 国际收支顺差越大对一国经济发展越有利

B. 国际收支差额最好处于一个相对合理的范围

C. 国际收支差额对一国国内经济发展基本无影响

D. 国际收支逆差越大对一国经济发展越有利

【解析】国际收支平衡是指国际收支差额处于一个相对合理的范围内，既无巨额的国际收支赤字，又无巨额的国际收支盈余。保持国际收支平衡是保证国民经济持续稳定增长和经济安全的重要条件。

9. 以下属于垄断竞争行业特征的是(　　)。

A. 市场上只有唯一的一个企业生产和销售产品

B. 所有的资源具有完全的流动性

C. 市场上存在许多生产者，且其对自己经营的产品的价格有一定的控制力

D. 企业生产和销售的产品没有合适的替代品

【解析】垄断竞争的行业的特点是：①生产者众多，各种生产资料可以流动；②生产的产品同种但不同质，即产品之间存在着差异；③由于产品差异性的存在，生产者可以树立自己产品的信誉，从而对自己经营的产品的价格有一定的控制力。AD 两项属于完全垄断行业的特征；B 项属于完全竞争行业的特征。

10. 在衡量通货膨胀时，(　　)使用得最多、最普遍。

A. 通货膨胀率　　B. 消费者物价指数

C. 生产者物价指数　　D. GDP 平减指数

【解析】常用来衡量通货膨胀的指标有三种：消费者物价指数、生产者物价指数、国内生产总值物价平减指数。其中，消费者物价指数使用得最多、最普遍。

6D　7D　8B　9C　10B

11. 随着经济全球化及金融创新的发展，金融危机越来越多地表现为(　　)。

A. 货币危机　　B. 银行危机　　C. 金融机构危机　　D. 系统性金融危机

【解析】国际货币基金组织将金融危机分为四大类：①货币危机；②银行危机；③外债危机；④系统性金融危机。随着经济全球化及金融创新的发展，金融危机越来越多地表现为系统性金融危机。

12. 在经济高涨时期，增长型行业的发展速度通常(　　)社会发展速度。

A. 高于　　B. 低于　　C. 等于　　D. 没有必然联系

【解析】增长型行业的运行状态与经济周期关联不大。在经济高涨时期，增长型行业的发展速度通常高于社会发展速度，而在经济衰退时期，其受到影响较小甚至还能保持一定的增长势头。

13. 在经济周期的下降阶段，食品业的销售收入和利润会(　　)。

A. 上升　　B. 下降　　C. 基本稳定　　D. 难以预测

【解析】食品业属于防守型行业，防守型行业所提供的产品需求相对稳定，不受经济周期变化影响，无论在经济周期上升阶段或下降阶段，由于稳定的需求和价格，行业的销售收入和利润会呈现基本稳定的态势。

14. 行业组织是指同一行业内企业的组织形态和企业间的关系，其内容不包括(　　)。

A. 市场结构　　B. 市场行为　　C. 市场供给　　D. 市场绩效

【解析】行业组织是指同一行业内企业的组织形态和企业间的关系，包括市场结构、市场行为、市场绩效三个方面内容。

15. 下列不属于国内生产总值核算方法的是(　　)。

A. 生产法　　B. 支出法　　C. 预算法　　D. 收入法

【解析】在实际核算中，国内生产总值有三种计算方法，即生产法、收入法和支出法。

二、多选题(下列选项中有两项或两项以上符合题目要求，请将符合题目要求选项的代码填入括号内)

1. 经济结构是指从不同角度考察的国民经济构成，一般包括(　　)等。[2022 年 7 月真题]

A. 产品结构　　B. 地区结构　　C. 所有制结构　　D. 产业结构

E. 城乡结构

【解析】经济结构是指从不同角度考察的国民经济构成，一般包括产业结构、地区结构、城乡结构、产品结构、所有制结构、分配结构、技术结构、消费投资结构等。

2. 区域经济发展条件一般包括(　　)。[2019 年 6 月真题]

A. 自然资源数量　　B. 劳动人口数量　　C. 科学技术条件　　D. 基础设施

E. 自然资源质量

【解析】AE 两项，自然条件和自然资源是区域社会经济发展的物质前提和物质基础，自然资源的数量、质量、地域组合及开发利用条件等都将对区域发展产生重要的影响；

11D　12A　13C　14C　15C　▌　1ABCDE　2ABCDE

B 项，区域劳动人口的数量会影响区域自然资源开发利用的规模(生产规模的大小)，区域人口的素质会影响区域经济的发展水平和区域产业的构成状况；C 项，技术是构成区域生产力的重要组成部分，科学技术条件是发展的重要条件之一；D 项，对区域基础设施的分析应重点评价基础设施的种类、规模、水平、配套等对区域发展的影响。

3. 下列关于行业生命周期与银行信贷的说法，正确的有(　　)。[2018 年 6 月真题]

A. 成长期是银行业发展黄金时期，进入该行业企业数量不断增加，竞争压力增大

B. 处于衰退期行业，市场需求量大幅减少，银行应提早采取退出策略

C. 处于成熟期行业的企业相对稳定，是银行主要客户群体，各类客户均需积极进入

D. 行业生命周期可分为初创期、成长期、成熟期和衰退期四个阶段

E. 处于初创期的企业，成长性较快，是银行抢先营销进入的最佳时期

【解析】初创期是一个行业的起步阶段，产品市场上需求较小，销售收入较低，这时的创业企业可能不仅没有利润还会出现较大亏损。

4. 在我国，衡量一般物价水平上涨幅度常用的指标有(　　)。[2017 年 6 月真题]

A. 房地产价格指数　　B. 住房价格指数

C. 国内生产总值物价平减指数　　D. 消费者物价指数

E. 生产者物价指数

【解析】通货膨胀是指一般物价水平在一段时间内持续、普遍地上涨的经济现象。常用的指标有三种：消费者物价指数、生产者物价指数、国内生产总值物价平减指数。

5. 经济波动周期对商业银行经营状况的影响主要表现在(　　)。[2015 年 10 月真题]

A. 一般来说，经济处于繁荣时期，银行业整体的经营状况会比较好

B. 在经济高涨阶段，商业银行资产规模和利润也会处于最高水平

C. 在衰退阶段，企业资金需求上升，信贷规模扩大，银行经营利润上升

D. 在衰退和萧条阶段，银行信用投放能力减少，经营利润也下降

E. 在经济复苏阶段，企业生产活动趋于正常，商业银行利润也明显扩大

【解析】经济波动的周期性会在很大程度上决定和影响商业银行的经营状况：①在经济繁荣阶段，商业银行的资产规模和利润处于最高水平。②在经济衰退阶段和萧条阶段，商业银行的负债规模严重下降，企业破产倒闭使银行贷款坏账增加，导致银行贷款收缩，信用投放能力锐减，经营利润也大幅度下降，甚至出现亏损。③在经济复苏阶段，公众对市场信心恢复，企业投资意愿增加，企业开始增加投资并进行固定资产更新，生产经营活动趋于正常，利润增加，对借贷资金的需求也显著扩大，商业银行的资产业务规模和利润也有明显扩大。因此，一般来说，如果经济处于繁荣时期，银行业整体的经营状况就会比较好；如果经济处于严重的衰退与萧条之中，那么银行业整体上也难以保持健康。

6. 关于失业率，下列说法正确的有(　　)。

A. 我国统计部门公布的失业率是全社会失业率

B. 城镇登记失业率即城镇登记失业人数占城镇从业人数与城镇登记失业人数之和的百

3ABCD　4CDE　5ABDE　6BCDE

分比

C. 失业率是充分就业的宏观经济衡量指标

D. 城镇登记失业人员拥有非农业户口

E. 劳动力人口是指年龄在16周岁以上具有劳动能力的人的全体

【解析】A项，我国统计部门公布的失业率为城镇登记失业率。

7. 下列属于完全垄断行业的特征的有(　　)。

A. 市场上只有唯一的一个企业生产和销售产品

B. 该企业生产和销售的产品缺乏合适的替代品

C. 存在许多卖者，每个企业都认为自己行为的影响很小

D. 企业生产的产品属于某种特质产品

E. 企业对产品价格有很强的控制力

【解析】完全垄断的行业，是指独家企业生产某种特质产品从而整个行业的市场完全处于一家企业所控制之下的情形。其主要特点是：市场完全处于一家企业的控制中，产品被独占，产品又缺乏合适的替代品，所以垄断企业对自己的产品价格有很强的控制力，能够获得最大利润。

8. 以下属于寡头垄断行业的特征的有(　　)。

A. 相对少量的生产者在某种产品的生产中占据很大市场份额

B. 企业生产和销售的产品没有合适的替代品

C. 企业进入和退出市场比较困难

D. 大量的企业生产同质产品

E. 市场集中度高

【解析】寡头垄断的行业，是指相对少量的生产者在某种产品的生产中占据很大市场份额的情形。生产者产量非常大，因此对市场的价格和交易具有一定的垄断能力。只有少量的生产者生产同一种产品，市场集中度高；每个企业的产量在全行业中占有的份额都比较大，进出壁垒比较高。B项属于完全垄断行业的特征；D项属于完全竞争行业的特征。

9. 宏观经济发展的四大总体目标一般用(　　)等指标衡量。

A. 国民生产总值　　B. 国内生产总值　　C. 通货膨胀率　　D. 失业率

E. 国际收支

【解析】宏观经济发展的总体目标一般包括四个，即经济增长、充分就业、物价稳定和国际收支平衡。这四大目标分别通过国内生产总值、失业率、通货膨胀率和国际收支等指标来衡量。

10. 常用来衡量通货膨胀的指标有(　　)。

A. 消费者物价指数　　B. GDP增长率

C. 国内生产总值物价平减指数　　D. 生产者物价指数

E. 美元指数

7ABDE　8ACE　9BCDE　10ACD

【解析】对通货膨胀的衡量可以通过对一般物价水平上涨幅度的衡量来进行。常用的指标有三种：消费者物价指数、生产者物价指数、国内生产总值物价平减指数。

11. 经济周期一般分为四个阶段，下列(　　)属于繁荣阶段的特点。
A. 社会购买力上升
B. 企业开始增加投资并进行固定资产更新
C. 产品供不应求，价格上升
D. 企业的经营规模不断扩大
E. 消费需求开始减少

【解析】在经济繁荣阶段，失业率下降，收入增加使消费支出增加，社会购买力上升，市场兴旺，产品供不应求，价格上升；市场预期好转，企业投资意愿增强；生产发展迅速，企业的经营规模不断扩大，投资数额显著增加，利润激增，这时，商业银行的资产规模和利润也处于最高水平。B项属于经济复苏阶段的特点；E项属于经济衰退阶段和萧条阶段的特点。

12. 按照国际货币基金组织的分类，金融危机包括(　　)。
A. 货币危机　B. 银行危机　C. 金融机构危机　D. 外债危机
E. 系统性金融危机

【解析】金融危机是指一个或几个国家与地区的全部或大部分金融指标的急剧和超周期的恶化，其结果是金融市场不能有效地提供资金向最佳投资机会转移的渠道，从而对整个经济造成严重破坏。国际货币基金组织将金融危机分为四大类：①货币危机；②银行危机；③外债危机；④系统性金融危机。

13. 经济结构会通过影响一国国民经济的(　　)来间接影响商业银行。
A. 供需平衡　B. 增长速度　C. 增长质量　D. 稳定性
E. 可持续性

【解析】经济结构对商业银行既有直接影响，也有间接影响。从直接的角度来看，经济结构会直接影响社会经济主体对商业银行服务的需求，从而在一定程度上决定商业银行的经营特征。从间接的角度来看，经济结构会通过影响一国国民经济的增长速度、增长质量和可持续性来影响商业银行。

14. 国内生产总值的表现形态包括(　　)。
A. 收入形态　B. 产品形态　C. 货币形态　D. 价值形态
E. 服务形态

【解析】国内生产总值(GDP)是指一国(或地区)所有常住居民在一定时期内生产活动的最终成果，即指在一国的领土范围内，本国居民和外国居民在一定时期内所生产的、以市场价格表示的产品和劳务总值。国内生产总值有三种表现形态，即价值形态、收入形态和产品形态。

15. 国际收支平衡表的账户包括(　　)。
A. 收入账户　　B. 经常账户

11ACD　12ABDE　13BCE　14ABD　15BCD

C. 资本与金融账户　　D. 错误与遗漏账户

E. 支出账户

【解析】国际收支平衡表是系统地记录一个国家一定时期内(通常为一年)全部国际收支项目及金额的统计报表。国际收支平衡表的账户可分为三大类：①经常账户；②资本与金融账户；③错误与遗漏账户。

16. 下列行业中属于第三产业的是(　　)。

A. 批发和零售业　　B. 制造业

C. 金融业　　D. 文化、体育和娱乐业

E. 建筑业

【解析】国民经济可分为第一产业、第二产业和第三产业。国家统计局 2018 年 3 月 27 日发布了《关于修订〈三次产业划分规定(2012)〉的通知》，根据《国民经济行业分类》(GB/T 4754—2017)，对三次产业划分中的行业类别进行了调整。调整后的第三产业即服务业，是指除第一产业、第二产业以外的其他行业，具体包括：农、林、牧、渔专业及辅助性活动，开采专业及辅助性活动，批发和零售业，交通运输、仓储和邮政业，住宿和餐饮业，信息传输、软件和信息技术服务业，金融业，房地产业，租赁和商务服务业，科学研究和技术服务业，水利、环境和公共设施管理业，居民服务、修理和其他服务业，教育，卫生和社会工作，文化、体育和娱乐业，公共管理、社会保障和社会组织，国际组织。BE 两项属于第二产业。

三、**判断题**(请对下列各题的描述做出判断，正确的用 A 表示，错误的用 B 表示)

1. 经济危机一旦引发经济基本面的极端恶化，大量企业倒闭，社会经济陷入极端萧条中，就会发展为金融危机。(　　)

【解析】金融危机一旦引发经济基本面的极端恶化，大量企业倒闭，社会经济陷入极端萧条中，就会发展为经济危机。

2. 在很多情况下，行业的衰退期往往比行业生命周期的其他阶段的总和还要长。(　　)

【解析】在很多情况下，行业的衰退期往往比行业生命周期的其他阶段的总和还要长，大量的行业存在着衰而不亡的情况，甚至会长期存在于人类社会发展过程中。

3. 行业组织创新是使行业组织重新获得竞争优势的过程。(　　)

【解析】行业组织创新是使行业组织重新获得竞争优势的过程。一些组织创新活跃的行业，随着新技术、新产品和新型组织关系的不断涌现，往往能获得超额利润。

4. 对区域经济发展水平和发展阶段的分析是通过纵向比较，明确区域经济发展水平，确定其所处的发展阶段，为区域经济发展的战略决策提供依据。(　　)

【解析】对区域经济发展水平和发展阶段的分析主要是在建立经济发展水平量度标准的基础上，通过横向比较，明确区域经济发展水平，确定其所处的发展阶段，为区域经济发展的战略决策提供依据。

5. 国际收支包括引发外汇收支的经济交易，但不包括不涉及外汇收支的易货及补偿贸易等

16ACD　▌　1B　2A　3A　4B　5B

国际经济交易。（　　）

【解析】国际收支记录的是一国居民与非居民之间的交易；是一定时期内对外交往的全部发生额，它既包括了价值对等转移，也包括价值的单方面转移；既包括引发外汇收支的经济交易，也包括不涉及外汇收支的易货及补偿贸易等国际经济交易。

第二章　金融基础知识

一、**单选题**（下列选项中只有一项最符合题目要求，请将正确选项的代码填入括号内）

1. 货币执行价值尺度职能的特点是（　　）。［2023 年 10 月真题］

A. 必须是直接以重量计算的贵金属　　B. 必须是现实的货币

C. 必须是足值的货币　　D. 可以是观念形态的货币

【解析】货币在表现商品的价值并衡量商品价值量的大小时，执行价值尺度的职能。货币充当价值尺度职能，既可以是本身有价值的特殊商品，也可以是不足值或没有价值的信用货币或价值符号。作为价值尺度，货币把一切商品的价值表现为同名的量，使商品在质的方面相同，在量的方面可以比较。货币执行价值尺度的特点：可以是观念形态的货币。

2. 下列选项中，有利于货币需求增加的因素是（　　）。［2023 年 10 月真题］

A. 居民、企业等经济主体的收入减少　　B. 货币流通速度加快

C. 社会商品可供量减少　　D. 利息率下降

【解析】在正常情况下，利息率上升，货币需求减少；利息率下降，货币需求增加，利息率与货币需求呈负相关关系。

3. 金融在促进经济增长中发挥着不可替代的作用。金融系统基本的、核心的功能不包括（　　）。［2023 年 10 月真题］

A. 提供清算和结算的途径以完成商品和各种资产的交易

B. 便利资源在时间和空间上的转移

C. 提供分散、转移和管理风险的途径

D. 提供了商品流通渠道及交易机制

【解析】金融在促进经济增长中发挥着不可替代的作用。金融系统基本的、核心的功能主要包括便利资源在时间和空间上的转移、提供分散转移和管理风险的途径、提供清算和结算的途径、提供集中资本和股份分割的机制以及提供价格信息。

4. 目前我国划分货币层次的依据是货币的（　　）。［2023 年 6 月真题］

A. 风险性　　B. 流动性　　C. 收益性　　D. 稳定性

【解析】在实践中，各国中央银行对货币层次的划分不尽相同，但所依据的标准基本一致，即货币的流动性。流动性是金融资产转化为现金所需要的时间和成本的多少，即金融资产转化为货币而不损失的能力。

5. 外汇标价：1 美元 = 6.3251 元人民币，针对这种标价法，下列表述正确的是（　　）。［2022 年 7 月真题］

A. 如在中国外汇市场，则是直接标价法

1D　2D　3D　4B　5A

B．如在美国外汇市场，则是直接标价法

C．如在中国外汇市场，则是间接标价法

D．如在英国外汇市场，则是直接标价法

【解析】直接标价法是以一定单位的外币作为标准，来计算应付多少本币的标价方法，又称为应付标价法。在直接标价法下，外币的数额作为标准保持固定不变，应付本币金额随着外币和本币币值的变化而变动。

6．中央银行在金融市场上可以通过卖出或买入有价证券影响基础货币的供给，这种货币政策工具是(　　)。[2021 年 10 月真题]

A．窗口指导　　B．再贷款与再贴现

C．公开市场业务　　D．存款准备金率

【解析】公开市场业务是指中央银行在金融市场上卖出或买进有价证券，吞吐基础货币，以改变商业银行等金融机构的可用资金，进而影响货币供应量和利率，实现货币政策目标的一种政策措施。

7．一国货币对外升值后，下列关于对进口贸易影响的说法，正确的是(　　)。[2021 年 6 月真题]

A．有利于外国商品的进口　　B．有利于减少贸易逆差

C．有利于增加贸易顺差　　D．有利于本国商品的出口

【解析】本国货币升值后，以外国货币表示的本国出口商品的价格上升，出口商品在国外市场上的竞争力下降，利润减少，出口量减少；相反，进口商品以本国货币表示的价格下降，需求会上升，进而扩大进口。贸易逆差扩大。

8．在我国能够规定和调整法定存款准备金率的机构是(　　)。[2019 年 6 月真题]

A．国家金融监督管理总局　　B．中国银行业协会

C．中国人民银行　　D．政策性银行

【解析】法定存款准备金政策是指中央银行在法律所赋予的权力范围内，通过规定和调整法定存款准备金率，控制商业银行信用创造能力，间接控制社会货币供应量的措施。

9．下面关于通货紧缩的表述，正确的是(　　)。[2018 年 10 月真题]

A．通货紧缩是物价稳定的表现

B．通货紧缩是货币供求失衡的表现

C．通货紧缩是对经济增长有利的经济现象

D．通货紧缩是货币价值稳定、经济发展良好的表现

【解析】通货紧缩是指经济中货币供应量少于客观需要量，社会总需求小于总供给，导致单位货币升值、价格水平普遍和持续下降的经济现象。与通货膨胀一样，通货紧缩也是货币供求失衡、物价不稳定的一种表现，对整个经济增长也同样有着不利的影响。

10．在整个利率体系中发挥基础性作用的利率称为(　　)。[2018 年 10 月真题]

A．实际利率　　B．名义利率　　C．市场利率　　D．基准利率

【解析】基准利率通常是由一个国家中央银行直接制定和调整、在整个利率体系中发挥

6C　7A　8C　9B　10D

基础性作用的利率，在市场经济国家主要指再贴现利率。基准利率一旦发生变动，金融市场其他利率也相应地同向变动。

11. 下列各项中，中央银行票据的流动性次于(　　)。[2018 年 10 月真题]

A. 企业债券　　B. 现金　　C. 普通股票　　D. 金融债

【解析】流动性是金融资产转化为现金所需要的时间和成本的多少，即金融资产转化为货币而不损失的能力。现金是最具流动性的资产。

12. 货币的本质决定了货币是(　　)。[2017 年 10 月真题]

A. 具有价值和使用价值的普通商品　　B. 具有使用价值的普通商品

C. 是固定充当一般等价物的特殊商品　　D. 是固定充当一般等价物的普通商品

【解析】货币的本质表现为：货币是一般等价物，是固定充当一般等价物的特殊商品，体现商品生产者之间的社会关系。

13. 当商业银行向中央银行借款时，对全社会的基础货币产生的影响是(　　)。[2016 年 11 月真题]

A. 对基础货币没有影响　　B. 基础货币扩张

C. 与基础货币不相关　　D. 基础货币收缩

【解析】扩张的货币政策主要是通过降低法定存款准备金率、降低再贴现率、公开市场买入有价证券等手段，以增加商业银行的超额准备金、增加基础货币，扩大货币乘数，增加社会货币供给总量。商业银行向中央银行借款，增加了商业银行的超额准备金，从而使基础货币扩张。

14. 关于中国人民银行买卖国库券，下列选项表述正确的是(　　)。[2016 年 6 月真题]

A. 买卖国库券会增加货币投放量　　B. 流动性较弱

C. 买卖国库券的主要目的是筹集资金　　D. 属于中国人民银行的公开市场业务

【解析】中央银行公开市场业务买卖的证券主要是政府公债和国库券。与一般金融机构所从事的证券买卖不同，中央银行买卖证券的目的不是为了盈利，而是调控经济。当中央银行需要增加货币供应量时，可利用公开市场操作买入证券，增加商业银行的超额准备金，通过商业银行存款货币的创造功能，最终导致货币供应量的多倍增加。同时，中央银行买入证券还可导致证券价格上涨，市场利率下降。反之则相反。公开市场操作手段流动性较强，是中央银行常用的主要货币政策工具。

15. 下列选项中属于通货紧缩产生的原因之一是(　　)。[2015 年 10 月真题]

A. 货币供给过多　　B. 经济结构不合理，存在过多的无效供给

C. 外资流入增加　　D. 有效需求过大

【解析】通货紧缩是指经济中货币供应量少于客观需要量，社会总需求小于总供给，导致单位货币升值、价格水平普遍和持续下降的经济现象。通货紧缩产生的原因有：①货币供给减少。②有效需求不足。③供需结构不合理。由于经济中存在不合理的扩张和投资，造成了不合理的供给结构和过多的无效供给，当积累到一定程度时必然加剧供求之间的矛盾，导致供过于求，产品价格下跌。④国际市场的冲击。对于开放度

11B　12C　13B　14D　15B

较高的国家，在国际经济不景气的情况下，国内市场也会受到很大的影响。主要表现在出口下降，外资流入减少，导致国内供给增加、需求减少，产品价格下降。

16. 当本国利率水平高于外国利率时，会引起(　　)。[2015年10月真题]

A. 对本国货币需求增大　　B. 外汇升值，本币贬值

C. 对外汇需求增大　　D. 资本流出

【解析】当一国提高利率水平或本国利率高于外国利率时，会引起资本流入，由此对本国货币需求增大，使本币升值，外汇贬值；反之，当一国降低利率或本国利率低于外国利率时，会引起资本从本国流出，由此对外汇需求增大，外汇升值，本币贬值。

17. 在我国货币政策间接传导过程中，运用货币政策工具首先影响到的是货币政策的(　　)。[2015年10月真题]

A. 中介目标　　B. 操作目标　　C. 增长目标　　D. 最终目标

【解析】中央银行通过货币政策工具操作直接引起操作目标的变动，操作目标的变动又通过一定的途径传导到整个金融体系，引起中介目标的变化，进而影响宏观经济运行，实现货币政策最终目标。

18. 治理通货膨胀的措施中，属于紧缩的财政政策的是(　　)。[2015年10月真题]

A. 减少赋税　　B. 减少基础货币投放

C. 提高利率　　D. 减少政府支出

【解析】通货膨胀的治理对策有：①紧缩的货币政策，包括减少货币供应量和提高利率；②紧缩的财政政策，主要是增收节支、减少赤字，其中增收的措施主要是增加税赋，节支的措施主要是压缩政府机构费用开支，抑制公共事业投资，减少各种补贴和救济等福利性支出。

19. 下列关于货币需求的理解，错误的是(　　)。

A. 货币需求是指经济主体对货币的流通手段和支付手段的需求

B. 货币需求发端于商品交换

C. 在信用制度发达条件下，货币需求强度较低

D. 经济结构、社会分工也会影响货币需求

【解析】A项，货币需求是指在一定时期内，社会各阶层(个人、企业单位、政府)愿意以货币形式持有财产的需要，或社会各阶层对货币的流通手段、支付手段和贮藏手段的需求。

20. 在正常情况下，利息率与货币需求(　　)。

A. 正相关　　B. 负相关　　C. 无关　　D. 不确定

【解析】在正常情况下，利息率上升，货币需求减少；利息率下降，货币需求增加，利息率与货币需求呈负相关关系。这是因为：利息收入可以看做持有货币的机会成本，利息率提高，意味着人们持有货币的机会成本上升(因持有货币而放弃的利息收入)，会带来货币持有的减少，因此，货币需求趋于减少。

16A　17B　18D　19A　20B

21. 根据我国货币供给层次划分口径，属于M_1的是(　　)。

A. 外币存款　　B. 企业活期存款

C. 城乡居民储蓄存款　　D. 证券公司客户保证金

【解析】M_1被称为狭义货币，是现实购买力；M_2被称为广义货币，通常反映社会总需求变化和未来通货膨胀的压力状况，一般所说的货币供应量是指M_2。根据我国货币供给层次划分口径，ACD三项均属于M_2。

22. 下列关于商业银行创造存款货币的能力的说法，正确的是(　　)。

A. 法定存款准备金率越高，商业银行创造存款货币的数量越少

B. 现金漏损率越高，商业银行创造存款货币的数量越多

C. 超额准备金与活期存款总额同向变化

D. 定期存款的存款准备金率越高，商业银行创造存款货币的数量越多

【解析】货币乘数可表示为：$K=1/(r_d+c+e+r_t\cdot t)$，其中，r_d代表法定存款准备金率，c代表现金漏损率，e代表超额准备金率，r_t代表定期存款的存款准备金率，t代表定期存款占活期存款的比例。从货币乘数的公式中可以看出，商业银行创造存款货币的能力与法定存款准备金率、现金漏损率、超额准备金率、定期存款的存款准备金率成反向变动关系。C项，超额准备金和活期存款总额是反向比例关系。

23. “太多的货币追求太少的商品”，从而导致一般物价水平上涨，这种情形属于(　　)通货膨胀。

A. 需求拉上型　　B. 成本推进型　　C. 结构型　　D. 隐蔽型

【解析】需求拉上型通货膨胀是指当总需求与总供给的对比处于供不应求状态，总需求大于总供给时，过多的需求拉动价格水平上涨。由于在现实生活中，总需求是由有购买和支付能力的货币量构成，总供给则表现为市场上的商品和劳务，所以也就是“过多的货币追求过少的商品”引起了物价上涨。

24. 当存在商品和劳务销售的完全竞争市场时，不可能产生的是(　　)。

A. 需求拉上型通货膨胀　　B. 结构型通货膨胀

C. 工资推进型通货膨胀　　D. 利润推进型通货膨胀

【解析】利润推进的通货膨胀，其前提条件是存在着商品和劳务销售的不完全竞争市场。

25. 2010年至2012年上半年，由于国际大宗商品价格上涨，导致我国重要原材料和中间产品的价格持续上涨，由此而引起的通货膨胀属于(　　)通货膨胀。

A. 需求拉上型　　B. 结构型　　C. 成本推动型　　D. 供求混合型

【解析】成本推动型通货膨胀的根源在于社会总供给的变化，在商品和劳务的需求不变的情况下，因生产成本的提高而推动物价上涨。生产成本的提高主要来自两个方面的原因：①工资推进的通货膨胀；②利润推进的通货膨胀。本题所述情景属于利润推进的通货膨胀导致生产成本提高。

26. 根据“成本推动”型通货膨胀理论，导致“利润推进型通货膨胀”的因素是(　　)。

A. 经济结构失衡　　B. 汇率变动使进口原材料成本上升

21B　22A　23A　24D　25C　26D

C. 工会对工资成本的操纵　　D. 垄断性大公司对价格的操纵

【解析】利润推进的通货膨胀，其前提条件是存在着商品和劳务销售的不完全竞争市场。在垄断存在的情况下，垄断企业为了追求超额利润而提高垄断产品价格，以赚取垄断利润。当垄断企业产品价格提高后，以垄断企业的产品为原材料的其他产品的成本相应提高，于是又带动其他产品的价格上涨，引起物价总水平的上涨，形成利润推进型通货膨胀。

27. 为治理通货膨胀，中央银行一般会在市场上(　　)。

A. 出售有价证券　　B. 购入有价证券

C. 加大货币投放量　　D. 降低利率

【解析】治理通货膨胀的对策有紧缩的货币政策和紧缩的财政政策，其中，紧缩的货币政策包括：①减少货币供应量；②提高利率。中央银行可以通过在公开市场上出售有价证券来减少货币供应量，以达到抑制通货膨胀的目的。

28. (　　)是中央银行为实现特定的经济目标而采用的各种控制和调节货币供应量或信用量的方针、政策、措施的总称。

A. 国际收支　　B. 货币政策　　C. 货币政策工具　　D. 信贷政策

【解析】货币政策是指中央银行为实现特定经济目标而采用的控制和调节货币供应量、信用及利率等方针和措施的总称，是国家调节和控制宏观经济的主要手段之一。

29. 下列变量中，属于货币政策操作目标的是(　　)。

A. 物价稳定　　B. 基础货币　　C. 再贴现　　D. 货币供应量

【解析】货币政策目标包括操作目标、中介目标和最终目标，其中通常被采用的操作目标主要有基础货币、存款准备金。A 项属于最终目标；C 项是中央银行的货币政策工具；D 项属于中介目标。

30. 作为调节对象和监测货币政策效果的金融指标是(　　)。

A. 货币政策最终目标　　B. 货币政策工具

C. 货币政策中介目标　　D. 货币政策操作目标

【解析】货币政策的中介目标是中央银行为了实现货币政策的终极目标而设置的可供观察和调整的指标。货币政策中介目标的作用在于：表明货币政策实施的进度；为中央银行提供一个追踪观测的指标；便于中央银行调整政策工具的使用。

31. 选择中介目标的可控性是指货币政策中介目标要能通过(　　)进行调控。

A. 货币政策工具　　B. 金融工具　　C. 经济政策　　D. 经济手段

【解析】理想的货币政策中介目标应具有可观测性、可控性、相关性。其中，可控性是指中央银行能按政策意图对所选择的中介目标和操作目标进行有效控制和调节，要处于中央银行运用的政策工具的作用范围之内。

32. 中央银行在公开市场上买卖有价证券，将直接影响(　　)，从而影响货币供应量。

A. 商业银行法定准备金　　B. 商业银行超额准备金

27A　28B　29B　30C　31A　32B

C. 中央银行再贴现　　　　D. 中央银行再贷款

【解析】当中央银行需要增加货币供应量时，可利用公开市场操作买入证券，增加商业银行的超额准备金，通过商业银行存款货币的创造功能，最终导致货币供应量的多倍增加。反之则相反。

33. 中央银行的公开市场业务的优点是(　　)。

A. 主动权在政府　　　　B. 主动权在企业

C. 主动权在商业银行　　　　D. 主动权在中央银行

【解析】公开市场业务是指中央银行在金融市场上卖出或买进有价证券，吞吐基础货币，以改变商业银行等金融机构的可用资金，进而影响货币供应量和利率，实现货币政策目标的一种政策措施。公开市场业务的优点之一是具有主动性，主动权在中央银行。

34. (　　)在期限较长、市场利率变化较多的情况下，借贷双方都可能会承担利率波动的风险。

A. 浮动利率　　B. 固定利率　　C. 实际利率　　D. 拆借利率

【解析】固定利率便于计算成本和收益，但在期限较长、市场利率变化较多的情况下，借贷双方都可能会承担利率波动的风险。

35. 在借贷期间可灵活调整的利息率是(　　)。

A. 浮动利率　　B. 市场利率　　C. 实际利率　　D. 拆借利率

【解析】浮动利率是指银行借贷业务发生时，由借贷双方共同商定并根据市场变化情况进行相应调整的利率。

36. 在汇率标价方法当中，间接标价法是指以(　　)。

A. 若干数量的外币表示一定单位的本币

B. 若干数量的本币表示一定单位的外币

C. 若干数量的本币表示一定单位的黄金

D. 若干数量的本币表示一定单位的特别提款权

【解析】间接标价法是以一定单位的本币作为标准，来计算应付多少外币的标价方法，又称为应收标价法。

37. 在金本位制度下，汇率的决定基础是(　　)。

A. 购买力平价　　B. 黄金输送点　　C. 铸币平价　　D. 利率平价

【解析】在金本位制度下，各国的货币在国际结算和国际汇兑领域中都可以按不同货币各自的含金量加以对比，从而确定货币比价，即铸币平价。

38. 根据购买力平价理论，通货膨胀高的国家货币汇率(　　)。

A. 升水　　B. 贬值　　C. 升值　　D. 贴水

【解析】在一国发生通货膨胀的情况下，该国货币所代表的价值量就会减少，其实际购买力也随之下降，于是其对外币比价同样趋于下跌。

39. (　　)是体现货币性质的基本职能。

33D　34B　35A　36A　37C　38B　39A

A. 价值尺度和流通手段　　B. 价值尺度和支付手段

C. 贮藏手段和支付手段　　D. 贮藏手段和世界货币

【解析】货币具有价值尺度、流通手段、贮藏手段、支付手段、世界货币等职能，这几种职能是相互联系的：①价值尺度和流通手段是体现货币性质的基本职能，其他职能都是在这两个职能基础上派生出来的；②货币的支付手段职能和价值尺度、流通手段职能的关系是密不可分的；③正是由于货币能执行流通手段和支付手段职能，人们才愿意把货币作为社会财富的代表保存起来，货币才有贮藏手段职能，同时，贮藏的货币价值又是一种潜在的流通手段和支付手段；④货币的价值尺度、流通手段、贮藏手段、支付手段在世界市场上发挥作用时，就执行世界货币职能，这一职能是以其他职能为基础的。

40. 下列不属于中央银行所采用的间接性货币政策工具的是(　　)。

A. 道义劝告　　B. 窗口指导　　C. 公开宣传　　D. 信用配额

【解析】除一般性货币政策工具外，中央银行还可以利用选择性货币政策工具、直接性货币政策工具、间接性货币政策工具对经济进行调控。其中，间接性货币政策工具主要包括窗口指导、道义劝告、金融检查、公开宣传等。D 项属于直接性货币政策工具。

41. 下列各项中，属于价格型货币政策工具的是(　　)。

A. 公开市场业务　　B. 法定存款准备金政策

C. 汇率　　D. 再贴现

【解析】数量型货币政策工具是指侧重于直接调控货币供给量(基础货币、货币供应量)的工具；价格型货币政策工具是指侧重于间接调控的工具。在我国，价格型货币政策工具主要包括利率、汇率等价格变量。ABD 三项属于数量型货币政策工具。

二、多选题(下列选项中有两项或两项以上符合题目要求，请将符合题目要求选项的代码填入括号内)

1. 当一国存在较大国际收支顺差时，下列关于外汇收支及汇率的说法正确的有(　　)。[2023 年 10 月真题]

A. 会造成外汇供给大于支出，从而造成本币对外升值，外汇汇率下跌

B. 会造成外汇供给大于支出，从而造成本币对外贬值，外汇汇率上升

C. 会造成外汇供给小于支出，从而造成本币对外升值，外汇汇率下跌

D. 说明本国出口大于进口，外汇收入增加

E. 说明本国出口小于进口，外汇收入减少

【解析】国际收支是影响汇率变动的最重要因素。当一国存在较大国际收支逆差时，说明本国外汇收入比外汇支出少，对外汇的需求大于外汇供给，会造成外汇汇率上涨，本币对外贬值；反之，当一国处于国际收支顺差时，说明本国出口增加、外汇收入增加，而进口减少、外汇支付减少，这时，外汇供给大于支出，从而造成本币对外升值，外汇汇率下跌。

2. 货币政策传导的汇率渠道也叫国际贸易渠道，如果本国货币供应量增加，其产生的传导

40D　41C　Ⅱ　1AD　2BCDE

效应包括(　　)。[2022 年 7 月真题]

A. 会导致本国货币的供给下降
B. 会导致本国的利率下降
C. 会使本国净出口增加
D. 会导致本国总产出的增加
E. 会使本国货币贬值

【解析】汇率渠道也称国际贸易渠道，是指货币政策的变动通过货币供给量影响汇率，进而对净出口产生影响的过程。这种渠道的作用过程如下：如果货币供应量增加，会导致本国的利率下降，从而对本国货币的需求也将下降，由此影响本国货币贬值，使净出口增加，商品需求增加，最终导致总产出的增加。

3. 下列关于成本推动型通货膨胀的表述，正确的有(　　)。[2022 年 7 月真题]

A. 是过多的货币追求过少的商品引起的
B. 是总需求大于总供给引起的
C. 可能是利润推进的通货膨胀
D. 可以在商品劳务需求不变的情况下发生
E. 可能是工资推进的通货膨胀

【解析】成本推动型通货膨胀的根源在于社会总供给的变化，在商品和劳务的需求不变的情况下，因生产成本的提高而推动物价上涨。生产成本的提高主要来自两个方面的原因：①工资推进的通货膨胀。②利润推进的通货膨胀。AB 两项属于需求拉上型通货膨胀的表述。

4. 通货膨胀会对正常的商品流通秩序产生不利影响，其不利影响表现在(　　)。[2021 年 6 月真题]

A. 会导致商品流向价格上涨最快的地区
B. 会进一步加剧市场供需矛盾
C. 会出现商品抢购、囤积居奇等现象
D. 会导致商品供求不合理
E. 会导致商品脱离正常的流通渠道

【解析】ABE 三项，通货膨胀打乱了正常的商品流通秩序。由于价格信号扭曲以及地区间物价上涨不平衡，会导致商品脱离正常的流通渠道，向价格上涨最快和水平最高的地区流动，导致商品供求不合理，加大运输成本，进一步推动价格上涨。CD 两项，同时在通货膨胀比较严重的情况下，会出现商品抢购、囤积居奇等现象，会进一步加剧市场供需矛盾。

5. 影响货币需求的因素有(　　)。[2019 年 10 月真题]

A. 收入水平
B. 货币流通速度
C. 汇率
D. 人口密集程度
E. 交通通信等技术状况

【解析】影响货币需求的主要因素有：①收入水平；②利率水平；③社会商品可供量、物价水平、货币流通速度；④信用制度发达程度；⑤汇率；⑥公众的预期和偏好。此外，人口数量、人口密集程度、经济结构、社会分工、交通通信等技术状况都会影响货币需求。

3CDE　4ABCDE　5ABCDE

6. 与即期汇率相比，远期汇率的特点有(　　)。[2018 年 10 月真题]

A. 是一种能在一定幅度内波动的汇率

B. 是一种事先达成协议的汇率

C. 不由官方制定，而由外汇市场供求关系决定

D. 是在未来一定时期交割时使用的汇率

E. 买卖双方在当天或两天以内交割

【解析】即期汇率也称为现汇汇率，是指买卖外汇双方成交当天或两天以内进行交割的汇率。远期汇率是在未来一定时期进行交割，而事先由买卖双方签订合同、达成协议的汇率。到了交割日期，由协议双方按预定的汇率、金额进行钱汇两清。AC 两项属于浮动汇率的特点；E 项属于即期汇率的特点。

7. 按交割时期划分，汇率可分为(　　)。[2017 年 6 月真题]

A. 基本汇率　　B. 即期汇率　　C. 远期汇率　　D. 套算汇率

E. 固定汇率

【解析】按照外汇买卖的交割时期划分，汇率可分为即期汇率和远期汇率。即期汇率也称为现汇汇率，是指买卖外汇双方成交当天或两天以内进行交割的汇率；远期汇率是在未来一定时期进行交割，而事先由买卖双方签订合同、达成协议的汇率。

8. 下列关于存款利率的表述，正确的有(　　)。[2015 年 10 月真题]

A. 存款利率越高，银行的融资成本越高

B. 存款利率的高低直接决定了金融机构的融资成本

C. 存款利率的高低直接决定了存款人的利息收益

D. 存款利率越高，存款人的利息收入越多

E. 存款利率越高，银行的利润越高

【解析】存款利率是指客户在银行或其他金融机构存款所取得的利息与存款本金的比率。存款利率的高低直接决定了存款人的利息收益和金融机构的融资成本，对金融机构集中社会资金的数量有重要的影响。一般来说，存款利率越高，存款人的利息收入越多，银行的融资成本越高，金融机构集中的社会资金数量越多。E 项，存款利率是银行的融资成本，存款利率越高，银行的融资成本越高，利润越低。

9. 下列关于通货膨胀的表述，错误的有(　　)。[2015 年 10 月真题]

A. 是经济中货币供应量少于客观需要量的现象

B. 是在社会总需求小于总供给情况下发生的

C. 对稳定经济会产生有利影响

D. 是货币失衡、物价不稳定的一种表现

E. 表现为单位货币升值、价格水平普遍和持续下降

【解析】AE 两项，通货膨胀是在纸币流通的情况下，货币供应量超过需要量，引起纸币贬值、物价持续上涨的经济现象。B 项，通货膨胀产生的原因有：①总需求大于总供给；②生产成本的提高；③供求混合推动；④经济结构因素的变化。C 项，通货膨胀会扰乱金融秩序，影响社会、经济的稳定。

6BD　7BC　8ABCD　9ABCE

10. 货币的职能有(　　)。

A. 价值尺度　　B. 流通手段　　C. 世界货币　　D. 贮藏手段

E. 支付手段

【解析】货币的职能是货币本质的具体体现，货币在与商品交换发展过程中，逐步形成了价值尺度、流通手段、贮藏手段、支付手段、世界货币等职能。

11. 货币执行流通手段的特点有(　　)。

A. 必须是现实的货币　　B. 可以是观念形态的货币

C. 不能是价值符号　　D. 不需要具有十足价值

E. 需要具有十足价值

【解析】货币执行流通手段的特点：①必须是现实的货币；②不需要具有十足价值，可以用符号代替。

12. 在货币流通规律中，货币需求量 M 与其他相关变量的关系正确的是(　　)。

A. 与物价水平成正比　　B. 与货币流通速度成正比

C. 与社会商品可供量成正比　　D. 与物价水平成反比

E. 与货币流通速度成反比

【解析】若以 M 代表货币需求量，P 代表物价水平，Q 代表社会商品可供量，V 代表货币流通速度，则根据货币流通规律有如下公式：$M = PQ/V$。可见，物价水平和社会商品可供量同货币需求成正比；货币流通速度同货币需求成反比。

13. 影响货币供给的主要因素有(　　)。

A. 社会公众持有现金的愿望　　B. 社会各部门的现金需求

C. 货币流通速度　　D. 社会的信贷资金需求

E. 财政收支

【解析】社会公众持有现金的愿望、社会各部门的现金需求、社会的信贷资金需求、财政收支等因素，都会影响货币供给总量。C 项，货币流通速度影响的是货币需求。

14. 现代信用制度下，商业银行信用创造能力的决定因素有(　　)。

A. 商品交易量　　B. 货币价值　　C. 商品价格　　D. 原始存款的规模

E. 货币乘数

【解析】商业银行创造存款货币的能力，首先取决于原始存款的规模。在原始存款基础上，派生存款的规模还取决于货币乘数。

15. 下列情形中，可能会导致成本推动型通货膨胀的有(　　)。

A. 垄断性大公司为获取垄断利润人为提高产品价格

B. 劳动力和生产要素不能根据社会对产品和服务的需求及时发生转移

C. 有组织的工会迫使工资的增长率超过劳动生产率的增长率

D. 资源在各部门之间的配置严重失衡

E. 过多的货币追求过少的商品

【解析】成本推动型通货膨胀的根源在于社会总供给的变化，在商品和劳务的需求不变

10ABCDE　11AD　12ACE　13ABDE　14DE　15AC

的情况下，因生产成本的提高而推动物价上涨。生产成本的提高主要来自两个方面的原因：①工资推进的通货膨胀；②利润推进的通货膨胀。A 项属于利润推进的通货膨胀；C 项属于工资推进的通货膨胀。

16. 通货膨胀对社会经济的影响有(　　)。

A. 生产成本提高，生产性投资风险加大

B. 使货币的价值尺度功能受到破坏，成本、收入、利润等均无法准确核算

C. 引起不利于固定薪金收入阶层的国民收入的再分配

D. 有利于债权人而不利于债务人的分配

E. 使社会公众失去对本国纸币的信心，不愿意接受和使用纸币

【解析】D 项，通货膨胀使债务人的实际债务减轻，而成为受益者。而以一定利息为报酬的债权持有人，会由于实际利率下降而受到损失。

17. 以下关于通货紧缩原因的说法，正确的有(　　)。

A. 货币供给减少　　B. 有效需求增加

C. 供需结构不合理　　D. 国际市场的冲击

E. 社会总供给增加

【解析】通货紧缩的原因有：①货币供给减少；②有效需求不足；③供需结构不合理；④国际市场的冲击。

18. 治理通货紧缩的政策包括(　　)。

A. 扩张性的财政政策　　B. 扩张性的货币政策

C. 引导公众预期　　D. 减少信贷资金投入

E. 提高利率

【解析】通货紧缩的治理对策：①扩大有效需求；②实行扩张的财政政策和货币政策；③引导公众预期。DE 两项属于紧缩的货币政策。

19. 货币政策一般涉及的是宏观国民经济总量问题，这些总量包括(　　)。

A. 商业银行效益　B. 企业效益　C. 货币供应量　D. 信用总量

E. 利率

【解析】货币政策是指中央银行为实现特定经济目标而采用的控制和调节货币供应量、信用及利率等方针和措施的总称，是国家调节和控制宏观经济的主要手段之一。

20. 货币政策的最终目标包括(　　)。

A. 稳定物价　B. 经济增长　C. 充分就业　D. 国家安定

E. 国际收支平衡

【解析】国民经济发展的总体目标包括经济增长、充分就业、物价稳定和国际收支平衡四大目标。作为国家宏观经济政策重要组成部分的货币政策，其最终目标也是这四大目标。

21. 货币政策可选择的中介目标有(　　)。

16ABCE　17ACD　18ABC　19CDE　20ABCE　21CD

A. 同业拆借利率　B. 信贷规模　C. 货币供应量　D. 利率

E. 银行备付金率

【解析】中介目标主要包括货币供应量和利率。它们与货币政策终极目标关系密切，并且中央银行又可直接控制，通过观测和控制这些指标，就可以间接地控制终极目标。

22. 货币政策中介目标选择的标准有(　　)。

A. 间接性　B. 可控性　C. 可观测性　D. 相关性

E. 外生性

【解析】货币政策中介目标和操作目标的选择标准：①可观测性。这种指标能够观察货币政策作用的效果和实施进度，反映这种指标的数据资料能够准确及时获取，便于定量分析。②可控性。即中央银行能按政策意图对所选择的中介目标和操作目标进行有效控制和调节，要处于中央银行运用的政策工具的作用范围之内。③相关性。这种指标既要与货币政策工具密切相关，又要与货币政策最终目标紧密相连。

23. 一般性货币政策工具是市场经济国家普遍采用的传统政策工具，它包括(　　)。

A. 银行备付金　B. 再贷款

C. 法定存款准备金政策　D. 再贴现

E. 公开市场业务

【解析】一般性货币政策工具是从总量的角度，通过对货币供应总量或信用总量的调节与控制来影响整个经济，也被称为经常性、常规性货币政策工具。一般性货币政策工具主要包括法定存款准备金政策、再贴现政策及公开市场业务，即中央银行的“三大传统法宝”。

24. 不同的货币政策传导机制理论有不同的货币政策传导渠道，目前货币政策的传导渠道有(　　)。

A. 利率渠道　B. 信贷渠道　C. 资产价格渠道　D. 汇率渠道

E. 国际收支渠道

【解析】不同的货币政策传导机制理论，提出了不同的货币政策传导渠道，其传导渠道主要有利率渠道、信贷渠道、资产价格渠道、汇率渠道等。其中，汇率渠道也称国际贸易渠道。

25. 下列关于利息的说法，正确的有(　　)。

A. 利息是从属于信用的一个经济范畴

B. 利息本质上是一种生产关系

C. 利息是借款人支付给贷款人的使用贷款的代价

D. 利息是借款人由于借出货币使用权而从贷款人那里获得的报酬

E. 信用关系是利息产生的基础

【解析】B 项，利息反映所处生产方式的生产关系，从本质上看，利息是剩余产品价值的一部分；D 项，利息是借款人支付给贷款人的使用贷款的代价，而非从贷款人那里获得的报酬。

22BCD　23CDE　24ABCD　25ACE

26. 推进利率市场化改革的作用有(　　)。

A. 有利于优化资源配置

B. 促进经济结构调整和转型升级

C. 有利于提升金融机构可持续发展能力

D. 有利于推动金融市场深化发展

E. 有利于促进相关改革协调推进

【解析】推进利率市场化改革有利于优化资源配置、促进经济结构调整和转型升级；有利于提升金融机构可持续发展能力；有利于推动金融市场深化发展；有利于完善金融调控体系；有利于促进相关改革协调推进。

27. 根据我国目前的有关规定，属于外汇范畴的有(　　)。

A. 外国纸币　　B. 外币银行存款凭证

C. 外币邮政储蓄凭证　　D. 外国铸币

E. 外国动产与不动产

【解析】我国2008年8月修订的《中华人民共和国外汇管理条例》明确规定："本条例所称外汇，是指下列以外币表示的可以用做国际清偿的支付手段和资产：①外币现钞，包括纸币、铸币；②外币支付凭证或者支付工具，包括票据、银行存款凭证、银行卡等；③外币有价证券，包括债券、股票等；④特别提款权；⑤其他外汇资产。"

28. 外汇需要具备的前提条件包括(　　)。

A. 以外币表示的外国金融资产　　B. 能自由地兑换成其他支付手段

C. 是在国外能得到偿付的货币债权　　D. 以黄金储备为基础

E. 与特别提款权相关联

【解析】外汇一般常指自由外汇，作为自由外汇必须同时具备以下特征：①以外币表示的外国金融资产；②在国外能够得到偿付的货币债权；③可以兑换成其他支付手段的外币资产。

29. 目前，我国中央银行的创新型货币政策工具包括(　　)。

A. 短期流动性调节工具　　B. 常备借贷便利

C. 临时流动性便利　　D. 中期借贷便利

E. 抵押补充贷款

【解析】随着利率市场化改革的不断完善，我国中央银行创设了多种新型政策工具，包括短期流动性调节工具(SLO)、临时流动性便利(TLF)、常备借贷便利(SLF)、中期借贷便利(MLF)、抵押补充贷款(PSL)、定向中期便利(TMLF)，用以管理中短期利率水平。

三、判断题(请对下列各题的描述做出判断，正确的用A表示，错误的用B表示)

1. 法定存款准备金率下降，商业银行的信贷扩张能力也下降。(　　)[2017年6月真题]

【解析】法定存款准备金率越高，银行吸收的存款中可用于放款的资金越少，创造存款货币的数量则越少；反之，法定存款准备金率越低，创造存款货币的数额则越大。

26ABCDE　27ABCD　28ABC　29ABCDE　▌　1B

2. 在商业银行的外汇交易中，直接标价法是以一定单位的本国货币为标准来计算应付出多少单位外国货币的标价方法。(　　)［2015 年 10 月真题］

【解析】直接标价法是以一定单位的外币作为标准，来计算应付多少本币的标价方法，又称为应付标价法。在直接标价法下，外币的数额作为标准保持固定不变，应付本币金额随着外币和本币币值的变化而变动。

3. 货币供应量是一个流量概念。(　　)

【解析】货币供应量是指由中央银行和商业银行供给货币所形成的货币量，是一国在某一时点上为社会经济运转服务的货币量，是一个存量概念。

4. 商业银行创造信用货币是通过创造派生存款形成的。(　　)

【解析】商业银行创造信用货币是通过创造派生存款形成的。一般来说，只有商业银行才有权经营活期存款，在此基础上，形成商业银行创造存款即创造信用货币的能力。

5. 通货紧缩会使政府的收入向企业和个人转移，会使企业在价格下降中受到损失，会使工人的实际工资增加。(　　)

【解析】通货紧缩会使政府的收入向企业和个人转移，主要是通过降低所得税实现的；会使企业在价格下降中受到损失；会使工人的实际工资增加；会形成有利于债权人而不利于债务人的资金再分配。

6. 最初建立存款准备金制度的目的是中央银行对货币供给的调控，即使之成为货币政策工具。(　　)

【解析】存款准备金制度的初始作用是防止商业银行盲目发放贷款，保证其清偿能力，保护客户存款的安全，以维持整个金融体系的正常运行，以及保证存款的支付和清算，后来逐渐演变成为货币政策工具。

7. 贷款利率是指客户在银行或其他金融机构存款所取得的利息与存款本金的比率。(　　)

【解析】贷款利率是指银行或其他金融机构发放贷款所收取的利息与贷款本金的比率。

8. 在我国，贷款基准利率是指商业银行对其最优质客户执行的贷款利率，其他贷款利率可在此基础上加减点生成。(　　)

【解析】中国人民银行对商业银行的再贷款利率，可以理解为我国目前的基准利率。贷款基础利率是指商业银行对其最优质客户执行的贷款利率，其他贷款利率可在此基础上加减点生成。

9. 当经济发生通货膨胀时，可以降低法定存款准备金率，缩小货币乘数，迫使商业银行紧缩信贷规模，从而减少市场货币供应量，达到抑制经济增长的目的。(　　)

【解析】当经济扩张、发生通货膨胀时，可以提高法定存款准备金率，缩小货币乘数，迫使商业银行紧缩信贷规模，从而减少市场货币供应量，达到抑制经济增长的目的。

10. 中期借贷便利是中国人民银行正常的流动性供给渠道，主要功能是满足金融机构期限较长的大额流动性需求。(　　)

2B　3B　4A　5A　6B　7B　8B　9B　10B

【解析】常备借贷便利是中国人民银行正常的流动性供给渠道，主要功能是满足金融机构期限较长的大额流动性需求，期限比短期流动性调节长，最长为 3 个月，以 1 ~ 3 个月期操作为主。中期借贷便利是中央银行提供中期基础货币的货币政策工具。

11. 流通中货币(M_0)含流通中数字人民币。(　　)

【解析】自 2022 年 12 月起，中国人民银行对数字人民币一并统计，即流通中货币(M_0)含流通中数字人民币。

11A

第三章　金融市场

一、单选题(下列选项中只有一项最符合题目要求，请将正确选项的代码填入括号内)

1. 由中国境内注册的公司发行、直接在中国香港上市的股票是(　　)。[2023 年 10 月真题]

A. H 股　　B. B 股　　C. A 股　　D. N 股

【解析】我国的股票根据上市地点及股票投资者的不同，分为 A 股、B 股、H 股、N 股等几种。A 股是以人民币标明面值、以人民币认购和进行交易、供国内投资者买卖的股票。B 股又称为人民币特种股票，是指以人民币标明面值、以外币认购和进行交易、专供外国和我国香港、澳门、台湾地区的投资者买卖的股票。H 股是指由中国境内注册的公司发行、直接在中国香港上市的股票。N 股是指由中国境内注册的公司发行、直接在美国纽约上市的股票。

2. 投资者可以通过在深、沪证券交易所各地证券登记机构开设的“证券账户”或“基金账户”进行上市国债的转让交易，按交易的阶段划分，该市场为(　　)。[2023 年 10 月真题]

A. 货币市场　　B. 流通市场　　C. 发行市场　　D. 期货市场

【解析】按金融工具发行和流通的阶段划分，金融市场可分为发行市场和流通市场。发行市场也称为一级市场，是债券、股票等金融工具初次发行、供投资者认购投资的市场。流通市场也称为二级市场，是对已上市的金融工具(如债券、股票等)进行买卖转让的市场。流通市场可以为有价证券提供流动性，使证券持有者随时卖掉手中的有价证券得以变现。

3. 金融市场具有决定利率、汇率的功能，这属于金融市场的(　　)。[2023 年 10 月真题]

A. 货币资金融通功能　　B. 定价功能

C. 风险分散与风险管理功能　　D. 资源配置功能

【解析】金融市场具有交易及定价功能。金融交易中买卖双方相互作用过程所形成的价格，使金融市场具有决定和发现利率、汇率、证券价格等金融资产价格的功能，为金融资产交易提供价格依据，并通过调节价格引导资源配置。

4. 一家公司需要融入短期资金以保持流动性，它可以运用的金融工具是(　　)。[2023 年 10 月真题]

A. 优先股票　　B. 商业票据

C. 住房抵押贷款支持证券　　D. 普通股票

【解析】短期金融工具的期限一般在一年以下(含一年)，如商业票据、短期国库券、银行承兑汇票、可转让大额定期存单、回购协议等。长期金融工具的期限一般在一年以上，如股票、企业债券、长期国债等。

1A　2B　3B　4B

5. 下列选项中，不属于国家金融监督管理总局职责的是(　　)。[2023 年 10 月真题]

A. 依法制定和执行货币政策　　B. 维护银行保险业合法稳健运行

C. 防范和化解金融风险　　D. 保护金融消费者合法权益

【解析】A 项属于中国人民银行的职责。

6. 债券发行人直接向投资者推销债券，而不需要中介机构进行承销的发行方式是(　　)。[2023 年 10 月真题]

A. 招标发行　　B. 间接发行　　C. 承购包销　　D. 直接发行

【解析】直接发行是指债券发行人直接向投资者推销债券，而不需要中介机构进行承销。采用直接发行可以节省中介机构的承销、包销费用，节约发行成本。选择直接发行方式一般都是一些信誉较高、知名度较高的大公司以及具有众多分支机构的金融机构。

7. 以下关于我国货币当局的说法，错误的是(　　)。[2023 年 10 月真题]

A. 中国人民银行是中华人民共和国的中央银行

B. 我国货币当局包括中国人民银行、国家外汇管理局

C. 地方政府可以指导中国人民银行执行货币政策

D. 中国人民银行制定和执行货币政策、宏观审慎政策

【解析】中国人民银行是中华人民共和国的中央银行。中国人民银行在国务院领导下，制定和执行货币政策，防范和化解金融风险，维护金融稳定。中国人民银行在国务院领导下依法独立执行货币政策，履行职责，开展业务，不受地方政府、各级政府部门、社会团体和个人的干涉。

8. 按照《中华人民共和国银行业监督管理法》的规定，银行业金融机构不包括(　　)。[2023 年 10 月真题]

A. 政策性银行　　B. 农村信用合作社

C. 商业银行　　D. 证券公司

【解析】我国银行业金融机构包括：开发性金融机构和政策性银行、商业银行以及非银行金融机构。B 项属于商业银行；D 项属于证券期货类金融机构。

9. 下列选项中，不属于融资性担保公司业务范围的是(　　)。[2023 年 10 月真题]

A. 贷款担保　　B. 开立承兑汇票　　C. 票据承兑担保　　D. 贸易融资担保

【解析】融资性担保是指担保人与银行业金融机构等债权人约定当被担保人不履行对债权人负有的融资性债务时，由担保人依法承担合同约定的担保责任的行为。根据《融资性担保公司管理暂行办法》，融资性担保公司是指依法设立的、经营融资性担保业务的有限责任公司和股份有限公司，其主要业务范围包括：①贷款担保；②票据承兑担保；③贸易融资担保；④项目融资担保；⑤信用证担保；⑥其他融资性担保业务。

10. 金融市场一方面为社会中资金不足的一方提供了筹集资金的机会，另一方面也为资金的富余方提供了投资机会，这属于金融市场的(　　)。[2022 年 7 月真题]

A. 经济调节功能　　B. 货币资金融通功能

C. 资源配置功能　　D. 风险分散与风险管理功能

5A　6D　7C　8D　9B　10B

【解析】融通货币资金是金融市场最主要、最基本的功能。金融市场为人们创造了丰富的金融工具和多种交易方式，为不同投资偏好的资金供给者及需求者进行多种形式的金融投资融资交易创造了便捷的条件。一方面为社会中资金不足的一方提供了筹集资金的机会，另一方面也为资金的盈余方提供了投资机会，为资金的需求方和供给方的融资活动搭起了一座桥梁，使社会资金实现在盈余部门和短缺部门的融通和调剂。

11. 由中国境内注册的公司发行，直接在美国纽约上市的股票是(　　)。[2022 年 7 月真题]

A. B 股　　B. N 股　　C. H 股　　D. A 股

【解析】N 股是指由中国境内注册的公司发行、直接在美国纽约上市的股票。

12. 下列不属于直接融资工具的是(　　)。[2022 年 7 月真题]

A. 商业票据　　B. 银行贷款　　C. 企业债券　　D. 公司股票

【解析】按融资方式划分，金融工具可分为直接融资工具和间接融资工具：①直接融资工具包括政府、企业发行的国库券、企业债券、商业票据、公司股票等；②间接融资工具包括银行债券、银行承兑汇票、可转让大额存单、人寿保险单等。

13. 下列关于中国银行业协会的表述，错误的是(　　)。[2020 年 10 月真题]

A. 中国银行业协会的主管单位是国家金融监督管理总局

B. 银行业金融机构必须加入中国银行业协会

C. 中国银行业协会是非营利性的社会团体

D. 中国银行业协会是我国的银行业自律组织

【解析】中国银行业协会是我国银行业自律组织，是全国性非营利社会团体。凡经国务院银行业监督管理机构批准设立的、具有独立法人资格的银行业金融机构以及经相关监管机构批准、具有独立法人资格、在民政部门登记注册的各省银行业协会均可申请加入中国银行业协会成为会员单位。

14. 商业票据属于(　　)。[2019 年 6 月真题]

A. 货币市场工具　　B. 股票市场工具　　C. 金融衍生工具　　D. 资本市场工具

【解析】货币市场是短期资金融通市场，其融通的资金主要用于周转和短期投资，因为其偿还期短、流动性强、风险小，与货币相差不多，此类金融工具往往被当做货币的替代品，因此被称为“货币市场”。我国货币市场主要包括银行间同业拆借市场、银行间债券回购市场和票据市场等。

15. 我国国民在股票交易市场上将持有的股票转让，该交易市场是(　　)。[2018 年 10 月真题]

A. 银行间同业拆借市场　　B. 票据市场

C. 股票市场　　D. 货币市场

【解析】股票市场是专门对股票进行公开交易的市场，包括股票的发行和流通转让。

16. 金融市场最主要、最基本的功能是(　　)。[2018 年 6 月真题]

A. 融通货币资金　　B. 调节经济

11B　12B　13B　14A　15C　16A

C. 优化资源配置　　　　　　　　D. 风险分散与风险管理

【解析】金融市场具有以下功能：①货币资金融通功能；②优化资源配置功能；③风险分散与风险管理功能；④经济调节功能；⑤交易及定价功能；⑥反映经济运行的功能。其中，融通货币资金是金融市场最主要、最基本的功能。

17. 下列市场中不属于货币市场的是(　　)。[2018 年 6 月真题]

A. 股票市场　　　　　　　　B. 票据市场

C. 银行间同业拆借市场　　　　D. 银行间债券回购市场

【解析】货币市场是短期资金融通市场，主要包括银行间同业拆借市场、银行间债券回购市场和票据市场等。

18. 金融市场的主体是(　　)。[2017 年 6 月真题]

A. 货币资金　　　　　　　　B. 融资活动的参与者

C. 金融交易对象　　　　　　D. 金融工具

【解析】金融市场的主体是各类融资活动的参与者，它们既是资金的供应者，也是资金的需求者。

19. 以人民币标明面值，以人民币认购和进行交易，供国内投资者买卖的股票是(　　)。[2016 年 11 月真题]

A. B 股　　B. H 股　　C. A 股　　D. N 股

【解析】我国的股票根据上市地点及股票投资者的不同，分为 A 股、B 股、H 股、N 股等几种。A 股是以人民币标明面值、以人民币认购和进行交易、供国内投资者买卖的股票。A 项，B 股又称为人民币特种股票，是指以人民币标明面值、以外币认购和进行交易、专供外国和我国香港、澳门、台湾地区的投资者买卖的股票；B 项，H 股是指由中国境内注册的公司发行、直接在中国香港上市的股票；D 项，N 股是指由中国境内注册的公司发行、直接在美国纽约上市的股票。

20. 我国境内注册的公司在境外上市发行的 H 股是指在(　　)上市的股票。[2016 年 6 月真题]

A. 伦敦　　B. 纽约　　C. 香港　　D. 东京

【解析】我国的股票根据上市地点及股票投资者的不同，分为 A 股、B 股、H 股、N 股等几种。其中，H 股是指由中国境内注册的公司发行、直接在中国香港上市的股票。

21. 下列关于普通股的表述，错误的是(　　)。[2015 年 10 月真题]

A. 享有经营决策权　　　　　　B. 享有优先于债权人的清偿权

C. 收益分配随利润变动而变动　　D. 享有优先认股权

【解析】普通股股票是股票中最普遍的一种形式。普通股股票的股利分配不固定，在对公司盈利和剩余财产的分配顺序上列在债权人和优先股股东之后，所以普通股股票是风险最大的股票。普通股股票享有的主要权利有：①经营决策的参与权。②公司盈余的分配权。普通股股东有权从公司的利润分配中得到股息，但收益分配随利润变动而变动。③剩余财产索取权。当公司破产和清算时，公司资产在满足了债权人的清偿权

17A　18B　19C　20C　21B

和优先股股东的索取权后还有剩余的，普通股股东有按持有股份的比率索取剩余财产的权利。④优先认股权。

22. 现有一张为期 3 个月，面值 100 万元的票据，贴现利率为 3%，当持票人持有票据 1 个月，要求银行贴现时，贴现价格是(　　)万元。[2015 年 10 月真题]

A. 97.5　　B. 95.5　　C. 93.5　　D. 99.5

【解析】贴现是指商业票据的持票人将其持有的未到期商业票据转让给银行，银行扣除贴息后将余款支付给持票人。贴现利息 = 100 × 3% × 60/360 = 0.5(万元)；贴现价格 = 100 − 0.5 = 99.5(万元)。

23. 通常货币资金总是流向最有发展潜力、能为投资者带来最大利益的地区、部门和企业，这属于金融市场的(　　)。[2015 年 10 月真题]

A. 经济调节功能　　B. 货币资金融通功能

C. 资源配置功能　　D. 风险分散与风险管理功能

【解析】金融市场具有优化资源配置功能。金融市场通过充当资金融通媒介，促进资金合理流动，可以实现经济资源跨时间、跨地区、跨行业的再配置，使社会经济资源有效地配置到效率高的部门，实现资源优化配置和有效利用。

24. 货币市场交易与资本市场交易相比较，其特点表现在(　　)。[2015 年 10 月真题]

A. 期限短、流动性强、风险大　　B. 期限长、流动性强、风险小

C. 期限短、流动性强、风险小　　D. 期限短、流动性弱、风险小

【解析】货币市场是指以短期金融工具为媒介进行的、期限在一年以内(含一年)的短期资金融通市场，主要包括同业拆借市场、回购市场、票据市场、大额可转让定期存单市场等。货币市场的主要特点是：低风险、低收益；期限短、流动性高；交易量大、交易频繁。资本市场是指以长期金融工具为媒介进行的、期限在一年以上的长期资金融通市场，主要包括债券市场和股票市场。资本市场的主要特点是：风险大、收益较高、期限长、流动性差。

25. 下列属于同业拆借市场特点的是(　　)。[2015 年 10 月真题]

A. 是在有担保条件下进行的资金与信用的直接交换，要求拆借主体具有较低的信用等级

B. 是在无担保条件下进行的资金与信用的直接交换，要求拆借主体具有较高的信用等级

C. 是在有担保条件下进行的资金与信用的直接交换，要求拆借主体具有较高的信用等级

D. 是在无担保条件下进行的资金与信用的直接交换，要求拆借主体具有较低的信用等级

【解析】同业拆借市场是银行等金融机构间的短期资金借贷市场，它具有以下特点：①资金融通的期限较短，主要用于金融机构临时性资金需要；②同业拆借是在无担保条件下进行的资金与信用的直接交换，潜在信用风险较高，因此要求拆借主体具有较

22D　23C　24C　25B

高的信用等级；③同业拆借形成的资金价格信号，反映了整个金融体系的资金供求状况和流动性状况，在货币政策传导和整个金融市场中起到基础性作用。

26. 根据金融商品的交割时间划分，可将金融市场分为(　　)。
A. 现货市场和期货市场　　B. 一级市场和二级市场
C. 场内交易市场和场外交易市场　　D. 货币市场和资本市场
【解析】按交割时间划分，金融市场可分为现货市场和期货市场。现货市场是当日成交，当日、次日或隔日等几日内进行交割(一方支付款项、另一方交付证券等金融工具)的市场；期货市场是进行期货交易的场所，是将款项和证券等金融工具的交割放在成交后的某一约定时间(如一个月、两个月、三个月或半年等，一般在一个月以上、一年之内)进行的市场。

27. 一般来说，流动性与偿还期限(　　)。
A. 负相关　　B. 正相关　　C. 无关　　D. 不确定
【解析】一般来说，流动性与偿还期限成反比，而与债务人的信用能力成正比。偿还期越短、债务人信誉越高，流动性越大。

28. 同业拆借活动都是在金融机构之间进行，对参与者要求严格，因此，其拆借活动基本上都是(　　)拆借。
A. 质押　　B. 抵押　　C. 担保　　D. 信用
【解析】同业拆借市场是银行等金融机构间的短期资金借贷市场，同业拆借是在无担保条件下进行的资金与信用的直接交换。

29. 如果某一金融机构希望通过持有的债券来获得一笔短期资金融通，则它可以参加(　　)市场。
A. 同业拆借　　B. 商业票据
C. 回购协议　　D. 大额可转让定期存单
【解析】回购协议是指交易的一方将持有的债券卖出，并在未来约定的日期以约定的价格将债券买回的协议。

30. 我国债券回购市场上交易的证券主要是(　　)。
A. 股票　　B. 政府债券　　C. 中央银行票据　　D. 可转换债券
【解析】债券回购是金融机构之间以债券为抵押的短期资金的融通，风险较低，其标的物一般是信用等级高的政府债券。

31. 票据市场是以票据作为工具，通过(　　)进行融资活动的货币市场。
A. 托收承付和汇兑　　B. 信用卡和银行本票
C. 汇兑和贴现　　D. 票据的发行、担保、承兑和贴现
【解析】传统的票据市场指的是在商品交易和资金往来过程中产生的以汇票、本票和支票的发行、担保、承兑、贴现来实现短期资金融通的市场。

32. 公司以贴现方式出售给投资者的短期无担保的信用凭证是(　　)。

26A　27A　28D　29C　30B　31D　32D

A. 公司债券　　B. 银行承兑汇票

C. 大额可转让定期存单　　D. 商业票据

【解析】商业票据由于期限较短，以 30 天以下的票据交易为主，所以一般只有发行市场，少有二级市场。这时的商业票据市场指由具有高信用等级的大企业和财务公司发行短期无担保债券筹措资金的短期融资场所。

33. 关于 CDs 与 CDs 市场，下列说法正确的是(　　)。

A. CDs 市场是可转让大额定期存单转让而非发行的市场

B. 到期时，CDs 持有人只能向银行提取利息，不能提取本金

C. CDs 面额一般较小

D. CDs 一般不能提前支取

【解析】CDs 的利率一般都高于同档次定期存款利率，不办理提前支取，不分段计息，不计逾期利息。A 项，CDs 市场(大额可转让定期存单市场)，是可转让定期存单的发行和转让市场；B 项，到期时，CDs 持有人可向银行提取本息；C 项，CDs 的特点是期限固定、面额较大、到期前可流通转让。

34. 对股东不加以特别的限制而享有平等权利，并随公司利润大小而取得相应收益的股票称为(　　)。

A. 普通股　　B. 优先股　　C. 上市股　　D. 社会公众股

【解析】B 项，优先股是相对于普通股股票而言的，是股东权利受到一定限制，但在公司盈余和剩余资产分配上享有优先权的股票；C 项，上市股是指在证券交易所取得上市资格，允许挂牌交易的股票；D 项，社会公众股是指社会公众(个人和机构)依法以其拥有的财产向可上市流通股权部分投资所形成的股份。

35. 在我国股票市场上发行交易的 A 股股票的计价货币是(　　)。

A. 人民币　　B. 港币　　C. 美元　　D. 欧元

【解析】A 股是以人民币标明面值、以人民币认购和进行交易、供国内投资者买卖的股票。

36. 以人民币为面值、外币为认购和交易币种、在上海和深圳证券交易所上市交易的普通股票是(　　)股票。

A. A 股　　B. B 股　　C. H 股　　D. F 股

【解析】B 股又称为人民币特种股票，是指以人民币标明面值、以外币认购和进行交易、专供外国和我国香港、澳门、台湾地区的投资者买卖的股票。

37. 关于债券发行方式的说法，错误的是(　　)。

A. 债券的发行方式分为直接发行和间接发行两种

B. 选择直接发行方式一般都是一些信誉较高、知名度较高的大公司

C. 直接发行使债券发行迅速而稳定，有利于保证按期有效完成发行任务

D. 现代债券发行，特别是国债发行大部分是采取间接发行的方式

【解析】C 项，间接发行的优点是可以通过掌握金融业务的专业机构及人员，使债券发

33D　34A　35A　36B　37C

行迅速而稳定，有利于保证按期有效完成发行任务。

38. (　　)是决定债券价格是按面值发行还是溢价或折价发行的决定因素。

A. 票面利率　　B. 市场利率　　C. 流通性　　D. 债券面额

【解析】市场利率是衡量债券票面利率高低的参照系，也是决定债券价格是按面值发行还是溢价或折价发行的决定因素。

39. 在我国，负责对期货市场进行监管的机构是(　　)。

A. 中国人民银行　　B. 中国银行业协会

C. 中国证券监督管理委员会　　D. 国家金融监督管理总局

【解析】中国证券监督管理委员会负责统一监管全国证券期货市场。A 项，中国人民银行是制定和执行货币政策，防范和化解金融风险，维护金融稳定的机构；B 项，中国银行业协会不是监管机构；D 项，国家金融监督管理总局统一负责除证券业之外的金融业监管。

二、**多选题**(下列选项中有两项或两项以上符合题目要求，请将符合题目要求选项的代码填入括号内)

1. 金融监管总局的监管对象包括(　　)。[2023 年 10 月真题]

A. 保险公司　　B. 基金公司　　C. 信托投资公司　　D. 政策性银行

E. 金融租赁公司

【解析】国家金融监督管理总局统一负责除证券业之外的金融业监管，强化机构监管、行为监管、功能监管、穿透式监管、持续监管，统筹负责金融消费者权益保护，加强风险管理和防范处置，依法查处违法违规行为。B 项属于中国证券监督管理委员会的监管对象。

2. 下列选项中，属于融资性担保公司业务范围的有(　　)。[2021 年 10 月真题]

A. 贷款发放　　B. 票据承兑担保　　C. 项目融资担保　　D. 信用证担保

E. 贸易融资担保

【解析】融资性担保公司的主要业务范围包括：贷款担保；票据承兑担保；贸易融资担保；项目融资担保；信用证担保；其他融资性担保业务。

3. 中央银行发行一年期央行票据进行公开市场业务操作的市场属于(　　)。[2021 年 10 月真题]

A. 货币市场　　B. 资本市场　　C. 现货市场　　D. 期货市场

E. 证券市场

【解析】货币市场是指以短期金融工具为媒介进行的期限在一年以内(含一年)的短期资金融通市场，主要包括同业拆借市场、回购市场、票据市场、大额可转让定期存单市场等。现货市场是当日成交，当日、次日或隔日等几日内进行交割(一方支付款项、另一方交付证券等金融工具)的市场。B 项，资本市场交易的金融工具期限在一年以上。D 项，期货市场中金融工具交割是在成交后某一约定时间进行的。E 项，证券市场属于资本市场。

38B　39C　┃　1ACDE　2BCDE　3AC

4. 货币市场是指以短期金融工具为媒介进行的、期限在一年以内(含一年)的短期资金融通市场，包括(　　)。[2021 年 10 月真题]

A. 债券市场　　B. 股票市场

C. 银行间同业拆借市场　　D. 票据市场

E. 银行间债券回购市场

【解析】货币市场是指以短期金融工具为媒介进行的、期限在一年以内(含一年)的短期资金融通市场，主要包括同业拆借市场、回购市场、票据市场、大额可转让定期存单市场等。

5. 下列(　　)可以作为政策性银行金融债券的发行主体。[2021 年 6 月真题]

A. 中国农业银行　　B. 中国进出口银行

C. 中国人民银行　　D. 中国出口信用保险公司

E. 中国农业发展银行

【解析】我国开发性金融机构是国家开发银行，政策性银行包括中国进出口银行和中国农业发展银行，均直属国务院领导。

6. 按金融工具的期限划分，金融市场可以分为(　　)。[2017 年 6 月真题]

A. 货币市场　　B. 期货市场　　C. 流通市场　　D. 现货市场

E. 资本市场

【解析】按金融工具的期限划分，金融市场可分为货币市场和资本市场。货币市场是短期资金融通市场，其融通的资金主要用于周转和短期投资，偿还期短、流动性强、风险小。资本市场是长期资金融通市场，在资本市场上，发行主体所筹集的资金大多用于固定资产的投资，偿还期长，流动性相对较小，风险相对较高，被当做固定资产投资的资本来运用。

7. 在影响债券定价的因素中，属于内部因素的是(　　)。[2016 年 6 月真题]

A. 债券的面值　　B. 违约的可能性　　C. 是否可以转换　　D. 市场利率

E. 税收待遇

【解析】影响债券定价的因素包括：①内部因素，包括债券的面值、债券的票面利息、债券的有效期、是否可提前赎回、是否可以转换、税收待遇、流通性、违约的可能性等；②外部因素，包括贴现率、基准利率、市场利率、通货膨胀水平、市场汇率等。③发行人发行成本，即支付给承销商的费用，主要包括：债券印刷费、发行手续费、宣传广告费、律师费、担保抵押费、信用评级和资产重估费用、其他发行费用等。D 项属于外部因素。

8. 下列关于金融市场的表述，正确的有(　　)。[2015 年 10 月真题]

A. 金融市场的参与者既可以是资金的供给者，也可以是资金的需求者

B. 融资行为包括间接融资行为

C. 参与者一般包括工商企业、金融机构、中央银行、居民个人与家庭、政府、海外投资者等

4CDE　5BE　6AE　7ABCE　8ABCDE

D. 融资行为包括直接融资行为

E. 金融市场的交易对象是货币资金，通常以金融工具为载体

【解析】金融市场是指货币资金融通和金融工具交易的场所。金融市场的融资行为既包括以银行等金融机构为信用媒介的间接融资行为，也包括各类交易主体之间的直接融资行为。金融市场的主体是各类融资活动的参与者，它们既是资金的供应者，也是资金的需求者，一般包括工商企业、金融机构、中央银行、居民个人与家庭、政府、海外投资者等。金融市场的客体是金融交易对象。金融市场的交易对象是货币资金，通常以金融工具为载体。

9. 金融市场在优化资源配置、提高金融资产流动性方面的功能包括（　　）。[2015 年 10 月真题]

A. 可以帮助实现资金在各部门之间的资金转移

B. 可以帮助金融资产的持有者出售资产以提高资金流动性

C. 可以帮助金融资产的持有者变现资产以提高资金流动性

D. 可以帮助实现资金在各部门之间的余缺调剂

E. 可以帮助资金从相对较低收益的地方转向收益较高的地方

【解析】D 项属于金融市场的货币资金融通功能。

10. 对于金融市场，下列说法正确的有（　　）。

A. 外汇市场由外汇需求者、外汇供给者、买卖中介机构等构成

B. 同业拆借市场可以解决借款者短期资金周转不足的需要

C. 票据市场是专门办理大额定期存单转让的市场

D. 黄金市场只进行黄金现货交易

E. 保险市场是投保人与承保人进行保险业务交易的场所

【解析】C 项，票据市场指由具有高信用等级的大企业和财务公司发行的短期无担保债券筹措资金的短期融资场所，而大额可转让定期存单市场是专门办理大额定期存单发行和转让的市场；D 项，黄金市场是进行黄金交易的场所，不仅包括现货交易，还包括期货等其他形式的交易。

11. 关于场外交易市场，下列说法正确的有（　　）。

A. 通常是通过集中而有形的市场进行运作的

B. 通过经纪人或交易商的电话、网络等洽谈成交

C. 在交易所之外进行交易

D. 是金融交易的主体

E. 没有固定的交易场所

【解析】无形市场是指没有固定交易场所和交易设施、交易者通过经纪人或交易商的电话、网络等洽谈成交的市场。一般也称场外交易市场。

12. 直接融资包括（　　）。

A. 股票发行　　　　B. 企业债券发行

9ABCE　10ABE　11BCE　12ABCDE

C. 国家发行国库券　　D. 国家发行公债券

E. 商业信用

【解析】直接融资是指资金的供给者直接向资金需求者进行融资的一种融资方式。直接融资活动一般不通过金融中介机构。商业信用、企业发行股票和债券、国家发行国库券公债券均属于直接融资活动。

13. 金融工具的风险主要有(　　)。

A. 信用风险　　B. 声誉风险　　C. 市场风险　　D. 法律风险

E. 战略风险

【解析】金融工具的风险主要有两类：①信用风险或称违约风险，即债务人不履行合同，不能按约定的期限和利息还本付息的风险；②市场风险，即因经济环境、市场利率变化或者证券市场上不可预见的一些因素的变化，导致金融工具价格下跌，从而给投资人带来损失。

14. 对于金融市场的构成要素，下列说法正确的有(　　)。

A. 资金供给者可以是金融机构、企业、个人及政府部门

B. 资金需求者就是金融商品的发行者或出卖者

C. 金融市场上所有融资都是通过中介者来实现的

D. 短期金融商品包括商业票据、银行汇票、银行本票等

E. 长期金融商品包括长期债券和大额可转让存单等

【解析】C 项，金融市场上的融资可以分为直接融资和间接融资，只有间接融资是通过中介来实现的；E 项，大额可转让存单属于短期金融商品。

15. 同业拆借市场的特点有(　　)。

A. 期限较短　　B. 参与者广泛，个人也可参与

C. 交易的主要是法定准备金　　D. 属于信用拆借活动

E. 属于担保拆借活动

【解析】同业拆借市场具有以下特点：①资金融通的期限较短，主要用于金融机构临时性资金需要；②同业拆借是在无担保条件下进行的资金与信用的直接交换，潜在信用风险较高，因此要求拆借主体具有较高的信用等级；③同业拆借形成的资金价格信号，反映了整个金融体系的资金供求状况和流动性状况，在货币政策传导和整个金融市场中起到基础性作用。

16. 同业拆借资金主要用于商业银行的(　　)。

A. 日常资金的支付清算　　B. 短期融通需要

C. 贷款　　D. 中央银行货币政策调控

E. 购置固定资产

【解析】同业拆借市场是金融机构进行流动性管理的重要场所，主要满足金融机构日常资金的支付清算和短期融通需要。

17. 大额可转让定期存单不同于传统定期存款的特点有(　　)。

13AC　14ABD　15AD　16AB　17BCD

A. 记名　　B. 面额固定
C. 不可提前支取　　D. 可在二级市场流通转让
E. 利率固定

【解析】与传统的定期存款相比，大额可转让定期存单具有以下不同的特点：①定期存款记名而且不可以转让，没有特定的流通市场；大额可转让定期存单则是不记名而且可以转让，有专门的大额可转让定期存单二级市场可以进行流通转让。②定期存款金额往往根据存款人意愿决定，数额大小并不固定；大额可转让定期存单则一般面额固定，而且都比较大。③定期存款可以提前支取，只是所得利息要低于原来的固定利率计算的利息；大额可转让定期存单不可提前支取，但可以在二级市场上转让。

18. 与普通股相比，关于优先股的说法，正确的是(　　)。
A. 股息固定　　B. 优先参与公司经营管理
C. 优先分配公司收益　　D. 优先分配公司剩余财产
E. 收益保障较差

【解析】普通股是股票中最普遍和最主要的形式，它是指对股东不加以特别的限制而享有平等权利，并随公司利润大小而取得相应收益的股票。优先股是股份公司发行的在分配公司收益和剩余财产时比普通股具有优先权的股票，优先股的优点是收益有保障，因为它的股息是固定的，但缺点是不能像普通股一样参与公司的经营管理。

19. 债券发行过程中支付给承销商的费用包括(　　)。
A. 债券印刷费　B. 发行手续费　C. 宣传广告费　D. 律师费
E. 资产重估费用

【解析】支付给承销商的费用就是发行成本，主要包括：债券印刷费、发行手续费、宣传广告费、律师费、担保抵押费、信用评级和资产重估费用、其他发行费用等。

20. 按利息支付方式划分，债券可分为(　　)。
A. 固定利率债券　B. 普通债券　C. 附息债券　D. 浮动利率债券
E. 零息债券

【解析】按不同角度可以对债券进行不同分类。按利息支付方式，债券可分为普通债券、附息债券、贴现债券、零息债券。AD 两项，按利率是否固定，债券可分为固定利率债券、浮动利率债券。

三、判断题(请对下列各题的描述做出判断，正确的用 A 表示，错误的用 B 表示)

1. 资本市场允许银行在流动性短缺时，及时融入所需资金，而在出现流动性过剩时，亦可以及时将资金运用出去，提高盈利性。(　　)[2022 年 7 月真题]

【解析】资本市场是长期资金融通市场，在资本市场上，发行主体所筹集的资金大多用于固定资产的投资，偿还期长，流动性相对较小，风险相对较高，被当做固定资产投资的资本来运用，因此称该市场为资本市场。

2. 金融市场的参与者通过买卖金融资产转移或者接受风险，利用组合投资可以分散那些投资于单一金融资产所面临的非系统性风险，这属于金融市场优化资源配置的功能。

18ACD　19ABCDE　20BCE　▌　1B　2B

(　　)［2015 年 10 月真题］

【解析】金融市场的参与者通过买卖金融资产转移或者接受风险，利用组合投资可以分散那些投资于单一金融资产所面临的非系统性风险，这属于金融市场分散风险的功能。

3. 回购市场形成的资金价格信号，反映了整个金融体系的资金供求状况和流动性状况，在货币政策传导和整个金融市场中起到基础性作用。(　　)

【解析】同业拆借形成的资金价格信号，反映了整个金融体系的资金供求状况和流动性状况，在货币政策传导和整个金融市场中起到基础性作用。

4. 回购交易实际上是一种抵押贷款。(　　)

【解析】以回购方式进行的债券交易其实是一种有抵押的贷款：债券的购买，实际是买方将资金借给卖方；约定卖方在规定的时间购回，实际是通过购回债券归还借款；抵押品就是相关的债券。

5. 由于回购利率较低，故债券回购以小额交易为主。(　　)

【解析】由于回购利率较低，对少量资金而言，交易成本高，因此，债券回购以大宗交易为主。

6. 商业汇票由银行签发并承兑，银行承诺商业汇票到期日支付汇票金额。(　　)

【解析】商业汇票由企业签发，向银行申请办理承兑，银行承诺商业汇票到期日支付汇票金额。

7. 大额可转让定期存单的面额可由投资者与银行相互协商决定。(　　)

【解析】大额可转让定期存单，简称 CDs，是由商业银行发行的、有固定面额和约定期限并可以在市场上转让流通的存款凭证。

8. 全国中小企业股份转让系统是经证监会批准设立的全国性证券交易场所，属于场外市场。(　　)

【解析】全国中小企业股份转让系统成立于 2012 年，是经国务院批准设立的全国性证券交易场所，全国中小企业股份转让系统有限责任公司为其运营管理机构，属于场外市场。

9. 当债券的收益率不变，债券的到期时间与债券价格的波动幅度之间成反比关系。(　　)

【解析】当债券的收益率不变，债券的到期时间与债券价格的波动幅度之间成正比关系。

10. 按有无担保，债券可分为公募债券和私募债券。(　　)

【解析】债券按有无担保可分为信用债券、担保债券；按募集方式可分为公募债券和私募债券。

3B　4A　5B　6B　7B　8B　9B　10B

第四章　银行体系

一、单选题（下列选项中只有一项最符合题目要求，请将正确选项的代码填入括号内）

1. 以下不属于商业银行机构的是（　　）。[2023 年 10 月真题]

A. 城市商业银行　　　　B. 农村中小金融机构

C. 外资银行　　　　D. 政策性银行

【解析】政策性银行主要是指那些多由政府创立、参股或担保的不以营利为目的，专门为贯彻并配合政府社会经济政策或意图，在特定的业务领域内从事政策性融资活动，协助政府发展经济、进行宏观经济管理的金融机构。一般来说，政策性银行具有特殊的融资原则、坚持经济效益而不以营利为目的。

2. 下列属于商业银行最基本职能的是（　　）。[2023 年 10 月真题]

A. 提供金融服务　　B. 充当支付手段　　C. 充当信用中介　　D. 信用创造功能

【解析】充当信用中介是银行最基本的职能。银行通过吸收存款，动员和集中社会上一切闲置的货币资本，然后又通过放款把这些货币资本贷放给需要资本的企业使用。这样，银行就成了货币资本的贷出者和借入者之间的中介人。

3. 根据国务院公布的《存款保险条例》，存款保险实行限额偿付，最高偿付限额为人民币（　　）。[2023 年 10 月真题]

A. 100 万元　　B. 70 万元　　C. 30 万元　　D. 50 万元

【解析】存款保险实行限额偿付，最高偿付限额为人民币 50 万元。同一存款人在同一家投保机构所有被保险存款账户的存款本金和利息合并计算的资金数额在最高偿付限额以内的，实行全额偿付；超出最高偿付限额的部分，依法从投保机构清算财产中受偿。

4. 以下关于商业银行产生与发展的说法，错误的是（　　）。[2023 年 10 月真题]

A. 高利贷性质的银行逐渐转变为资本主义商业银行

B. 现代商业银行不具有信用创造功能

C. 早期银行贷款利息很高

D. 早期银行由货币兑换业发展而来

【解析】现代商业银行具有三个特点：一是利息水平适当，二是信用功能扩大，三是具有信用创造功能。

5. 中央银行作为最后贷款人，其贷款对象是（　　）。[2023 年 10 月真题]

A. 暂时出现流动性不足而且没有清偿力的金融机构

B. 因管理不善出现清偿力危机的资不抵债的金融机构

C. 出现清偿力危机并已经濒临破产倒闭的金融机构

D. 暂时出现流动性不足但仍然具有清偿力的金融机构

1D　2C　3D　4B　5D

【解析】最后贷款人的援助对象是暂时出现流动性不足但仍然具有清偿力的金融机构。最后贷款人没有责任救助那些因管理不善出现清偿力危机而资不抵债的金融机构，但应减轻单个金融机构失败引发的溢出效应、传染效应。所以，为了避免道德风险，应只向暂时出现流动性不足但仍然具有清偿力的机构提供援助。出现清偿力危机，则表明银行已经濒临破产倒闭，一般不应施以救助。

6. 中央银行是银行的银行，下列业务中不属于这一范畴的是(　　)。[2022 年 7 月真题]

A. 对商业银行发放贷款　　B. 集中商业银行存款准备金

C. 办理商业银行间的清算　　D. 对陷入危机的银行进行救助

【解析】中央银行是银行的银行。银行的银行是指中央银行是商业银行的银行，即主要同商业银行发生业务关系，集中商业银行的准备金并对它们提供信用。具体包括：集中商业银行的存款准备；办理商业银行间的清算；对商业银行发放贷款。D 项，中央银行对陷入危机的银行进行救助主要体现了其最后贷款人制度。

7. 下列属于中央银行业务的是(　　)。[2021 年 6 月真题]

A. 办理企业间的支付结算　　B. 吸收企业和个人的存款

C. 集中商业银行的准备金　　D. 对工商企业发放贷款

【解析】中央银行是银行的银行，是指中央银行是商业银行的银行，即主要同商业银行发生业务关系，集中商业银行的准备金并对它们提供信用。具体包括：①集中商业银行的存款准备；②办理商业银行间的清算；③对商业银行发放贷款。

8. 在信用活动中发挥主要作用的金融机构是(　　)。[2017 年 6 月真题]

A. 中央银行　　B. 政策性银行　　C. 投资银行　　D. 商业银行

【解析】商业银行是指能够吸收公众存款、发放贷款、办理结算等多种业务，以营利为主要经营目标，经营货币的金融企业。商业银行在银行体系中占有重要的地位，在信用活动中起着主导作用。

9. 目前，我国的城市商业银行是在(　　)的基础上成立发展起来的。[2016 年 11 月真题]

A. 农村信用合作社　　B. 城市信用合作社

C. 农村资金互助社　　D. 人民银行

【解析】20 世纪 90 年代中期，以城市信用社为基础，我国开始陆续组建城市合作银行，后改称城市商业银行。经过多年的发展，城市商业银行已经逐渐发展成熟，已经基本完成了股份制改革，转变经营模式，在当地占有相当大的市场份额。

10. 货币经纪公司的服务对象是(　　)。[2015 年 10 月真题]

A. 地方政府　　B. 上市公司　　C. 事业单位　　D. 金融机构

【解析】货币经纪公司是指经批准在中国境内设立的，通过电子技术或其他手段，专门从事促进金融机构间资金融通和外汇交易等经纪服务，并从中收取佣金的非银行金融机构。根据《货币经纪公司试点管理办法》第三十二条规定，货币经纪公司及其分公司仅限于向境内外金融机构提供经纪服务，不得从事任何金融产品的自营业务。

6D　7C　8D　9B　10D

11. 我国负责监督和管理金融业、规范和维护金融秩序的机构是(　　)。[2015 年 5 月真题]

A. 国家金融监督管理总局　　B. 中国人民银行

C. 中国证券监督管理委员会　　D. 国家发展和改革委员会

【解析】中央银行是国家中居主导地位的金融中心机构，是国家干预和调控国民经济发展的重要工具。它既是为商业银行等普通金融机构和政府提供金融服务的特殊金融机构，又是制定和实施货币政策、监督和管理金融业、规范和维护金融秩序、调控金融和经济运行的宏观管理部门。我国的中央银行是中国人民银行。

12. 下列选项中不属于非银行金融机构的是(　　)。[2013 年 11 月真题]

A. 货币经纪公司　B. 金融租赁公司　C. 信托公司　D. 村镇银行

【解析】非银行金融机构包括金融资产管理公司、企业集团财务公司、信托公司、金融租赁公司、汽车金融公司、货币经纪公司、消费金融公司、贷款公司等。D 项，村镇银行属于银行类金融机构。

13. 下列关于企业集团财务公司的表述，正确的是(　　)。[2012 年 6 月真题]

A. 以加强企业集团资金集中管理和提高企业集团资金使用效率为目的

B. 不属于企业集团内部的金融机构

C. 可以从集团外吸收存款，为非成员单位提供服务

D. 服务对象可以是非企业集团成员

【解析】企业集团财务公司，简称财务公司，是指以加强企业集团资金集中管理和提高企业集团资金使用效率为目的，为企业集团成员单位提供财务管理服务的非银行金融机构。财务公司主要是为集团内部成员单位提供财务管理服务。

14. 在我国，负责制定和实施货币政策的机构是(　　)。[2012 年 6 月真题]

A. 财政部　　B. 国家发展和改革委员会

C. 中国人民银行　　D. 国家金融监督管理总局

【解析】中央银行是国家中居主导地位的金融中心机构，是国家干预和调控国民经济发展的重要工具。我国的中央银行是中国人民银行，成立于 1948 年。中国人民银行在国务院领导下，制定和执行货币政策，防范和化解金融风险，维护金融稳定。它既是为商业银行的普通金融机构和政府提供金融服务的特殊金融机构，又是制定和实施货币政策、监督和管理金融业、规范和维护金融秩序、调控金融和经济运行的宏观管理部门。中国人民银行在国务院的领导下依法独立执行货币政策，履行职责，开展业务，不受地方政府、社会团体和个人的干涉。

15. 下列属于中国农业发展银行主要任务的是(　　)。[2012 年 6 月真题]

A. 承担国家规定的农业政策性金融业务

B. 向国家大中型基本建设和技术改造发放贷款

C. 执行国家外贸政策，为资本性货物出口提供政策性金融支持

D. 吸收公众存款

【解析】中国农业发展银行于 1994 年挂牌成立，主要职责是按照国家的法律法规和方针

11B　12D　13A　14C　15A

政策，以国家信用为基础筹集资金，承担农业政策性金融业务，代理财政支农资金的拨付，为农业和农村经济发展服务。

16. 专门为金融机构之间资金融通和外汇交易提供服务，并收取佣金的非银行金融机构是(　　)。[2011 年 10 月真题]

A. 货币经纪公司　B. 证券公司　C. 信托公司　D. 投资银行

【解析】货币经纪公司是指经批准在中国境内设立的，通过电子技术或其他手段，专门从事促进金融机构间资金融通和外汇交易等经纪服务，并从中收取佣金的非银行金融机构。在我国，按照国务院银行业监督管理机构批准经营的业务范围，货币经纪公司可以经营下列经纪业务：境内外外汇市场交易、境内外货币市场交易、境内外债券市场交易、境内外衍生产品交易等。

17. 下列选项中，不属于我国存款保险制度中被保险存款赔付的情形的是(　　)。

A. 人民法院裁定受理对投保机构的重组申请

B. 存款保险基金管理机构担任投保机构的接管组织

C. 存款保险基金管理机构实施被撤销投保机构的清算

D. 人民法院裁定受理对投保机构的破产申请

【解析】有下列情形之一的，存款人有权要求存款保险基金管理机构在规定的限额内，使用存款保险基金偿付存款人的被保险存款：①存款保险基金管理机构担任投保机构的接管组织；②存款保险基金管理机构实施被撤销投保机构的清算；③人民法院裁定受理对投保机构的破产申请；④经国务院批准的其他情形。

18. 下列(　　)属于国务院银行业监督管理机构监管的非银行金融机构。

①股份制商业银行；②基金管理公司；③农村信用社；④企业集团财务公司；⑤汽车金融公司；⑥城市信用合作社；⑦金融租赁公司；⑧期货经纪公司。

A. ④⑤⑦　B. ①③⑥　C. ②⑧　D. ④⑤⑥⑦

【解析】从监督管理角度讲，除银行机构外，属于国务院银行业监督管理机构监管的非银行业机构还包括金融资产管理公司、企业集团财务公司、信托公司、金融租赁公司、汽车金融公司、货币经纪公司、消费金融公司、贷款公司等非银行金融机构。①③⑥属于由国务院银行业监督管理机构监管的银行业金融机构；②⑧属于由证监会监管的非银行金融机构。

19. 金融公司与商业银行的主要区别是(　　)。

A. 金融公司的规模比商业银行小　B. 金融公司不提供存款业务

C. 金融公司不提供商业贷款　D. 金融公司的经营目标不是利润最大化

【解析】与其他金融机构相比商业银行最明显的特征是能够吸收活期存款，创造货币。

20. 下列属于我国财务公司业务的是(　　)。

A. 投资不动产　B. 代理期货期权业务

C. 对成员单位贷款　D. 吸收公众存款

【解析】财务公司主要是为集团内部成员单位提供财务管理服务，其业务有两类：①基

16A　17A　18A　19B　20C

础类业务，涵盖了商业银行可以办理的全部资产、负债、中间业务；②满足一定条件的财务公司可以办理的业务，包括发行财务公司债券、承销成员单位企业债、对金融机构的股权投资、有价证券投资、成员单位产品的消费信贷、买方信贷及融资租赁等业务。

21. 李先生想要办理住房贷款，目前他可以到哪家办理该业务？（　　）

A. 中国银行　　B. 中国进出口银行

C. 中国农业发展银行　　D. 中国国际信托投资公司

【解析】居民个人住房贷款属于商业银行业务范畴。BC 两项属于政策性银行，它们的主要业务是根据国家的产业政策，提供对口资金支持相关产业，不办理居民个人业务；D 项业务范畴为信托业，不涉及贷款业务。

22. 关于中央银行的职能，下列说法不正确的是(　　)。

A. 是发行的银行

B. 主要同商业银行发生业务关系，集中商业银行的准备金并对它们提供信用

C. 代表国家贯彻执行金融政策，代为管理财政收支，为国家提供各种金融服务

D. 在特定的业务领域内，协助政府发展经济

【解析】中央银行的职能主要有：①中央银行是发行的银行；②中央银行是银行的银行；③中央银行是政府的银行。D 项属于政策性银行的职能。

23. 贷款公司对同一借款人的贷款余额不得超过资本净额的______；对单一集团企业客户的授信余额不得超过资本净额的______。(　　)

A. 5%；10%　　B. 10%；15%　　C. 15%；20%　　D. 20%；25%

【解析】贷款公司发放贷款应当坚持小额、分散的原则，提高贷款覆盖面，防止贷款过度集中。贷款公司对同一借款人的贷款余额不得超过资本净额的 10%；对单一集团企业客户的授信余额不得超过资本净额的 15%。

二、多选题（下列选项中有两项或两项以上符合题目要求，请将符合题目要求选项的代码填入括号内）

1. 下列关于中央银行产生原因的说法，正确的有(　　)。[2023 年 10 月真题]

A. 集中统一银行券发行的需要　　B. 对资金供需统一定价的需要

C. 统一票据交换及清算的需要　　D. 对金融业统一管理的需要

E. “最后贷款人”的需要

【解析】中央银行是从现代商业银行中分离出来逐渐演变而成的。首先，中央银行的产生是集中统一银行券发行的需要。其次，中央银行的产生是统一票据交换及清算的需要。再次，中央银行的产生是最后贷款人的需要。最后，中央银行的产生是对金融业统一管理的需要。正是由于银行券发行的集中、票据清算、最后贷款人和监管的需要，一些大的商业银行逐渐从商业银行体系中分离出来，演化成为中央银行。

2. 中央银行作为最后贷款人提供资金的操作方式主要包括(　　)。[2023 年 10 月真题]

A. 通过财政性货币发行增加资金并向整个金融市场提供流动性

21A　22D　23B　▎　1ACDE　2DE

B. 通过政策性银行直接向金融机构提供贷款

C. 通过财政性拨款直接向金融机构提供资金

D. 通过再贴现窗口直接向金融机构提供贷款

E. 通过公开市场购买合格资产，向整个金融市场提供流动性

【解析】中央银行最后贷款人的操作方式包括以下两种：①公开市场业务，通过公开市场购买合格资产，向整个金融市场提供流动性；②再贴现窗口，直接向有偿债能力但资金暂时周转不灵的金融机构提供贷款，由于贷款不是财政性资金，因而要求金融机构提供足够的合格抵押品和担保，并且为防止道德风险，一般都采取惩罚性的利率。在我国，中国人民银行主要通过提供紧急贷款弥补金融机构临时流动性缺口、对高风险金融机构进行救助等方式履行最后贷款人职能，在维护金融稳定中发挥了重要作用。

3. 中央银行是政府的银行，下列业务中属于这一范畴的是(　　)。[2022年7月真题]

A. 代理国库　　B. 经办财政收支

C. 代表国家与国际金融机构开展业务　　D. 代表国家执行货币政策

E. 对国家提供信贷

【解析】政府的银行是指中央银行代表国家贯彻执行金融政策，代为管理财政收支，为国家提供各种金融服务。具体包括：代理国库，中央银行经办政府的财政收支，执行国库的出纳职能；对国家提供信贷；在国际关系中，代表国家与外国金融机构、国际金融机构建立业务联系，处理各种国际金融事务。

4. 现代商业银行具有的特点包括(　　)。[2020年10月真题]

A. 具有结算功能　　B. 具有信用创造功能

C. 具有信用中介功能　　D. 利息水平适当

E. 信用功能扩大

【解析】商业银行是指能够吸收公众存款、发放贷款、办理结算等多种业务，以营利为主要经营目标，经营货币的金融企业。现代商业银行具有三个特点：①利息水平适当；②信用功能扩大；③具有信用创造功能。

5. 按照《汽车金融公司管理办法》，汽车金融公司可以从事的业务包括(　　)。[2018年6月真题]

A. 向金融机构借款　　B. 发行金融债券

C. 接受境内公众存款　　D. 代理政策性银行业务

E. 提供购车贷款

【解析】汽车金融公司是指经国务院银行业监督管理机构批准设立的为中国境内的汽车购买者及销售者提供金融服务的非银行金融机构。汽车金融公司的业务主要包括：①接受境外股东及其所在集团在华全资子公司和境内股东三个月(含)以上定期存款；②接受汽车经销商采购车辆贷款保证金和承租人汽车租赁保证金；③经批准，发行金融债券；④从事同业拆借；⑤向金融机构借款；⑥提供购车贷款业务；⑦提供汽车经销商采购车辆贷款和营运设备贷款；⑧提供汽车融资租赁业务(售后回租业务除外)；⑨向金融机构出售或回购汽车贷款应收款和汽车融资租赁应收款业务；⑩办理租赁汽车残值变卖及处

3ABCDE　4BDE　5ABE

理业务；⑪从事与购车融资活动相关的咨询、代理业务等。

6. 下列关于商业银行信用中介职能的表述，正确的是(　　)。[2017年6月真题]

A. 能为客户办理资金存取　　B. 能克服企业之间直接借贷的局限性

C. 能对资本进行再分配　　D. 是银行最基本的职能

E. 通过吸收存款、发放贷款充当中介人

【解析】充当信用中介是银行最基本的职能。银行通过吸收存款，动员和集中社会上一切闲置的货币资本，然后又通过放款把这些货币资本贷放给需要资本的企业使用。这样，银行就成了货币资本的贷出者和借入者之间的中介人。银行作为信用中介，克服了企业之间直接借贷的种种局限性，如在资本数量、借贷时间、空间上不一致性及不了解信用能力等局限性。通过信用中介职能对资本进行再分配，使货币资本得到充分有效的运用，加速了资本的周转，促进了生产的发展。

7. 通常认为，构成金融安全网三大组成部分的是(　　)。[2016年11月真题]

A. 存款保险制度　　B. 金融监管机构的审慎监管

C. 商业银行政策流动性要求　　D. 中央银行的最后贷款人制度

E. 商业银行风险管理

【解析】通常认为，中央银行的最后贷款人制度、金融监管机构的审慎监管、存款保险制度是构成金融安全网的三大组成部分。

8. 下列关于中央银行最后贷款人制度的表述，正确的有(　　)。[2016年6月真题]

A. 提供的是一种紧急资金援助或者支持

B. 具有救助性

C. 中央银行在银行体系由于遭遇不利的冲击引起流动性需求增加，而银行体系本身又无法满足其需求时提供资金

D. 提供的援助或支持是政府为银行危机买单

E. 主要目标是防范系统性金融风险

【解析】最后贷款人制度是指在银行体系由于遭遇不利的冲击引起流动性需求增加，而银行体系本身又无法满足这种需求时，由中央银行向银行体系提供流动性以确保银行体系稳健经营的一种制度安排。最后贷款人的主要目标是防范系统性金融风险，属于全局性目标，提供的是一种紧急资金援助或者支持，这种援助或支持不是政府为银行危机买单，而是体现为政府作为行政力量在市场经济行为中的一种宏观调控作用，而作用方式则具有救助性。

9. 商业银行发挥支付中介职能，对社会经济产生的作用包括(　　)。[2015年10月真题]

A. 加快货币资本的周转

B. 节约现钞使用和降低流通成本

C. 为社会化大生产的顺利进行提供有利条件

D. 集中社会上闲置的货币资本进行再分配

E. 加快结算过程

6ABCDE　7ABD　8ABCE　9ABCE

【解析】商业银行在办理负债业务的基础上，通过为客户办理货币结算、货币收付、货币兑换、存款转移等业务时就发挥支付中介职能。商业银行为客户办理支付、结算等业务时，主要方式是账户间划拨和转移，从而最大限度地节约现钞使用和降低流通成本，加快结算过程和货币资本的周转，为社会化大生产的顺利进行提供有利条件。D 项是商业银行发挥信用中介职能时，对社会经济产生的作用。

10. 金融租赁公司的主要业务范围包括(　　)。[2015 年 10 月真题]

A. 同业拆借　　B. 吸收股东 1 年期以上(含)定期存款

C. 融资租赁业务　　D. 经批准发行金融债券

E. 接受承租人的租赁保证金

【解析】金融租赁公司是以资金融通为目的，以租赁业务为载体的非银行金融机构。其主要业务范围包括：①融资租赁业务；②吸收股东 1 年期以上(含)定期存款；③接受承租人的租赁保证金；④向商业银行转让应收租赁款；⑤经批准发行金融债券；⑥同业拆借；⑦向金融机构借款；⑧境外外汇借款；⑨租赁物品残值变卖及处理业务；⑩经济咨询等。

11. 下列属于非银行金融机构的有(　　)。[2012 年 6 月真题]

A. 货币经纪公司　　B. 金融资产管理公司

C. 汽车金融公司　　D. 信托公司

E. 金融租赁公司

【解析】非银行金融机构是金融体系的重要组成部分，包括金融资产管理公司、企业集团财务公司、信托公司、金融租赁公司、汽车金融公司、货币经纪公司、消费金融公司、贷款公司等非银行金融机构。

12. 经国务院银行业监督管理机构批准，消费金融公司可经营的人民币业务包括(　　)。

A. 办理个人耐用消费品贷款　　B. 办理信贷资产转让

C. 与消费金融相关的咨询业务　　D. 与消费金融相关的代理业务

E. 境内同业拆借

【解析】经国务院银行业监督管理机构批准，消费金融公司可经营下列部分或者全部人民币业务：①办理个人耐用消费品贷款；②办理一般用途个人消费贷款；③办理信贷资产转让；④境内同业拆借；⑤向境内金融机构借款；⑥经批准发行金融债券；⑦与消费金融相关的咨询、代理业务；⑧国务院银行业监督管理机构批准的其他业务。

13. 企业集团财务公司是一种完全属于集团内部的金融机构，该性质体现在(　　)。

A. 服务对象限于企业集团成员

B. 不允许为非成员单位提供服务

C. 不允许从集团外吸收存款

D. 财务公司出现支付困难，母公司有义务提供资金支持

E. 仅可以吸收集团内部成员以及与集团内部成员有业务关系单位的存款

【解析】企业集团财务公司，是为企业集团成员单位提供财务管理的非银行金融机构。

10ABCDE　11ABCDE　12ABCDE　13ABCD

题中 ABCD 四项由该机构的性质和创设目的所决定。

14. 政策性银行的职能有(   )。

A. 经济调控职能 B. 信用创造职能 C. 政策导向职能 D. 补充性职能

E. 金融服务职能

【解析】政策性银行的职能主要包括经济调控职能、政策导向职能、补充性职能、金融服务职能。政策性银行以其服务对象的特殊性，为企业和社会提供各方面的金融和非金融服务，可以充当政府经济政策和产业政策的顾问，为经济发展在这些领域提供专业化的有效服务，从而发挥其服务性职能。B 项属于商业银行的职能。

15. 商业银行可以通过为客户办理(   )来发挥其支付中介的职能。

A. 融资代理 B. 代收代付 C. 存款转移 D. 货币兑换

E. 信托租赁

【解析】商业银行在办理负债业务的基础上，为客户办理货币结算、货币收付、货币兑换、存款转移等业务时就发挥支付中介职能。ABE 三项均是对商业银行金融服务职能的体现。

16. 商业银行的职能有(   )。

A. 充当信用中介 B. 充当支付中介

C. 信用创造 D. 办理商业银行间的清算

E. 金融服务

【解析】D 项，办理商业银行间的清算属于中央银行的职能。

17. 下列关于我国存款保险制度的说法，正确的有(   )。

A. 目的在于依法保护存款人的合法权益，及时防范和化解金融风险，维护金融稳定

B. 投保机构为商业银行

C. 被保险存款为投保机构吸收的人民币存款

D. 最高偿付限额为人民币 50 万元

E. 《存款保险条例》于 2015 年 5 月 1 日正式实施

【解析】B 项，我国境内设立的商业银行、农村合作银行、农村信用合作社等吸收存款的银行业金融机构，均应当依照《存款保险条例》的规定投保存款保险；C 项，被保险存款包括投保机构吸收的人民币存款和外币存款。

三、判断题(请对下列各题的描述做出判断，正确的用 A 表示，错误的用 B 表示)

1. 汽车金融公司是从事汽车消费信贷业务并提供相关汽车金融服务的专业机构。(   )[2014 年 11 月真题]

【解析】汽车金融公司是指经国务院银行业监督管理机构批准设立的为中国境内的汽车购买者及销售者提供金融服务的非银行金融机构。

2. 货币经纪公司可以向境内外金融机构提供经纪服务，也可以从事金融产品的自营业务。(   )[2013 年 11 月真题]

14ACDE 15CD 16ABCE 17ADE ▌ 1A 2B

【解析】货币经纪公司是指经批准在中国境内设立的，通过电子技术或其他手段，专门从事促进金融机构间资金融通和外汇交易等经纪服务，并从中收取佣金的非银行金融机构。根据《货币经纪公司试点管理办法》规定，在我国进行试点的货币经纪公司的业务范围仅限于向境内外金融机构提供经纪服务，不得从事任何金融产品的自营业务。

3. 中国人民银行作为特殊的国家机关，可以依赖《中国人民银行法》的有关规定从事以取得盈利为目的的金融业务活动。(　　)［2009 年 10 月真题］

【解析】中央银行是国家中居主导地位的金融中心机构，是国家干预和调控国民经济发展的重要工具。我国的中央银行是中国人民银行。中央银行的业务活动具有不以营利为目的、不经营普通银行业务、在制定和执行国家货币方针政策时具有相对独立性等特征。

4. 消费金融公司是吸收公众存款的非银行机构。(　　)

【解析】消费金融公司是指经国务院银行业监督管理机构批准，在中华人民共和国境内设立的，不吸收公众存款，以小额、分散为原则，为中国境内居民个人提供以消费为目的的贷款的非银行金融机构。

5. 汽车金融公司的资金来源包括境内股东单位的各种存款。(　　)

【解析】根据《汽车金融公司管理办法》的规定，经国务院银行业监督管理机构批准，汽车金融公司只可以接受境外股东及其所在集团在华全资子公司和境内股东三个月(含)以上定期存款。

6. 外资银行是指在我国境内由外国参股创办的银行。(　　)

【解析】外资银行是指依照中华人民共和国有关法律、法规，经批准在中华人民共和国境内设立的外商独资银行、中外合资银行、外国银行分行及外国银行代表处。目前，外资银行已成为我国银行体系的重要组成部分。

7. 信托业务是指信托公司以资金融通为目的，以受托人身份承诺信托和处理信托事务的经营行为。(　　)

【解析】信托公司是依法设立的、主要经营信托业务的金融机构。信托业务是指信托公司以营业和收取报酬为目的，以受托人身份承诺信托和处理信托事务的经营行为。金融租赁公司以资金融通为目的。

8. 贷款公司是专门为县域农民、农业和农村经济发展提供贷款服务的非银行金融机构。(　　)

【解析】贷款公司是经国务院银行业监督管理机构依据有关法律、法规批准，由境内商业银行或农村合作银行在农村地区设立的专门为县域农民、农业和农村经济发展提供贷款服务的非银行金融机构。

3B　4B　5B　6B　7B　8A

第二部分　银行业务

第一章　存款业务

一、单选题(下列选项中只有一项最符合题目要求，请将正确选项的代码填入括号内)

1．商业银行吸收同业存款业务属于(　　)。[2023 年 10 月真题]

A．负债业务　　B．资产业务　　C．中间业务　　D．向中央银行借款

【解析】同业存款也称同业存放，属机构存款，全称是同业及其他金融机构存入款项，是指因支付清算和业务合作等的需要，由其他金融机构存放于商业银行的款项。同业存放属于商业银行的负债业务，与此相对应的概念是存放同业，即存放在其他商业银行的款项，属于商业银行的资产业务。

2．储蓄业务客户群体大，银行工作人员在办理该项业务时需主要防范的风险是(　　)。[2023 年 10 月真题]

A．操作风险　　B．市场风险　　C．流动性风险　　D．信用风险

【解析】储蓄业务客户群体大，其主要风险操作风险较为明显，需要切实防范。商业银行开办储蓄存款业务，要遵守《商业银行法》《储蓄管理条例》《个人存款账户实名制规定》等相关法律法规要求，建立健全覆盖储蓄业务的内部控制制度，包括业务管理办法、业务操作规程、财务核算办法、储蓄存款业务授权制度和岗位责任制度。

3．单位活期存款账户中的一般存款账户不得办理(　　)。[2021 年 6 月真题]

A．现金缴存　　B．借款相关的业务

C．转账结算　　D．现金支取

【解析】单位活期存款账户又称为单位结算账户，包括基本存款账户、一般存款账户、专用存款账户和临时存款账户。其中，一般存款账户简称一般户，是指存款人因借款或其他结算需要，在基本存款账户开户银行以外的银行营业机构开立的银行结算账户。一般存款账户可以办理现金缴存，但不得办理现金支取。

4．商业银行等金融机构发行的债券称为(　　)。[2018 年 10 月真题]

A．企业债券　　B．国债　　C．公司债券　　D．金融债券

【解析】金融债券是商业银行在金融市场上发行的、按约定还本付息的有价证券。我国商业银行所发行的金融债券，均是在全国银行间债券市场上发行和交易的。

5．《中国人民银行关于人民币存贷款计结息问题的通知》中规定，从 2005 年 9 月 21 日起，我国对活期存款实行按季结息，每季度末月的(　　)日为结息日，次日付息。[2017 年 10 月真题]

1A　2A　3D　4D　5C

A. 15　　B. 30　　C. 20　　D. 25

【解析】《中国人民银行关于人民币存贷款计结息问题的通知》中规定，从2005年9月21日起，我国对活期存款实行按季度结息，每季度末月的20日为结息日，次日付息。存款的计息起点为元，元以下角分不计利息。利息金额算至分位，分以下尾数四舍五入。

6. 定期存款和活期存款是按照(　　)区分的。[2017年10月真题]

A. 存款币种不同　　B. 客户类型不同　　C. 存款期限不同　　D. 账户种类不同

【解析】活期存款是指不规定存款期限，客户可以随时存取的存款。定期存款是个人事先约定偿还期的存款，其利率视期限长短而定。

7. 商业银行办理活期存款业务通常是(　　)。[2017年6月真题]

A. 1元起存，只以银行卡为存取凭证　　B. 10元起存，以存折或银行卡为存取凭证

C. 1元起存，只以存折为存取凭证　　D. 1元起存，以存折或银行卡为存取凭证

【解析】活期存款通常1元起存，以存折或银行卡作为存取凭证，部分银行的客户可凭存折或银行卡在全国各网点通存通兑。

8. 境内商业银行买入外国可自由兑换的汇票时所使用的外汇牌价是(　　)。[2016年11月真题]

A. 现汇买入价　　B. 现钞卖出价　　C. 现钞买入价　　D. 现汇卖出价

【解析】银行外汇牌价表中的现汇买入价/现钞买入价/现汇卖出价/现钞卖出价都是以银行为主体的表示方法。现汇是指可自由兑换的汇票、支票等外币票据。现钞是具体的、实在的外国纸币、硬币。其中：①现汇买入价(汇买价)是银行买入外汇的价格；②现钞买入价(钞买价)是银行买入外币现钞的价格；③现汇卖出价(汇卖价)是银行卖出外汇的价格；④现钞卖出价(钞卖价)是银行卖出外币现钞的价格。

9. 小李在2015年3月3日存入一笔30000元的一年期整存整取定期存款，假设一年期定期存款利率为0.99%，活期存款利率为0.36%，存款满1个月后，小李取出了10000元，按照积数计息法，小李支取10000元的利息是(　　)元。[2015年10月真题]

A. 3.10　　B. 5.30　　C. 16.5　　D. 12.4

【解析】提前支取的定期存款计息方式如下：支取部分按活期存款利率计付利息，提前支取部分的利息同本金一并支取。因此，小李支取的10000元应按活期存款利率0.36%计息。积数计息法是按实际天数每日累计账户余额，以累计积数乘以日利率计算利息，其计息公式为：利息＝累计计息积数×日利率，其中，累计计息积数＝每日余额合计数。银行使用年利率除以360天折算出日利率。3月份共有31天，按照积数计息法，小李支取10000元的利息是10000×31×0.36%/360＝3.10(元)。

10. 银行买入外国纸币时所使用的外汇牌价是(　　)。[2015年10月真题]

A. 现钞卖出价　　B. 现汇卖出价　　C. 现汇买入价　　D. 现钞买入价

【解析】银行外汇牌价表中的现汇买入价/现钞买入价/现汇卖出价/现钞卖出价都是以银行为主体的表示方法。现汇是指可自由兑换的汇票、支票等外币票据。现钞是具体的、实在的外国纸币、硬币。其中：①现汇买入价(汇买价)是银行买入外汇的价格；②现

6C　7D　8A　9A　10D

钞买入价(钞买价)是银行买入外币现钞的价格；③现汇卖出价(汇卖价)是银行卖出外汇的价格；④现钞卖出价(钞卖价)是银行卖出外币现钞的价格。

11. 定期存款在存期内，若遇到利率调整，则该存款利息(　　)。[2015 年 10 月真题]
A. 按照到期日挂牌公告的利率计算
B. 按照存单开户日挂牌公告的利率计算
C. 按照调整日挂牌公告的利率计算
D. 采取分段计息的办法按照实际天数分别以存单开户日挂牌公告的利率和调整日挂牌公告的利率计算

【解析】定期存款是个人事先约定偿还期的存款，其利率视期限长短而定。定期存款存期内遇有利率调整，仍按存单开户日挂牌公告的相应定期存款利率计息。

12. 下列关于商业银行整存整取定期存款的表述，正确的是(　　)。[2015 年 10 月真题]
A. 期限越长，利率越低　　B. 期限越长，利率越高
C. 利率高低与期限长短无关　　D. 相同期限，本金越多，利率越低

【解析】定期存款利率视期限长短而定，通常，期限越长，利率越高。如果储户在存款到期前要求提前支取，必须持存单和存款人的身份证明办理，并按支取日挂牌公告的活期存款利率计付利息。

13. 中国人民银行公布的当日外汇牌价是(　　)。[2015 年 10 月真题]
A. 现钞卖出价　B. 现钞买入价　C. 现汇买入价　D. 中间价

【解析】中间价(基准价)是指中国人民银行授权外汇交易中心对外公布的当日外汇牌价。A 项，现钞卖出价(钞卖价)是指银行卖出外币现钞的价格；B 项，现钞买入价(钞买价)是指银行买入外币现钞的价格；C 项，现汇买入价(汇买价)是指银行买入外汇的价格。

14. 提前支取的定期储蓄存款，支取部分按(　　)计可付利息。[2011 年 10 月真题]
A. 存入日挂牌公告的活期存款利率　　B. 支取日挂牌公告的定期存款利率
C. 支取日挂牌公告的活期存款利率　　D. 存入日挂牌公告的定期存款利率

【解析】定期存款利率视期限长短而定，通常，期限越长，利率越高。如果储户在存款到期前要求提前支取，必须持存单和存款人的身份证明办理，并按支取日挂牌公告的活期存款利率计付利息。

15. 下列关于教育储蓄存款表述正确的是(　　)。[2010 年 5 月真题]
A. 利率优惠，按同期限档次的零存整取定期储蓄存款利率计息
B. 存期灵活，最长存期为六年
C. 总额控制，本金合计最高限额为 5 万元
D. 分次存入，分次支取

【解析】A 项，一年期、三年期教育储蓄按开户日同期同档次整存整取定期储蓄存款利率计息；六年期按开户日五年期整存整取定期储蓄存款利率计息。C 项，本金合计最高限额为 2 万元。D 项，分次存入，到期一次支取本金和利息。

11B　12B　13D　14C　15B

16. 目前，我国银行存款中，采用复利计算利息的是(　　)。[2009 年 10 月真题]

A. 一年期的定期存款　　B. 五年期的定期存款

C. 个人活期存款　　D. 三年期教育储蓄存款

【解析】除活期存款在每季度结息日时将利息计入本金作为下季的本金计算复利外，其他存款不论存期多长，一律不计复利。

17. 存款是商业银行最主要的(　　)。[2009 年 10 月真题]

A. 风险资产　　B. 投资业务　　C. 资金来源　　D. 资金运用

【解析】存款是商业银行最主要的资金来源，存款业务也是银行的传统业务，是商业银行业务经营的重要基础。存款包括人民币存款和外币存款两大类。

18. 关于个人存款业务，下列说法中正确的是(　　)。[2009 年 10 月真题]

A. 存款的计息起点为角　　B. 所有存款种类，均按复利计算利息

C. 存款人必须使用实名　　D. 定期存款不能提前支取

【解析】A 项，存款的计息起点为元，元以下角分不计利息；B 项，除活期存款在每季度结息日时将利息计入本金作为下季的本金计算复利外，其他存款不论存期多长，一律不计复利；C 项，国务院颁布的《个人存款账户实名制规定》规定，个人在金融机构开立个人存款账户时，应当出示本人身份证件，使用实名；D 项，提前支取的定期存款计息，支取部分按活期存款利率计付利息，提前支取部分的利息同本金一并支取。

19. 下列关于计算活期存款利息的表述中，正确的是(　　)。[2009 年 10 月真题]

A. 按月度结息，每月 20 日为结息日　　B. 本金计息起点为分

C. 活期存款 100 元起存　　D. 利息金额算至分位

【解析】对于活期存款，利息金额算至分位，分以下尾数四舍五入。分段计息算至厘位，合计利息后分以下四舍五入。A 项，我国对活期存款实行按季度结息，每季度末月的 20 日为结息日，次日付息；B 项，存款的计息起点为元，元以下角分不计利息；C 项，在现实中，活期存款通常 1 元起存。

20. 关于人民币零存整取存款计息方式选择，下列说法不正确的是(　　)。

A. 计息方式可分为积数计息和逐笔计息两种

B. 具体采用何种计息方式由储户决定

C. 储户在存款时可以通过利率差异来选择银行

D. 对于同一存款种类，各家银行之间会出现计息方式的差异

【解析】B 项，计息方式分为积数计息法和逐笔计息法两种。具体采用何种计息方式由各银行决定，储户只能选择银行，不能选择计息方式。

21. 徐先生在 2016 年 2 月 8 日存入一笔 10000 元的一年期定期存款，到期后徐先生临时有事没有前往银行取出存款，10 天后徐先生终于抽出时间前往银行取钱，则徐先生可以取出(　　)元。(假设一年期定期存款年利率为 5.22%，暂免征收利息税，支取当日活期存款挂牌利率 2.52%，银行使用年利率除以 360 天折算出日利率)

A. 10522　　B. 10529　　C. 10502.55　　D. 10520.55

16C　17C　18C　19D　20B　21B

【解析】逾期支取的定期存款，超过原定存期的部分，除约定自动转存外，按支取日挂牌公告的活期存款利率计付利息，并全部计入本金。计息期有整年(月)又有零头天数的，计息公式为：利息 = 本金 × 年(月)数 × 年(月)利率 + 本金 × 零头天数 × 日利率。根据计息公式，可得：利息 = 10000 × 5.22% + 10000 × 2.52% × 10/360 = 529(元)。可见，徐先生一共取出 10529 元(= 10000 + 529)。

22. 企业因办理日常转账结算和现金收付需要开立的银行结算账户是(　　)。

A. 基本存款账户　　B. 一般存款账户

C. 临时存款账户　　D. 专用存款账户

【解析】单位结算账户分为：①基本存款账户，是指存款人因办理日常转账结算和现金收付需要开立的银行结算账户；②一般存款账户，是指存款人因借款或其他结算需要，在基本存款账户开户银行以外的银行营业机构开立的银行结算账户；③专用存款账户，是指存款人对其特定用途资金进行专项管理和使用而开立的银行结算账户；④临时存款账户，是指存款人因临时需要并在规定期限内使用而开立的银行结算账户。

23. 单位存款人开立专用存款账户的资金不得用于缴纳(　　)。

A. 期货交易保证金　　B. 信托基金

C. 政策性房地产开发资金　　D. 注册验资

【解析】单位存款人用于以下特定用途的资金可以开立专用存款账户：①基本建设资金；②期货交易保证金；③信托基金；④金融机构存放同业资金；⑤政策性房地产开发资金；⑥单位银行卡备用金；⑦住房基金；⑧社会保障基金；⑨收入汇缴资金和业务支出资金；⑩党、团、工会设在单位的组织机构经费等。D 项，单位存款人因注册验资需要可以开立临时存款账户，而不是开立专用存款账户。

24. 下列关于存款的说法正确的是(　　)。

A. 定活两便储蓄存款的利率要比活期存款低

B. 个人通知存款可以按照储户需要随时支取

C. 教育储蓄属于整存整取定期储蓄存款

D. 教育储蓄存款本金合计最高限额为 2 万元

【解析】A 项，定活两便存款的利率要比活期存款高；B 项，个人通知存款是一种开户时不约定存期、支取时需提前通知银行、约定支取日期和金额方能支取的存款，而不可以按照储户需要随时支取；C 项，教育储蓄属于零存整取定期储蓄存款。

25. 小张硕士毕业后，准备前往美国自费攻读博士学位。在他取得前往美国的入境签证之前，他需要在我国商业银行持有(　　)。

A. 个人通知存款　　B. 定活两便储蓄存款

C. 外汇储蓄存款　　D. 保证金存款

【解析】保证金存款主要指个人购汇保证金存款，即商业银行向居民个人收存一定比例人民币作为居民取得外汇的保证金，以解决境内居民个人自费出国(境)留学需预交一定比例外汇保证金才能取得前往国家入境签证的特殊需要。

22A　23D　24D　25D

26. (　　)指的是商业银行为保证客户在银行为客户对外出具具有结算功能的信用工具，或提供资金融通后按约履行相关义务，而与其约定将一定数量的资金存入特定账户所形成的存款类别。在客户违约后，商业银行有权直接扣划该账户中的存款，以最大限度地减少银行损失。

A. 定期存款　　B. 活期存款　　C. 单位协定存款　　D. 单位保证金存款

【解析】A 项，定期存款是指个人事先约定偿还期的存款，其利率视期限长短而定；B 项，活期存款是指不规定存款期限，客户可以随时存取的存款；C 项，单位协定存款是指一种单位类客户通过与商业银行签订合同的形式约定合同期限等具体事项的存款类型。

27. 钞买价与汇买价的大小关系是(　　)。

A. 相等　　B. 钞买价 < 汇买价

C. 钞买价 > 汇买价　　D. 没有固定的大小关系

【解析】银行买入现钞后需要对其按面额和版式进行分类、保管、运输到发钞国，或在不同网点之间调剂、运送，成本比买入现汇后只需进行会计处理要高得多，而且还有收进假钞的风险。因此，钞买价比汇买价要低。

28. 大额存单的期限品种不包括(　　)。

A. 7 天　　B. 3 个月　　C. 6 个月　　D. 5 年

【解析】大额存单期限包括 1 个月、3 个月、6 个月、9 个月、1 年、18 个月、2 年、3 年和 5 年共 9 个品种。

29. 存款类金融机构单期同业存单发行金额不得低于(　　)元人民币。

A. 5000 万　　B. 1 亿　　C. 2 亿　　D. 3 亿

【解析】存款类金融机构可以在当年发行备案额度内，自行确定每期同业存单的发行金额、期限，但单期发行金额不得低于 5000 万元人民币。

二、多选题(下列选项中有两项或两项以上符合题目要求，请将符合题目要求选项的代码填入括号内)

1. 下列选项中，属于商业银行向中央银行借款途径的有(　　)。[2022 年 7 月真题]

A. 再贴现　　B. 资本金贷款　　C. 项目融资　　D. 再保险

E. 再贷款

【解析】商业银行在需要时可以向中央银行申请借款。这是一种不同于其他存款业务的比较特殊的一种资金来源业务。商业银行一般只把向中央银行借款作为融资的最后选择，只有在通过其他方式难以借到足够的资金时，才会求助于中央银行，这也是中央银行为什么被称为“最后贷款人”的原因。商业银行向中央银行借款有再贴现和再贷款两种途径。

2. 商业银行的下列存款种类中，只要不超过中国人民银行同期限档次存款利率上限，计结息规则可由银行自己把握的有(　　)。[2021 年 10 月真题]

A. 定期整存整取　　B. 协定存款　　C. 通知存款　　D. 零存整取

26D　27B　28A　29A　|　1AE　2BCD

E. 活期存款

【解析】《中国人民银行关于人民币存贷款计结息问题的通知》规定，除活期和定期整存整取两种存款外，国内银行的通知存款、协定存款、定活两便、存本取息、零存整取、整存零取6个存款种类，只要不超过中国人民银行同期限档次存款利率上限，计结息规则由各银行自己把握。

3. 商业银行发行金融债券应具备的条件有（　　）。[2018年6月真题]

A. 具有良好的公司治理机制　　B. 成立5年以上

C. 最近三年盈利　　D. 贷款损失准备计提充足

E. 风险监管指标符合监管规定

【解析】商业银行发行金融债券应具备以下条件：①具有良好的公司治理机制；②核心资本充足率不低于4%；③最近三年连续盈利；④贷款损失准备计提充足；⑤风险监管指标符合监管机构的有关规定；⑥最近三年没有重大违法、违规行为；⑦中国人民银行要求的其他条件。

4. 下列关于银行外汇牌价表中现钞的表述，正确的有（　　）。[2017年10月真题]

A. 可自由兑换的外国硬币　　B. 可自由兑换的外币支票

C. 可自由兑换的外币票据　　D. 可自由兑换的外币汇票

E. 可自由兑换的外国纸币

【解析】现汇是指可自由兑换的汇票、支票等外币票据。现钞是具体的、实在的外国纸币、硬币。

5. 下列关于我国商业银行外币存款和人民币存款业务的表述中，正确的是（　　）。[2017年6月真题]

A. 外汇存款币种可以自由选择任何外币

B. 个人外币存款账户的管理已经不再区分现钞账户和现汇账户

C. 两种存款都可以分为个人存款和单位存款

D. 外汇储蓄账户一般不得转账

E. 两种存款的具体管理方式相同

【解析】A项，我国银行开办的外币存款业务币种主要有9种，其他可自由兑换的外币，不能直接存入账户；E项，外币存款业务与人民币存款业务的存款币种和具体管理方式不同。

6. 商业银行向中央银行借款的途径有（　　）。[2016年6月真题]

A. 再贴现　　B. 债券回购　　C. 再贷款　　D. 贷款

E. 贴现

【解析】商业银行在需要时还可以向中央银行申请借款。但是，商业银行一般只把向中央银行借款作为融资的最后选择，只有在通过其他方式难以借到足够的资金时，才会求助于中央银行。商业银行向中央银行借款有再贴现和再贷款两种途径。

7. 下列选项中关于个人存款业务的表述，错误的有（　　）。[2015年10月真题]

3ADE　4AE　5BCD　6AC　7AD

A. 教育储蓄存款起存金额为100元

B. 整存整取的取款方式为到期一次支取本息

C. 个人通知存款不约定存期

D. 教育储蓄提前支取时可部分支取

E. 教育储蓄存款是父母为子女接受非义务教育而储蓄的存款

【解析】A项，教育储蓄存款是父母为了子女接受非义务教育而储蓄的存款，具有分次存入、到期一次支取本金和利息的特点，起存金额为50元；D项，教育储蓄属于零存整取定期储蓄存款，存期分为一年、三年和六年，提前支取时必须全额支取。

8. 存款人可以申请开立临时存款账户的情况包括(　　)。[2015年10月真题]

A. 设立临时机构　　B. 注册验资

C. 日常周转结算　　D. 金融机构存放同业

E. 异地临时经营活动

【解析】临时存款账户是指存款人因临时需要并在规定期限内使用而开立的银行结算账户。可以开立临时存款账户的情形包括：设立临时机构、异地临时经营活动、注册验资。该种账户的有效期最长不得超过两年。C项，办理日常转账结算和现金收付应开立基本存款账户；D项，金融机构存放同业属于特定用途的资金，应开立专用存款账户。

9. 下列关于商业银行单位协定存款的表述，正确的有(　　)。[2015年10月真题]

A. 超过基本存款额度的存款按定期存款利率计付利息

B. 基本存款额度按活期存款利率计付利息

C. 基本存款额度按中国人民银行规定上浮利率计付利息

D. 超过基本存款额度的存款按活期存款计付利息

E. 单位客户通过与银行签订合同约定合同期限，确定结算账户需要保留的基本存款额度

【解析】单位协定存款是一种单位类客户通过与商业银行签订合同的形式约定合同期限、确定结算账户需要保留的基本存款额度，对超过基本存款额度的存款按中国人民银行规定的上浮利率计付利息、对基本存款额度按活期存款利率付息的存款类型。

10. 单位可以在银行为下列哪些用途的资金设立专用存款账户？(　　)[2015年5月真题]

A. 单位银行卡备用金　　B. 基本建设资金

C. 信托基金　　D. 住房基金

E. 社会保障基金

【解析】单位专用存款账户是指存款人对其特定用途的资金进行专项管理和使用而开立的银行结算账户。存款人以下特定用途的资金可以开立专用存款账户：①基本建设资金；②期货交易保证金；③信托基金；④金融机构存放同业资金；⑤政策性房地产开发资金；⑥单位银行卡备用金；⑦住房基金；⑧社会保障基金；⑨收入汇缴资金和业务支出资金；⑩党、团、工会设在单位的组织机构经费等。

11. 商业银行办理企业基本存款账户时对存款客户的规定包括(　　)。[2013年11月真题]

8ABE　9BE　10ABCDE　11ACDE

A. 可以在此账户办理日常结算

B. 企业可以在多家银行开立多个基本账户

C. 可以由存款客户自主选择开户银行

D. 可以在此账户办理现金收付

E. 同一存款客户只能在商业银行开立一个基本存款账户

【解析】基本存款账户简称基本户，是指存款人因办理日常转账结算和现金收付需要开立的银行结算账户。基本存款账户是存款人的主办账户，企业、事业单位等可以自主选择一家商业银行的营业场所开立一个办理日常转账结算和现金收付的基本账户，同一存款客户只能在商业银行开立一个基本存款账户。

12. 储户张某到银行要求提前支取其妻子的定期存款，这项业务必须遵守的规定有(　　)。[2009 年 10 月真题]

A. 张某持有其妻子的身份证件

B. 张某书面提交提前支取该项存款的正当理由

C. 张某持有本人的身份证件

D. 按支取日挂牌公告的活期存款利率计付利息

E. 张某持有该项定期存款的存单

【解析】对于定期存款，如果储户在存款到期前要求提前支取，必须持存单和存款人的身份证明办理，并按支取日挂牌公告的活期存款利率计付利息。如他人代取，还需提供代取人的身份证件。

13. 办理储蓄业务，应当遵循的原则有(　　)。

A. 存款自愿　　B. 存款有息　　C. 取款自由　　D. 为存款人保密

E. 整存整取

【解析】个人存款又称储蓄存款，是指居民个人将闲置不用的货币资金存入银行，并可以随时或按约定时间支取款项的一种信用行为，是银行对存款人的负债。《中华人民共和国商业银行法》规定，办理储蓄业务，应当遵循“存款自愿、取款自由、存款有息、为存款人保密”的原则。

14. 关于银行存款计息，下列论述正确的有(　　)。

A. 从 2005 年 9 月 21 日起，我国对活期存款实行按季度计息

B. 每季度的始月 20 日为结息日，次日付息

C. 两种计息方式分别是：积数计息和逐笔计息

D. 央行对不同种类的存款规定了相应的计息方式

E. 提前支取定期存款，支取部分按活期存款利率计付利息

【解析】B 项，每季度末月的 20 日为结息日，次日付息；D 项，《中国人民银行关于人民币存贷款计结息问题的通知》规定，除活期和定期整存整取两种存款外，国内银行的通知存款、协定存款、定活两便、存本取息、零存整取、整存零取 6 个存款种类，只要不超过中国人民银行同期限档次存款利率上限，计结息规则由各银行自己把握。

12ACDE　13ABCD　14ACE

15. 关于各类定期存款，下列说法正确的有(　　)。

A. 整存整取的起存金额为 100 元

B. 零存整取每月存入一定金额，到期一次支取本息

C. 整存零取是指整笔存入固定期限分期支取

D. 存本取息的起存金额为 10000 元

E. 存本取息的起存金额为 5000 元

【解析】A 项，人民币整存整取的起存金额为 50 元；D 项，存本取息定期储蓄存款是指一次存入本金，分次支取利息，到期支取本金，起存金额为 5000 元人民币。

16. 以下属于单位存款的有(　　)。

A. 定期存款　　B. 活期存款　　C. 定活两便存款　　D. 协定存款

E. 保证金存款

【解析】单位存款的种类有：①单位活期存款；②单位定期存款；③单位通知存款；④单位协定存款；⑤保证金存款。C 项，定活两便存款属于个人存款。

17. 下列有关人民币存款的计息、利率换算的公式，错误的有(　　)。

A. 通用公式：利息 = 本金 × 年(月)数 × 年(月)利率

B. 换算公式：日利率(‰) = 年利率(%) ÷365

C. 换算公式：月利率(‰) = 年利率(%) ÷12

D. 积数计息公式：利息 = 累计计息积数 × 日利率

E. 逐笔计息公式：利息 = 本金 × 年(月)数 × 年(月)利率 + 本金 × 零头天数 × 日利率

【解析】A 项，人民币存款计息的通用公式为：利息 = 本金 × 实际天数 × 日利率；B 项，日利率(‰) = 年利率(%) ÷360。

18. 单位通知存款是指单位类客户在存入款项时不约定存期，支取时需提前通知商业银行的存款。目前，银行提供(　　)通知存款。

A. 一天　　B. 三天　　C. 五天　　D. 七天

E. 十天

【解析】单位通知存款是指单位类客户在存入款项时不约定存期，支取时需提前通知商业银行，并约定支取存款日期和金额方能支取的存款类型。不论实际存期多长，按存款人提前通知的期限长短，可再分为一天通知存款和七天通知存款两个品种。

19. 下列关于大额存单的说法错误的是(　　)。

A. 大额存单是由银行业存款类金融机构面向金融机构投资人发行的存款凭证

B. 发行利率以市场化方式确定

C. 付息方式分为到期一次还本付息和定期付息、到期还本

D. 投资人不包括保险公司

E. 只能在发行人的营业网点、电子银行发行

【解析】A 项，大额存单是由银行业存款类金融机构面向非金融机构投资人发行的、以人民币计价的记账式大额存款凭证，是银行存款类金融产品，属一般性存款。D 项，

15BCE　16ABDE　17AB　18AD　19ADE

大额存单的投资人包括个人、非金融企业、机关团体等非金融机构投资人；鉴于保险公司、社保基金在商业银行的存款具有一般存款属性，且需缴纳准备金，这两类机构也可以投资大额存单。E项，大额存单发行采用电子化的方式，既可以在发行人的营业网点、电子银行发行，也可以在第三方平台以及经中国人民银行认可的其他渠道发行。

三、判断题（请对下列各题的描述做出判断，正确的用A表示，错误的用B表示）

1. 商业银行向中央银行借款是一种常规资金来源业务，当市场上融资行为困难时，商业银行通常可直接向中央银行借款。（　　）［2022年7月真题］

【解析】商业银行一般只把向中央银行借款作为融资的最后选择，只有在通过其他方式难以借到足够的资金时，才会求助于中央银行，这也是中央银行为什么被称为“最后贷款人”的原因。

2. 银行向中央银行借款有再贴现和再贷款两种方式。（　　）［2015年10月真题］

【解析】商业银行在需要时可以向中央银行申请借款。商业银行向中央银行借款有再贴现和再贷款两种途径。

3. 境内单位经常项目外汇账户的限额统一用欧元核定。（　　）［2015年10月真题］

【解析】境内机构原则上只能开立一个经常项目外汇账户。境内机构经常项目外汇账户的限额统一采用美元核定。

4. 活期存款通常10元起存，以存折或银行卡作为存取凭证。（　　）［2013年11月真题］

【解析】在现实中，活期存款通常1元起存，以存折或银行卡作为存取凭证，部分银行的客户可凭存折或银行卡在全国各网点通存通兑。

5. 单位在设立临时机构或注册验资时，可以按照要求开立临时存款账户。（　　）［2010年5月真题］

【解析】临时存款账户是指存款人因临时需要并在规定期限内使用而开立的银行结算账户。可以开立临时存款账户的情形包括：设立临时机构、异地临时经营活动、注册验资。

6. 个人通知存款的起存金额一般为5万元。（　　）［2010年5月真题］

【解析】个人通知存款的业务特点有：开户时不约定存期，预先确定品种，支取时只要提前一定时间通知银行，约定支取日期及金额。目前，银行提供一天、七天通知储蓄存款两个品种。一般5万元起存。

7. 某银行为达到一个月吸收存款过亿元的指标，可以采取“一万送床单”的吸收存款方式。（　　）［2009年10月真题］

【解析】目前，存款业务也是商业银行之间业务竞争的重点。为规范市场行为，监管部门多次强调要严禁商业银行利用不正当手段吸收存款，通过以手续费、代办费、有奖储蓄、介绍费等名义吸存。

1B　2A　3B　4B　5A　6A　7B

8. 同一存款客户只能在银行开立一个一般存款账户。(　　)

【解析】基本存款账户是存款人的主办账户，企业、事业单位等可以自主选择一家商业银行的营业场所开立一个办理日常转账结算和现金收付的基本账户，同一存款客户只能在商业银行开立一个基本存款账户。

9. 专用存款账户是指存款人对其临时用途的资金进行专项管理和使用而开立的银行结算账户。(　　)

【解析】专用存款账户是指存款人对其特定用途的资金进行专项管理和使用而开立的银行结算账户；临时存款账户是指存款人因临时需要并在规定期限内使用而开立的银行结算账户。

10. 企业单位开立的一般存款账户可以办理现金缴存与现金支取。(　　)

【解析】一般存款账户简称一般户，是指存款人因借款或其他结算需要，在基本存款账户开户银行以外的银行营业机构开立的银行结算账户。一般存款账户可以办理现金缴存，但不得办理现金支取。

11. 个体工商户将货币资金存入商业银行的存款不是对公存款。(　　)

【解析】对公存款又称为单位存款，是机关、团体、部队、企业、事业单位和其他组织以及个体工商户将货币资金存入银行，并可以随时或按约定时间支取款项的一种信用行为。

12. 保证金存款属于同业存款。(　　)

【解析】保证金存款不属于同业存款，个人存款和单位存款的种类中都有保证金存款。

13. 对于提前支取的定期存款，提前支取部分的利息可暂时存放银行。(　　)

【解析】对于提前支取的定期存款，提前支取部分的利息同本金一并支取。

14. 我国银行可以发行以人民币计价的大额定期存单，也可以发行以外币计价的大额定期存单。(　　)

【解析】大额存单是指由银行业存款类金融机构面向非金融机构投资人发行的、以人民币计价的记账式大额存款凭证，是银行存款类金融产品，属一般性存款。

15. 在我国，大额存单有固定利率存单，也有浮动利率存单。(　　)

【解析】大额存单的发行利率以市场化方式确定。固定利率存单采用票面年化收益率的形式计息，浮动利率存单以上海银行间同业拆借利率(Shibor)为浮动利率基准计息。

16. 同业存单是一种资本市场工具。(　　)

【解析】同业存单是指由银行业存款类金融机构法人(即存款类金融机构)在全国银行间市场上发行的记账式定期存款凭证，是一种货币市场工具。

17. 定向发行的同业存单可以进行交易流通，并可以作为回购交易的标的物。(　　)

【解析】公开发行的同业存单可以进行交易流通，并可以作为回购交易的标的物。定向发行的同业存单只能在该只同业存单初始投资人范围内流通转让。

8B　9B　10B　11B　12B　13B　14B　15A　16B　17B

18. 个人结构性存款是一种外汇存款。(   )

【解析】个人结构性存款是银行向个人发售的在普通外汇存款的基础上嵌入某种金融衍生工具(主要是各类期权)，通过与利率、汇率、指数等的波动挂钩或与某实体的信用情况挂钩，使存款人在承受一定风险的基础上获得更高收益的外汇存款。

18A

第二章　贷款业务

一、单选题(下列选项中只有一项最符合题目要求，请将正确选项的代码填入括号内)

1. 目前，我国商业银行的主要资产是(　　)。[2023 年 10 月真题]

A. 房地产　　B. 存款　　C. 贷款　　D. 债券

【解析】贷款是银行最主要的资产，是银行最主要的资金运用。B 项，存款是商业银行最主要的资金来源，存款业务也是银行的传统业务，是商业银行业务经营的重要基础。

2. 商业银行承诺在未来某一日期按照事先约定的条件向客户提供约定的信用业务是(　　)。[2023 年 6 月真题]

A. 代理业务　　B. 承诺业务　　C. 担保业务　　D. 支付结算业务

【解析】承诺业务是指商业银行承诺在未来某一日期按照事先约定的条件向客户提供约定的信用业务，包括贷款承诺等。

3. 转贴现是指金融机构将其尚未到期的商业汇票转让给(　　)而取得资金的业务行为。[2022 年 7 月真题]

A. 承兑人　　B. 金融同业　　C. 中央银行　　D. 出票人

【解析】票据转贴现是指金融机构为了取得资金，将未到期的已贴现商业汇票再以卖断方式向另一金融机构转让的票据行为，是金融机构间融通资金的一种方式。

4. 某银行于 2020 年 4 月份购买了 A 公司五百万元人民币应收账款，这属于(　　)业务。[2020 年 10 月真题]

A. 负债　　B. 中间　　C. 担保　　D. 保理

【解析】保理是贸易融资方式的一种。保理融资，是指卖方申请由保理银行购买其与买方因商品赊销产生的应收账款，卖方对买方到期付款承担连带保证责任，在保理银行要求下还应承担回购该应收账款的责任，简单地说就是指销售商通过将其合法拥有的应收账款转让给银行，从而获得融资的行为。

5. 下列关于流动资金贷款的表述，正确的是(　　)。[2020 年 10 月真题]

A. 无须监督贷款资金是否按约定用途使用

B. 可以用于借款人日常生产经营周转

C. 可以用于股权投资

D. 可以用于固定资产投资

【解析】流动资金贷款用途限于借款人日常生产经营周转，即用来弥补营运资金的不足。商业银行应与借款人约定明确、合法的贷款用途，不得将流动资金贷款用于固定资产、股权等投资，不得用于国家禁止生产、经营的领域和用途。

6. 当企业经营周转资金出现缺口，可以申请的贷款是(　　)。[2015 年 10 月真题]

1C　2B　3B　4D　5B　6C

A. 项目贷款　　B. 固定资产贷款　　C. 流动资金贷款　　D. 房地产贷款

【解析】根据《流动资金贷款管理暂行办法》规定，流动资金贷款是指商业银行向企(事)业法人或国家规定可以作为借款人的其他组织发放的用于借款人日常生产经营周转的本外币贷款。流动资金贷款用途限于借款人日常生产经营周转，即用来弥补营运资金的不足。

7. 下列关于信用证的表述，正确的是(　　)。[2015 年 10 月真题]

A. 一种有条件的承诺付款的书面文件　　B. 处理的实际是与单据有关的货物

C. 一种无条件的银行支付承诺　　D. 一项附属于贸易合同之外的契约

【解析】信用证是指由银行(开证行)依照申请人的要求和指示或自己主动，在符合信用证条款的条件下，凭规定单据向第三者(受益人)或其指定方进行付款的书面文件。即信用证是一种银行开立的有条件的承诺付款的书面文件。

8. 商业银行贷款业务流程一般为(　　)。[2015 年 10 月真题]

A. 贷款申请、贷款审批、贷款调查、贷款发放、贷后管理

B. 贷款申请、贷前调查、贷款审批、贷款发放、贷后管理

C. 贷款申请、贷款审批、贷款发放、贷款检查、贷后管理

D. 贷款申请、贷前调查、贷款审批、贷款发放、贷后调查

【解析】一般来说，一笔贷款的管理流程分为以下九个环节：①贷款申请；②受理与调查；③风险评价；④贷款审批；⑤合同签订；⑥贷款发放；⑦贷款支付；⑧贷后管理；⑨贷款回收与处置。

9. 银行凭出口商提供的信用证项下完备的货运单据作抵押，在收到开证行支付的货款之前，向出口商融通资金的业务是(　　)。[2015 年 10 月真题]

A. 福费廷　　B. 进口押汇　　C. 保理　　D. 出口押汇

【解析】出口押汇是指银行凭出口商提供的信用证项下完备的货运单据作抵押，在收到开证行支付的货款之前，向出口商融通资金的业务。对客户来说如为即期收汇，可申请出口押汇。

10. 商业银行的票据贴现业务属于(　　)。[2015 年 10 月真题]

A. 负债业务　　B. 资产业务　　C. 中间业务　　D. 表外业务

【解析】票据贴现是指商业汇票的合法持票人，在商业汇票到期以前为获取票款，由持票人或第三人向金融机构贴付一定的利息后，以背书方式所作的票据转让。票据贴现属于票据业务，是商业银行一项传统的资产业务。

11. 与一般信用证相比，备用信用证的特点在于(　　)。[2015 年 5 月真题]

A. 开证行不同　　B. 开证行所承担的付款责任不同

C. 开证申请人不同　　D. 受益人不同

【解析】备用信用证与其他信用证相比，其特征是在备用信用证业务关系中，开证行通常是第二付款人，即只有借款人发生意外才会发生资金的垫付。而在一般信用证业务中，只要受益人所提供的单据和信用证条款一致，不论申请人是否履行其义务，银行

7A　8B　9D　10B　11B

都要承担对受益人的第一付款责任。

12. 对于持票人来说，票据贴现是(　　)。[2010 年 5 月真题]
A. 买进票据，在票据到期时可以取得票据所记载的金额
B. 买进票据，成为票据的权利人
C. 转让票据，成为票据的权利人
D. 以出让票据的形式，提前收回垫支的商业成本
【解析】对于持票人来说，票据贴现是以出让票据的形式，提前收回垫支的商业成本。对于贴现银行来说是买进票据，成为票据的权利人，票据到期，银行可以取得票据所记载金额。

13. 商业汇票的持票人在汇票到期日前为了取得资金，在给付一定利息后将票据权利转让给商业银行的票据行为是(　　)。[2009 年 10 月真题]
A. 转贴现　B. 再贴现　C. 贴现　D. 背书
【解析】票据贴现是指商业汇票的合法持票人，在商业汇票到期以前为获取票款，由持票人或第三人向金融机构贴付一定的利息后，以背书方式所作的票据转让。票据转贴现是指金融机构为了取得资金，将未到期的已贴现商业汇票再以卖断方式向另一金融机构转让的票据行为，是金融机构间融通资金的一种方式。

14. (　　)是指包买商从出口商那里无追索地购买已经承兑的，并通常由进口商所在地银行担保的远期汇票或本票的业务。[2009 年 10 月真题]
A. 信用证　B. 押汇　C. 保理　D. 福费廷
【解析】福费廷是指包买商从出口商那里无追索地购买已经承兑的，并通常由进口商所在地银行担保的远期汇票或本票的业务。在福费廷业务中，这种放弃包括两方面：①出口商卖断票据，放弃了对所出售票据的一切权益；②银行(包买人)买断票据，也必须放弃对出口商所贴现款项的追索权，可能承担票据拒付的风险。

15. 下列关于商业银行固定资产贷款说法中，错误的是(　　)。[2009 年 10 月真题]
A. 对于固定资产贷款项下借款人单笔支付金额超过项目总投资 5% 或超过 300 万元人民币的贷款资金支付，应采用商业银行受托支付方式
B. 固定资产贷款是当前国内银行业金融机构最重要的信贷品种之一
C. 基本建设贷款和技术改造贷款都属于固定资产贷款
D. 固定资产贷款是用于借款人固定资产投资的本外币贷款
【解析】固定资产贷款是指商业银行向企(事)业法人或国家规定可以作为借款人的其他组织发放的，用于借款人固定资产投资的本外币贷款。商业银行在发放贷款前应确认借款人满足合同约定的提款条件，并按照合同约定的方式对贷款资金的支付实施管理与控制，监督贷款资金按约定用途使用。对于固定资产贷款项下借款人单笔支付金额超过项目总投资 5% 或超过 500 万元人民币的贷款资金支付，应采用商业银行受托支付方式。

16. 备用信用证的实质是银行对借款人的一种(　　)。[2009 年 10 月真题]

12D　13C　14D　15A　16C

A. 承诺业务　　　B. 代理业务　　　C. 担保行为　　　D. 理财业务

【解析】备用信用证是开证行应借款人的要求，以放款人作为信用证的受益人而开具的一种特殊信用证，以保证在借款人不能及时履行义务或破产的情况下，由开证行向受益人及时支付本利。备用信用证是在法律限制开立保函的情况下出现的保函业务的替代品，其实质也是银行对借款人的一种担保行为。

17. 下列关于公司贷款业务中的流动资金贷款的说法不正确的是(　　)。

A. 可以弥补企业流动资产循环中所出现的现金缺口，满足企业在生产经营过程中周期性、季节性的流动资金需求

B. 可用于满足企业在生产经营过程中长期平均占用的流动资金需求，保证生产经营活动的正常进行

C. 可用于满足企业一次性进货的临时性资金需要和弥补其他支付性资金不足

D. 可用于弥补企业固定资产循环中所出现的现金缺口

【解析】D 项，流动资金贷款不得用于固定资产、股权等投资。固定资产贷款是指商业银行向企(事)业法人或国家规定可以作为借款人的其他组织发放的，用于借款人固定资产投资的本外币贷款。

18. 中国某公司生产的轻工产品年销售额中约一半为应收账款。国内某银行对其应收账款进行了无追索权"购买"，为其注入现金，加速了资金周转，促进了该公司经营规模的扩张。然后由银行去向买方要求付款。这属于银行的(　　)。

A. 保理业务　　　B. 负债业务　　　C. 代理业务　　　D. 贷款业务

【解析】保理融资，是指卖方申请由保理银行购买其与买方因商品赊销产生的应收账款，卖方对买方到期付款承担连带保证责任，在保理银行要求下还应承担回购该应收账款的责任，简单地说就是指销售商通过将其合法拥有的应收账款转让给银行，从而获得融资的行为，分为有追索与无追索两种。前者是指当应收账款付款方到期未付时，银行在追索应收账款付款方之外，还有权向保理融资申请人(销售商)追索未付款项；后者指当应收账款付款方到期未付时，银行只能向应收账款付款方行使追索权。

19. 下列关于项目融资的说法正确的是(　　)。

A. 对于投资大、回收期长的大型能源开发、资源开发类项目可采取项目融资的方式筹措资金

B. 项目融资属于特殊的固定资产投资

C. 融资比例较高、金额较大、参与者较少

D. 还款资金来源除了该项目产生的销售收入、补贴收入或其他收入之外，通常还具备其他还款来源

【解析】B 项，项目融资属于特殊的固定资产贷款；C 项，项目融资具有不同于一般固定资产投资项目的风险特征，通常融资比例较高、金额较大、期限较长、成本较高和参与者较多，从而风险较大，往往需要多家银行业金融机构参与，并通过复杂的融资和担保结构以分散和降低风险；D 项，项目融资的还款资金来源主要依赖该项目产生的销售收入、补贴收入或其他收入，一般不具备其他还款来源。

17D　18A　19A

20. 在公司贷款的基本流程中，合同签订强调(　　)原则。

A. 互相信任　　B. 协议承诺　　C. 诚实告知　　D. 双方自愿

【解析】合同签订强调协议承诺原则。借款申请经审查批准后，银行与借款人应共同签订书面借款合同，作为明确借贷双方权利和义务的法律文件。

21. 下列关于信用证支付方式的主要特点，描述不正确的是(　　)。

A. 信用证是一项独立文件　　B. 信用证业务处理的是单据

C. 开证行是信用证第一付款人　　D. 开证申请人是信用证第一付款人

【解析】信用证是指由银行(开证行)依照申请人的要求和指示或自己主动，在符合信用证条款的条件下，凭规定单据向第三者(受益人)或其指定方进行付款的书面文件。即信用证是一种银行开立的有条件的承诺付款的书面文件。D 项，在一般信用证业务中，只要受益人所提供的单据和信用证条款一致，不论申请人是否履行其义务，银行都要承担对受益人的第一付款责任。

22. 下列关于票据转贴现的描述，正确的是(　　)。

A. 是金融机构将已到期的未贴现的商业汇票转让给另一金融机构

B. 是金融机构将未到期的已贴现的商业汇票转让给另一金融机构

C. 是金融机构将未到期的已贴现的商业汇票转让给中央银行

D. 是金融机构将未到期的已贴现的商业汇票转让给企事业法人

【解析】票据转贴现是指金融机构为了取得资金，将未到期的已贴现商业汇票再以卖断方式向另一金融机构转让的票据行为，是金融机构间融通资金的一种方式。

23. 下列属于商业银行承诺业务的是(　　)。

A. 备用信用证　　B. 银行保函　　C. 开立信贷证明　　D. 不可撤销信用证

【解析】承诺业务是指商业银行承诺在未来某一日期按照事先约定的条件向客户提供约定的信用业务，包括贷款承诺等。贷款承诺业务可以分为：项目贷款承诺、客户授信额度和票据发行便利及信贷证明。

24. 下列不属于我国普惠金融重点服务对象的是(　　)。

A. 农民　　B. 城镇低收入人群

C. 老年人　　D. 大学生群体

【解析】普惠金融是指立足机会平等要求和商业可持续原则，以可负担的成本为有金融服务需求的社会各阶层和群体提供适当、有效的金融服务。小微企业、农民、城镇低收入人群、贫困人群和残疾人、老年人等特殊群体是当前我国普惠金融重点服务对象。

二、多选题(下列选项中有两项或两项以上符合题目要求，请将符合题目要求选项的代码填入括号内)

1. 下列银行保函业务中，属于非融资类保函的有(　　)。[2023 年 10 月真题]

A. 投标保函　　B. 延期付款保函　　C. 经营租赁保函　　D. 融资租赁保函

E. 预付款保函

【解析】银行保函根据担保银行承担风险的不同及管理的需要，可分为融资类保函和非融

20B　21D　22B　23C　24D　▌　1ACE

资类保函两大类。融资类保函包括借款保函、授信额度保函、有价证券保付保函、融资租赁保函、延期付款保函；非融资类保函主要包括投标保函、预付款保函、履约保函、关税保函、即期付款保函、经营租赁保函。

2. 以下保函中，属于融资类保函的有(　　)。[2023 年 6 月真题]

A. 融资租赁保函　　B. 即期付款保函　　C. 经营租赁保函　　D. 授信额度保函

E. 借款保函

【解析】银行保函是指银行应申请人的要求，向受益人作出的书面付款保证承诺，银行将凭受益人提交的与保函条款相符的书面索赔履行担保支付或赔偿责任。银行保函根据担保银行承担风险的不同及管理的需要，可分为融资类保函和非融资类保函两大类，融资类保函包括借款保函、授信额度保函、有价证券保付保函、融资租赁保函和延期付款保函。BC 两项属于非融资类保函。

3. 按照出票人的不同，票据贴现业务可以分为(　　)。[2021 年 10 月真题]

A. 协议付息票据贴现　　B. 银行承兑汇票贴现

C. 转贴现　　D. 再贴现

E. 商业承兑汇票贴现

【解析】按出票人不同，票据贴现业务又可分为银行承兑汇票贴现和商业承兑汇票贴现。银行承兑汇票是指由承兑申请人签发并向开户银行申请，经银行审查同意承兑的商业汇票。商业承兑汇票是指由付款人或收款人签发，付款人作为承兑人承诺在汇票到期日，对收款人或持票人无条件支付汇票金额的票据。

4. 下列属于贸易融资方式的有(　　)。[2019 年 6 月真题]

A. 福费廷　　B. 保理　　C. 备用信用证　　D. 进口押汇

E. 出口信用证

【解析】贸易融资是指银行对进口商或出口商提供的与进出口贸易结算相关的短期融资或信用便利，是企业在贸易过程中运用各种贸易手段和金融工具增加现金流量的融资方式。贸易融资方式主要有：保理、信用证、福费廷、打包放款、出口押汇、进口押汇。

5. 按照贷款品种划分，个人贷款主要分为(　　)。[2015 年 10 月真题]

A. 个人投资贷款　　B. 个人住房贷款

C. 个人信用卡透支　　D. 个人经营贷款

E. 个人消费贷款

【解析】个人贷款是指贷款人向符合条件的自然人发放的用于个人消费、生产经营等用途的本外币贷款。虽然部分个人贷款也用于生产经营，但绝大多数个人贷款主要用于消费。个人贷款主要分为四大类：①个人住房贷款；②个人消费贷款；③个人经营贷款；④个人信用卡透支。

6. 下列关于票据贴现的表述，正确的有(　　)。[2014 年 6 月真题]

A. 商业汇票的合法持票人为了获取资金所进行的票据转让行为

B. 以承兑方式所进行的转让

2ADE　3BE　4ABCDE　5BCDE　6ACDE

C. 在商业汇票到期以前而进行的转让

D. 以背书方式所进行的转让

E. 贴付一定利息而进行的转让

【解析】票据贴现是指商业汇票的合法持票人，在商业汇票到期以前为获取票款，由持票人或第三人向金融机构贴付一定的利息后，以背书方式所做的票据转让。对于持票人来说，贴现是以出让票据的形式，提前收回垫支的商业成本。对于贴现银行来说，是买进票据，成为票据的权利人，票据到期，银行可以取得票据所记载金额。

7. 我国个人贷款业务包括(　　)。[2009 年 10 月真题]

A. 助学贷款　　B. 银团贷款

C. 个人信用卡透支　　D. 个人汽车贷款

E. 个人住房贷款

【解析】个人贷款是指贷款人向符合条件的自然人发放的用于个人消费、生产经营等用途的本外币贷款，主要分为四大类：个人住房贷款、个人消费贷款、个人经营贷款和个人信用卡透支，其中，个人消费贷款一般包括个人汽车贷款、助学贷款、个人消费额度贷款、个人住房装修贷款、个人耐用消费品贷款、个人权利质押贷款等。B 项，银团贷款属于公司贷款业务。

8. 个人贷款业务的基本还款方式通常包括(　　)。

A. 等额本息还款法　　B. 递增还款法

C. 递减还款法　　D. 等额本金还款法

E. 先息后本法

【解析】个人贷款业务的还款方式通常包括等额本息及等额本金两种。目前，各银行还根据个人需求提供个性化的还款方式及还款服务，较为常见的特色还款方式包括：按周还本付息、递增还款法、递减还款法、先息后本法、组合还款法、到期一次还本付息法等。

9. 个人住房装修贷款可以用于(　　)。

A. 支付家庭装潢的施工款　　B. 购买健身器材

C. 支付维修工程的施工款　　D. 支付相关的装修材料款

E. 购买厨卫设备

【解析】个人住房装修贷款，是指银行向个人客户发放的用于装修自用住房的人民币担保贷款。住房装修贷款可以用于支付家庭装潢和维修工程的施工款、相关的装修材料款和厨卫设备款等。

10. 按照管理渠道，全社会固定资产投资总额分为(　　)。

A. 技术改造投资　B. 更新改造投资　C. 基本建设投资　D. 房地产开发投资

E. 其他固定资产投资

【解析】根据国家统计局的定义和口径，“固定资产投资”是指建造和购置固定资产的活动，是社会固定资产再生产的主要手段。按照管理渠道，全社会固定资产投资总额可

7ACDE　8AD　9ACDE　10BCDE

分为基本建设、更新改造、房地产开发投资和其他固定资产投资四个部分。

11. 贸易融资方式主要有(　　)。

A. 保理　B. 出口押汇　C. 承诺　D. 福费廷

E. 信用证

【解析】贸易融资方式主要有：①保理；②信用证；③福费廷；④打包放款；⑤出口押汇；⑥进口押汇。C 项，承诺业务是指商业银行承诺在未来某一日期按照事先约定的条件向客户提供约定的信用业务，不是贸易融资方式。

12. 下列关于票据贴现的说法，正确的有(　　)。

A. 对于持票人来说，贴现是以出让票据的形式，提前收回垫支的商业成本

B. 对于贴现银行来说，是买进票据，成为票据的权利人

C. 票据到期，原持票人可以取得票据所记载金额

D. 票据贴现是以背书方式所做的票据转让

E. 票据贴现的主体是持票人和贴现银行

【解析】C 项，对于贴现银行来说，是买进票据，成为票据的权利人，票据到期，银行可以取得票据所记载金额。

13. 按照授信形式不同，客户授信额度包括(　　)。

A. 承兑汇票贴现额度　B. 进(出)口保理额度

C. 进(出)口押汇额度　D. 贷款额度

E. 开证额度

【解析】按照授信形式不同，客户授信额度分为贷款额度、开证额度、开立保函额度、开立银行承兑汇票额度、承兑汇票贴现额度、进口保理额度、出口保理额度、进口押汇额度、出口押汇额度等业务品种分项额度。

14. 下列关于票据发行便利的说法，正确的有(　　)。

A. 对周转性票据发行融资的承诺

B. 银行对这种票据包销的承诺，不具有法律约束力

C. 借款人可以在一段时期内，以自己名义周转性发行短期票据

D. 发行人以短期融资方式，取得中长期的融资效果

E. 保障票据发行人获得资金的连续性

【解析】票据发行便利是一种具有法律约束力的中期周转性票据发行融资的承诺。根据事先与银行等金融机构签订的一系列协议，借款人可以在一段时期内，以自己的名义周转性发行短期票据，从而以短期融资的方式取得中长期的融资效果。承诺包销的银行依照协议负责承购借款人未能按期售出的全部票据，或承担提供备用信贷的责任。包销承诺保障了票据发行人获得资金的连续性。

三、判断题(请对下列各题的描述做出判断，正确的用 A 表示，错误的用 B 表示)

1. 贷款是商业银行最主要的资产，是商业银行最主要的资金运用。(　　)[2017 年 6 月真题]

11ABDE　12ABDE　13ABCDE　14ACDE　▎　1A

【解析】贷款是指经批准可以经营贷款业务的金融机构对借款人提供的并按约定的利率和期限还本付息的货币资金。贷款是银行最主要的资产，是银行最主要的资金运用。

2. 商业银行可以向企业发放流动资金贷款用于固定资产投资。(　　)[2013 年 11 月真题]
【解析】流动资金贷款用途限于借款人日常生产经营周转，即用来弥补营运资金的不足。商业银行应与借款人约定明确、合法的贷款用途，不得将流动资金贷款用于固定资产、股权等投资，不得用于国家禁止生产、经营的领域和用途。

3. 备用信用证与其他信用证相比，其特征是在备用信用证业务关系中，开证行通常是第二付款人。(　　)[2009 年 10 月真题]
【解析】备用信用证与其他信用证相比，其特征是在备用信用证业务关系中，开证行通常是第二付款人，即只有借款人发生意外才会发生资金的垫付。

4. 二手车贷款最高发放比例为 80%，贷款期限(含展期)不得超过 3 年。(　　)
【解析】根据《汽车贷款管理办法》的规定，自用传统动力汽车贷款最高发放比例为 80%，商用传统动力汽车贷款最高发放比例为 70%；自用新能源汽车贷款最高发放比例为 85%，商用新能源汽车贷款最高发放比例为 75%；二手车贷款最高发放比例为 70%。汽车贷款的贷款期限(含展期)不得超过 5 年，其中，二手车贷款的贷款期限(含展期)不得超过 3 年，经销商汽车贷款的贷款期限不得超过 1 年。

5. 基本建设投资和更新改造投资的综合范围为总投资 50 万元以上(含 50 万元)的项目。(　　)
【解析】基本建设投资指企业、事业、行政单位以扩大生产能力或工程效益为主要目的的新建、扩建工程及有关工作。其综合范围为总投资 50 万元以上(含 50 万元)的基本建设项目。更新改造投资指企业、事业单位对原有设施进行固定资产更新和技术改造，以及相应配套的工程和有关工作(不包括大修理和维护工程)。其综合范围为总投资 50 万元以上(含 50 万元)的更新改造项目。

6. 对于固定资产贷款项下借款人单笔支付金额超过项目总投资 3% 或超过 300 万元人民币的贷款资金支付，应采用商业银行受托支付方式。(　　)
【解析】商业银行在发放贷款前应确认借款人满足合同约定的提款条件，并按照合同约定的方式对贷款资金的支付实施管理与控制，监督贷款资金按约定用途使用。对于固定资产贷款项下借款人单笔支付金额超过项目总投资 5% 或超过 500 万元人民币的贷款资金支付，应采用商业银行受托支付方式。

7. 出口押汇是指销售商通过将其合法拥有的应收账款转让给银行，从而获得融资的行为。(　　)
【解析】出口押汇是指银行凭出口商提供的信用证项下完备的货运单据作抵押，在收到开证行支付的货款之前，向出口商融通资金的业务。题中描述的是保理融资的概念。

8. 借款人申请贷款时，除了借款人名称、企业性质、经营范围，申请贷款的种类、期限、金额、方式、用途，还需提供用款计划，还本付息计划等资料。(　　)

2B　3A　4B　5A　6B　7B　8A

【解析】借款人需用贷款资金时，应按照贷款人要求的方式和内容提出贷款申请，并恪守诚实守信原则，承诺所提供材料的真实、完整、有效。申请基本内容通常包括：借款人名称、企业性质、经营范围，申请贷款的种类、期限、金额、方式、用途，用款计划，还本付息计划等，并根据贷款人要求提供其他相关资料。

9. 信用证是由银行根据申请人的要求，向受益人(收款人)开立的一种无条件的银行支付承诺。(　　)

【解析】信用证是由银行(开证行)依照申请人的要求和指示或自己主动，在符合信用证条款的条件下，凭规定单据向第三者(受益人)或其指定方进行付款的书面文件。即信用证是一种银行开立的有条件的承诺付款的书面文件。

10. 银行承兑汇票属于银行汇票的一种。(　　)

【解析】银行承兑汇票是指由承兑申请人签发并向开户银行申请，经银行审查同意承兑的商业汇票。银行承兑汇票不属于银行汇票，而是属于商业汇票范畴。

11. 三方或以上交易对手之间的类似交易可以纳入买入返售或卖出回购业务管理和核算。(　　)

【解析】买入返售(卖出回购)是指两家金融机构之间按照协议约定先买入(卖出)金融资产，再按约定价格于到期日将该项金融资产返售(回购)的资金融通行为。买入返售(卖出回购)相关款项在买入返售(卖出回购)金融资产会计科目核算。三方或以上交易对手之间的类似交易不得纳入买入返售或卖出回购业务管理和核算。

12. 授信额度保函一般是母公司为海外的子公司申请。(　　)

【解析】授信额度保函是担保申请授信额度和在授信额度项下的偿还义务的履行，一般是母公司为海外的子公司申请。

13. 银行业金融机构应在有效控制风险和商业可持续的前提下，加大对重点能效项目的信贷支持力度。(　　)

【解析】能效项目主要指通过优化设计、更新用能设备和系统、加强能源回收利用等方式，以节省一次、二次能源为目的的能源节约项目。银行业金融机构应在有效控制风险和商业可持续的前提下，加大对重点能效项目的信贷支持力度。

14. 绿色金融评价指标包括定量指标和定性指标两类。(　　)

【解析】绿色金融评价指标包括定量指标和定性指标两类。绿色金融评价定量指标包括绿色金融业务总额占比、绿色金融业务总额份额占比、绿色金融业务总额同比增速、绿色金融业务风险总额占比 4 项。绿色金融评价定性得分由人民银行结合银行业金融机构日常管理、风险控制等情况并根据定性指标体系确定。

9B　10B　11B　12A　13A　14A

第三章　结算、代理及托管业务

一、单选题(下列选项中只有一项最符合题目要求，请将正确选项的代码填入括号内)

1. 甲公司向乙银行交付35万元，申请签发银行汇票向丙公司付款。这份汇票的当事人为(　　)。[2021年10月真题]

A. 出票人乙银行、付款人甲公司、收款人丙公司

B. 出票人甲公司、付款人甲公司、收款人丙公司

C. 出票人乙银行、付款人乙银行、收款人丙公司

D. 出票人甲公司、付款人乙银行、收款人丙公司

【解析】银行汇票是由出票银行签发的，由其在见票时按照实际结算金额无条件支付给收款人或持票人的票据。银行汇票的出票银行即为银行汇票的付款人。

2. 国内商业银行A银行为中国进出口银行代理了资金结算业务，对A银行来说，该项业务称为(　　)。[2020年10月真题]

A. 代理政策性银行业务　　B. 代理证券业务

C. 代理中央银行业务　　D. 代理商业银行业务

【解析】代理政策性银行业务是指商业银行受政策性银行的委托，对其自主发放的贷款代理结算，并对其账户资金进行监管的一种中间业务，主要解决政策性银行因服务网点设置的限制而无法办理业务的问题，目前主要代理中国进出口银行和国家开发银行业务。代理政策性银行业务主要包括：代理资金结算、代理现金支付、代理专项资金管理、代理贷款项目管理等业务。

3. 下列资金清算业务中，必须通过中国人民银行办理的是(　　)。[2019年6月真题]

A. 分行辖内往来　　B. 跨系统联行往来

C. 全国联行往来　　D. 支行辖内往来

【解析】跨系统联行往来是指结算业务发生在两家不同的银行间的清算业务。跨系统联行往来的资金清算必须通过中国人民银行办理。

4. 下列关于支票的表述，正确的是(　　)。[2018年6月真题]

A. 转账支票可以提取现金　　B. 现金支票可以用于转账

C. 支票等同于现金　　D. 普通支票可以提取现金

【解析】支票是出票人签发的、委托办理支票存款业务的银行在见票时无条件支付确定的金额给收款人或者持票人的票据，分为现金支票、转账支票和普通支票。普通支票既可以用于支取现金，也可以用于转账。A项，转账支票只能用于转账。B项，现金支票只能用于支付现金。C项，支票是一种票据，不等同于现金。

5. 信用证项下的汇票需要附商业票据才可以结算的属于(　　)。[2017年10月真题]

1C　2A　3B　4D　5D

A. 光票信用证 B. 进口信用证 C. 出口信用证 D. 跟单商业信用证

【解析】按信用证项下的汇票是否附商业单据，可分为跟单商业信用证和光票信用证。现在银行开立的基本上是跟单商业信用证。

6. 下列关于票据出票日期的写法，正确的是( )。[2017 年 6 月真题]

A. 出票日期为：贰零零柒年壹拾月贰拾伍日

B. 出票日期为：贰零零柒年零壹月拾日

C. 出票日期为：贰零零柒年零壹月壹拾伍日

D. 出票日期为：贰零零柒年壹月拾伍日

【解析】票据的出票日期必须使用中文大写。为防止变造票据的出票日期，在填写月、日时，月为壹、贰和壹拾的，日为壹至玖和壹拾、贰拾和叁拾的，应在其前加“零”；日为拾壹至拾玖的，应在其前加“壹”。

7. 下列不属于在进出口业务中所主要采用的结算方式的是( )。[2016 年 11 月真题]

A. 托收 B. 信用证 C. 汇款 D. 票据

【解析】国际结算方式是指资金在国际间从付款一方转移到收款一方的方式。目前在进出口业务中所采用的结算方式主要有汇款、托收和信用证三种。

8. 票据的出票日期为 2008 年 3 月 12 日，下列选项中将出票日期填写正确的是( )。[2015 年 10 月真题]

A. 贰零零捌年叁月壹拾贰日 B. 2008 年 3 月 12 日

C. 贰零零捌年叁月拾贰日 D. 二〇〇八年三月十二日

【解析】自 1997 年 12 月 1 日起施行的《支付结算办法》规定：票据的出票日期必须使用中文大写。为防止变造票据的出票日期，在填写月、日时，月为壹、贰和壹拾的，日为壹至玖和壹拾、贰拾和叁拾的，应在其前加“零”；日为拾壹至拾玖的，应在其前加“壹”。

9. 由出票银行签发的，由其在见票时按照实际结算金额无条件支付给收款人或持票人的票据是( )。[2015 年 10 月真题]

A. 银行汇票 B. 银行承兑汇票 C. 支票 D. 商业汇票

【解析】银行汇票是由出票银行签发的，由其在见票时按照实际结算金额无条件支付给收款人或持票人的票据。BD 两项，商业汇票是由出票人签发的，出票人一般是企业，分为商业承兑汇票和银行承兑汇票两种；C 项，支票是出票人签发的，委托办理支票存款业务的银行在见票时无条件支付确定的金额给收款人或持票人的票据，分为现金支票、转账支票和普通支票。

10. 仅附金融票据，不附带发票、运输单据的托收方式为( )。[2015 年 10 月真题]

A. 跟单托收 B. 出口托收 C. 光票托收 D. 进口托收

【解析】托收结算方式分为光票托收、跟单托收和直接托收，光票托收是指不附带商业单据的金融票据的托收；跟单托收是指附有商业单据的托收。

11. 下列用大写金额表示“¥1600.45”，正确的是( )。[2015 年 10 月真题]

6C 7D 8A 9A 10C 11A

A. 人民币壹仟陆佰圆零肆角伍分　　B. 人民币壹仟陆佰元肆角五分
C. 人民币壹仟陆百圆零肆角伍分　　D. 人民币：壹仟陆佰圆零肆角伍分

【解析】中文大写金额数字应用正楷或行书填写，如壹、贰、叁、肆、伍、陆、柒、捌、玖、拾、佰、仟、万、亿、元(圆)、角、分、零、整(正)等字样。中文大写金额数字到"元"为止的，在"元"之后，应写"整"(或"正")字，在"角"之后可以不写"整"(或"正")字。大写金额数字有"分"的，"分"后面不写"整"(或"正")字。中文大写金额数字前应标明"人民币"字样。大写金额数字应紧接"人民币"字样填写，不得留有空白。

12. 下列选项中不属于代理银行业务的是(　　)。[2015年10月真题]
A. 代理政策性银行业务　　B. 代理保险业务
C. 代理商业银行业务　　D. 代理中央银行业务

【解析】代理银行业务包括：①代理政策性银行业务，是指商业银行受政策性银行的委托，对其自主发放的贷款代理结算，并对其账户资金进行监管的一种中间业务；②代理中央银行业务，是指根据政策、法规应由中央银行承担，但由于机构设置、专业优势等方面的原因，由中央银行指定或委托商业银行承担的业务；③代理商业银行业务，是商业银行之间相互代理的业务。

13. 商业银行办理结算和支付中用以清讫双边或多边债权的过程是(　　)。[2014年6月真题]
A. 负债　　B. 结算　　C. 清算　　D. 交易

【解析】银行清算业务是指银行间通过账户或有关货币当地清算系统，在办理结算和支付中用以清讫双边或多边债权债务的过程和方法。

14. 下列关于汇票的表述，正确的是(　　)。[2012年6月真题]
A. 商业汇票分为银行汇票和银行承兑汇票
B. 银行汇票是由出票银行签发的
C. 汇票是出票人签发，委托付款人在见票时或在指定日期有条件支付的票据
D. 商业承兑汇票的付款人是银行

【解析】AD两项，商业汇票分为商业承兑汇票(由银行以外的付款人承兑)和银行承兑汇票(由银行承兑)两种；C项，汇票是出票人签发的，委托付款人在见票时或者在指定日期无条件支付确定的金额给收款人或者持票人的票据。

15. A银行代理销售B公司某开放式基金，下列关于该笔业务的说法中，正确的是(　　)。[2009年10月真题]
A. 销售基金收入属于B公司
B. 销售基金收入属于A银行
C. 此代理属于法定代理
D. 投资者认购基金合同当事人是A银行与投资者

【解析】开放式基金代销业务是指银行利用其网点柜台或电话银行、网上银行等销售渠道代理销售开放式基金产品的经营活动。银行向基金公司收取基金代销费用。投资者

12B　13C　14B　15A

可以通过银行及时对开放式基金进行认购、申购及赎回。银行代理销售基金的行为一般是委托代理。因而，基金代销的销售收入应归被代理人——基金发行者所有。对于投资者而言，基金认购合同的当事人仍是发行者(B 公司)与投资者。

16. 银行代保管业务包括露封保管业务和密封保管业务，两者的主要区别在于(　　)。[2009 年 10 月真题]

A. 客户是否在将保管物品交给银行时先加以密封

B. 保管物品的金额不同

C. 保管物品的种类不同

D. 保管期限不同

【解析】代保管业务包括露封保管业务和密封保管业务。两者在办理保管时都注明保管期限和保管物品的名称、种类、数量、金额等，区别在于密封保管的客户在将保管物品交给银行时先加以密封。

17. 银行承兑汇票(纸质)期限自出票之日起最长不得超过(　　)。

A. 1 个月　　B. 3 个月　　C. 6 个月　　D. 1 年

【解析】银行承兑汇票是由在承兑银行开立存款账户的存款人出票，向开户银行申请并经银行审查同意承兑后，保证在指定日期无条件支付确定的金额给收款人或持票人的票据。银行承兑汇票(纸质)期限自出票之日起最长不得超过 6 个月。

18. 国内联行清算分为系统内联行清算和跨系统联行往来，(　　)彼此互称为联行。

A. 不同国别的两家银行间　　B. 两家不同的国内银行间

C. 同一家银行的不同部门间　　D. 同一家银行的总、分、支行间

【解析】按地域划分，清算业务可分为国内联行清算和国际清算。其中国内联行清算根据交易行是否属于同一银行分为系统内联行清算和跨系统联行往来。同一家银行的总、分、支行间彼此互称为联行。

19. 银行本票提示付款期限为(　　)。

A. 3 个月　　B. 1 个月　　C. 10 天　　D. 2 个月

【解析】银行本票是银行签发的，承诺自己在见票时无条件支付确定的金额给收款人或者持票人的票据。单位和个人在同一票据交换区域可以使用银行本票支付各种款项。银行本票提示付款期限为 2 个月。

20. 下列不属于非票据结算业务的是(　　)。

A. 汇兑　　B. 托收承付　　C. 支票　　D. 委托收款

【解析】C 项，支票属于票据结算业务。

21. 在代理证券资金清算业务中，(　　)是指各证券公司总部以法人为单位与证券登记结算公司之间发生的资金往来业务。

A. 国内联行清算　　B. 一级清算业务　　C. 二级清算业务　　D. 代收代付业务

【解析】代理证券资金清算业务主要包括：①一级清算业务，即各证券公司总部以法人

16A　17C　18D　19D　20C　21B

为单位与证券登记结算公司之间发生的资金往来业务；②二级清算业务，即法人证券公司与下属证券营业部之间的证券资金汇划业务。

二、**多选题**(下列选项中有两项或两项以上符合题目要求，请将符合题目要求选项的代码填入括号内)

1. 下列关于商业银行支付结算业务规定的表述，正确的有(　　)。[2022 年 7 月真题]

A. 现金支票可以用于提取现金，也能用于转账

B. 信用证是一种有条件的银行支付承诺

C. 银行本票一般适用于单位和个人在同一交换区域支付各种款项

D. 托收银行对托收的款项能否收到要承担责任

E. 银行承兑汇票的出票人一般为银行

【**解析**】A 项，现金支票只能用于支付现金。D 项，托收银行与代收银行对托收的款项能否收到不承担责任。E 项，银行承兑汇票的出票人必须具备下列条件：在承兑银行开立存款账户的法人以及其他组织；与承兑银行具有真实的委托付款关系；资信状况良好，具有支付汇票金额的可靠资金来源。

2. 下列关于商业银行代理保险业务的表述，合规的做法是(　　)。[2017 年 6 月真题]

A. 以银行自身名义签订保单

B. 万能险产品当作储蓄产品宣传

C. 代理保险公司资金结算

D. 代理收取保费

E. 代理支付保险金

【**解析**】代理保险业务是指代理机构接受保险公司的委托，代其办理保险业务的经营活动。代理保险业务的种类主要包括：代理人寿保险业务、代理财产保险业务、代理收取保费及支付保险金业务、代理保险公司资金结算业务。

3. 银行代理中央银行业务主要包括(　　)。[2015 年 10 月真题]

A. 代理专项资金管理

B. 代理国库

C. 代理财政性存款

D. 代理贷款项目管理

E. 代理金银

【**解析**】代理中央银行业务是指根据政策、法规应由中央银行承担，但由于机构设置、专业优势等方面的原因，由中央银行指定或委托商业银行承担的业务。代理中央银行业务主要包括：代理财政性存款、代理国库、代理金银等业务。AD 两项属于代理政策性银行业务。

4. 下列关于支票使用的表述，正确的有(　　)。[2014 年 11 月真题]

A. 可用于单位结算

B. 支票不受金额起点限制

C. 转账支票可以支取现金

D. 支票付款可以附条件

E. 可用于个人结算

【**解析**】C 项，转账支票只能用于转账，不能支取现金；D 项，支票是出票人签发的，委托办理支票存款业务的银行在见票时无条件支付确定的金额给收款人或持票人的票据。支票结算适用于单位和个人在同一票据交换区的各种款项结算。

1BC　2CDE　3BCE　4ABE

5. 下列属于商业银行电汇业务的汇款形式有(　　)。[2014 年 6 月真题]

A. 本票　　B. 电报　　C. SWIFT　　D. 电传

E. 汇票

【解析】电汇汇款是汇款人(付款人或债务人)委托银行以电报、电传、环球同业银行金融电讯协会(SWIFT)方式，指示出口地某一银行(其分行或代理行)作为汇入行，解付一定金额给收款人的汇款方式。

6. 目前国内商业银行资产托管业务的品种有(　　)。[2013 年 6 月真题]

A. 证券投资基金托管　　B. 保险资产托管

C. 社保基金托管　　D. 企业年金基金托管

E. 商业银行人民币理财产品托管

【解析】目前，国内商业银行资产托管业务品种主要包括证券投资基金托管、保险资产托管、社保基金托管、企业年金基金托管、券商资产管理计划资产托管、信托资产托管、商业银行人民币理财产品托管、QFII(合格境外机构投资者)资产托管、QDII(合格境内机构投资者)资产托管等。

7. 下列关于票据和结算凭证的填写规范，说法错误的有(　　)。

A. 中文大写金额数字前应标明“人民币”字样，未印该字样的，应加填“人民币”三字

B. 票据的出票日期必须使用阿拉伯数字

C. 中文大写金额数字到“元”“角”为止的，在“元”“角”之后，应写“整”(或“正”)字

D. 在填写月、日时，日为壹至玖、拾壹至拾玖的，应在其前加“零”

E. 在票据和结算凭证大写金额栏内不得预印固定的“仟、佰、拾、万、仟、佰、拾、元、角、分”字样

【解析】B 项，票据的出票日期必须使用中文大写，如 1 月 15 日，应写成零壹月壹拾伍日。C 项，中文大写金额数字到“元”为止的，在“元”之后，应写“整”(或“正”)字；在“角”之后可以不写“整”(或“正”)字；大写金额数字有“分”的，“分”后面不写“整”(或“正”)字。D 项，为防止变造票据的出票日期，在填写月、日时，月为壹、贰和壹拾的，日为壹至玖和壹拾、贰拾和叁拾的，应在其前加“零”；日为拾壹至拾玖的，应在其前加“壹”。

8. 以下关于银行承兑汇票的说法，正确的有(　　)。

A. 期限自出票之日起最长不得超过 3 个月

B. 在指定日期无条件支付确定的金额给收款人或持票人

C. 以真实的商品交易为基础

D. 出票人为银行

E. 商业汇票的真实交易关系和债权债务关系只需承兑行审核

【解析】A 项，银行承兑汇票(纸质)期限自出票之日起最长不得超过 6 个月；D 项，银行承兑汇票是由在承兑银行开立存款账户的存款人出票；E 项，承兑行和贴现机构都应按照支付结算制度的相关规定，对商业汇票的真实交易关系和债权债务关系进行审核。

5BCD　6ABCDE　7BCD　8BC

9. 下列关于托收承付的说法正确的有(　　)。

A. 可以促使销货单位按照合同规定发货

B. 结算方式分为邮划和电划两种

C. 也称异地托收承付

D. 是一种先收款后发货的结算方式

E. 适用于异地单位之间订有合同的商品交易及由此产生的劳务供应的款项结算

【解析】D 项，托收承付是一种先发货后收款的结算方式，收付双方必须签有符合法律规定的购销合同，一般需要双方具有较高的信用度且有较长期的合作关系。

10. 下列属于银行可以进行的代理业务的有(　　)。

A. 代理国债买卖　B. 代理保险　C. 委托贷款　D. 银行保函

E. 信用证

【解析】银行的代理业务包括：①代收代付业务；②代理银行业务；③代理证券业务；④代理保险业务；⑤其他代理业务。代理国债买卖和委托贷款均属于其他代理业务。

11. 下列属于银行代收代付业务的有(　　)。

A. 委托收款　B. 代销开放式基金

C. 资产托管　D. 托收承付

E. 代发工资

【解析】代收代付业务是商业银行利用自身的结算便利，接受客户委托代为办理指定款项收付事宜的业务。代收代付业务主要包括代理各项公用事业收费、代理行政事业性收费和财政性收费、代发工资、代扣住房按揭消费贷款等。目前主要是委托收款和托收承付两类。B 项，代销开放式基金属于其他代理业务；C 项，资产托管属于托管业务。

三、判断题(请对下列各题的描述做出判断，正确的用 A 表示，错误的用 B 表示)

1. 商业汇票分为商业承兑汇票和银行承兑汇票。(　　)［2018 年 10 月真题］

【解析】商业汇票是出票人签发的，委托付款人在指定付款日期无条件支付确定金额给收款人或持票人的票据。商业汇票又分为商业承兑汇票(由银行以外的付款人承兑)和银行承兑汇票(由银行承兑)两种。

2. 商业汇票是由银行签发的，委托付款人在见票时或者在指定日期无条件交付的一纸命令书。(　　)［2018 年 6 月真题］

【解析】商业汇票是出票人签发的，委托付款人在指定付款日期无条件支付确定金额给收款人或持票人的票据。

3. 银行代销开放式基金时，应向基金投资者收取基金代销费用。(　　)［2015 年 10 月真题］

【解析】开放式基金代销业务是指银行利用其网点柜台或电话银行、网上银行等销售渠道代理销售开放式基金产品的经营活动。银行向基金公司收取基金代销费用。投资者可以通过银行及时对开放式基金进行认购、申购及赎回。

9ABCE　10ABC　11ADE　▍　1A　2B　3B

4. 商业银行的代理业务包括许多种类，如代收代付业务、代理银行业务、代理证券业务、代理保险业务、委托贷款业务和代保管业务。(　　)[2015 年 10 月真题]

【解析】代保管业务是商业银行利用自身安全设施齐全等有利条件设置保险箱库，为客户代理保管各种贵重物品和单证并收取手续费的业务。代保管业务属于托管业务。

5. 票据的出票日期必须使用中文大写，如 10 月 20 日，应写成壹拾月贰拾日。(　　)[2014 年 11 月真题]

【解析】为防止变造票据的出票日期，在填写月、日时，月为壹、贰和壹拾的，日为壹至玖和壹拾、贰拾和叁拾的，应在其前加“零”；日为拾壹至拾玖的，应在其前加“壹”。如 1 月 15 日，应写成零壹月壹拾伍日。再如 10 月 20 日，应写成零壹拾月零贰拾日。

6. 商业银行汇款业务的方式主要有电汇、信汇和网上银行汇款三种。(　　)[2009 年 10 月真题]

【解析】汇款是银行(汇出行)应汇款人(债务人)的要求，以一定的方式将一定的金额，以其国外联行或代理行作为付款银行(汇入行)，付给收款人(债权人)的一种结算方式。按汇款支付授权书的投递方式划分，汇款业务分为电汇、票汇、信汇三种。

7. 按开证行保证性质的不同，信用证可分为可撤销信用证和不可撤销信用证。(　　)[2009 年 10 月真题]

【解析】信用证按不同的划分标准可以分为以下几类：按进出口来分可分为进口信用证和出口信用证；按开证行保证性质的不同，可分为可撤销信用证和不可撤销信用证，现在银行基本上只开不可撤销信用证。

8. 现在银行开立的信用证基本上是跟单商业信用证。(　　)

【解析】按信用证项下的汇票是否附商业单据，信用证可分为跟单商业信用证和光票信用证。现在银行开立的基本上是跟单商业信用证。

9. 银行开立的信用证大多是可转让信用证。(　　)

【解析】按信用证项下的权利是否可转让，可分为可转让信用证和不可转让信用证。现在银行开立的大多是不可转让信用证。

10. 国际清算业务是国际银行间办理结算和支付中只用以清讫双边债权债务的过程和方法。(　　)

【解析】国际清算业务是国际银行间办理结算和支付中用以清讫双边或多边债权债务的过程和方法。

11. 商业银行的代理业务中，代理政策性银行业务目前主要是指代理中国农业发展银行和国家开发银行业务。(　　)

【解析】代理政策性银行业务是指商业银行受政策性银行的委托，对其自主发放的贷款代理结算，并对其账户资金进行监管的一种中间业务。主要解决政策性银行因服务网点设置的限制而无法办理业务的问题。目前主要代理中国进出口银行和国家开发银行业务。

4B　5B　6B　7A　8A　9B　10B　11B

第四章　金融市场业务

一、单选题(下列选项中只有一项最符合题目要求，请将正确选项的代码填入括号内)

1. 从债券所有权转移与否角度划分，债券回购业务可以分为(　　)。[2023 年 10 月真题]

A. 债券正回购，买断式回购　　B. 买断式回购，质押式回购

C. 质押式回购，债券逆回购　　D. 债券正回购，债券逆回购

【解析】从交易发起人的角度债券回购可以分为正回购和逆回购，抵押债券借入资金的行为被称为债券正回购；接受抵押借出资金的行为被称为债券逆回购。从债券所有权转移与否可以分为买断式回购和质押式回购，买断式回购又叫做开放式回购，债券所有权发生了实质性的转移，融出资金方可以自由处置债券；质押式回购又叫封闭式回购，抵押债券所有权没有发生实质性的转移。

2. 与投资其他债券相比，商业银行投资国债的特点是(　　)。[2023 年 10 月真题]

A. 利息收入免交所得税　　B. 期限较短

C. 风险较高　　D. 收益率高于其他债券

【解析】国债是国家为筹措资金而向投资者出具的书面借款凭证，承诺在一定的时期内按约定的条件，按期支付利息和到期归还本金。国债以国家信用为后盾，通常被认为是没有信用风险，而且国债的二级市场非常发达，交易方便，其利息收入不用缴纳所得税。

3. 下列关于同业拆借的表述，正确的是(　　)。[2023 年 10 月真题]

A. 对信用等级相同的金融机构来说，同业拆借利率一般高于回购利率

B. 借入资金称为拆出，贷出资金称为拆入

C. 同业拆借是银行及其他金融机构之间进行短期的有担保的资金融通行为

D. 同业拆借业务主要通过全国银行间债券市场进行

【解析】B 项，借入资金称为拆入，贷出资金称为拆出。CD 两项，同业拆借是指经中国人民银行批准进入全国银行间同业拆借市场的金融机构之间，通过全国统一的同业拆借网络进行的无担保资金融通行为。

4. 交易双方自行约定在未来某个日期，以约定的价格和数量买卖标的金融产品，这种金融衍生产品是(　　)。[2023 年 6 月真题]

A. 互换　　B. 远期　　C. 掉期　　D. 期权

【解析】债券远期是交易双方约定在未来某一日期，以约定价格和数量买卖标的债券的金融合约，是债券市场规避利率风险的金融衍生工具。中国人民银行于 2005 年发布《全国银行间债券市场远期交易管理规定》，在银行间债券市场正式推出债券远期交易，为市场参与者提供了有效的规避风险和盈利的手段，在促进债券市场价格的有效发现以及形成完整合理的收益率曲线结构等方面具有重要意义。

1B　2A　3A　4B

5. 下列关于债券回购与同业拆借业务的说法，错误的是(　　)。[2022 年 7 月真题]

A. 债券正回购和同业拆入是银行重要的资金来源

B. 对信用等级相同的金融机构来说，债券回购利率一般低于拆借利率

C. 两者都是银行的短期资金融通行为

D. 债券回购交易量远小于同业拆借交易量

【解析】债券回购是商业银行短期借款的重要方式，是指以债券抵押的短期资金借贷行为。与纯粹以信用为基础、没有任何担保的同业拆借相比，债券回购的风险要低得多，对信用等级相同的金融机构来说，债券回购利率一般低于拆借利率。因此，债券回购的交易量要远大于同业拆借的交易量。

6. 下列关于买断式债券回购业务的说法，错误的是(　　)。[2022 年 7 月真题]

A. 债券所有权发生了实质性转移

B. 业务到期后交易双方可协商展期

C. 融出资金方可以在回购协议期内自由处置债券

D. 交易期限最长不得超过 91 天

【解析】买断式回购的交易期限最长不得超过 91 天，交易双方不得以任何形式展期。

7. 商业银行应加强债券投资业务的市场风险管理，对交易账户债务头寸的估值频率应是(　　)。[2022 年 7 月真题]

A. 每周　　B. 每年　　C. 每日　　D. 每季

【解析】商业银行应加强债券投资业务的市场风险管理，对交易账户债券头寸进行每日估值；对银行账户债券头寸应在每年至少进行一次估值的基础上，根据券种风险程度和市场波动情况适当提高估值频率，并采取必要的手段保证估值结果的公允合理。

8. 贵金属理财业务是为了满足客户的资产配置需要，投资者开展该项业务面临的主要风险是(　　)。[2022 年 7 月真题]

A. 贵金属不能及时处置的流动性风险　　B. 与贵金属价格波动相关的市场风险

C. 银行不偿还客户投资的信用风险　　D. 银行投资贵金属产品中的操作风险

【解析】贵金属理财业务是指商业银行向客户销售投资于贵金属市场或与贵金属挂钩的金融工具如股票、期货、期权等的理财产品的业务。贵金属理财业务是为了满足客户的资产配置需求，主要风险是与贵金属价格波动相关的市场风险。

9. 国债的债务人是(　　)。[2015 年 10 月真题]

A. 中央银行　　B. 国家　　C. 地方政府　　D. 金融机构

【解析】国债是国家为筹措资金而向投资者出具的书面借款凭证，承诺在一定的时期内按约定的条件，按期支付利息和到期归还本金。

10. 某商业银行 2006 年 1 月 5 日买入国债，价格是 100 元，2007 年 1 月 5 日卖出国债，价格是 110 元，期间未分配利息，则持有期收益率为(　　)。[2012 年 6 月真题]

A. 9.1%　　B. 20%　　C. 11%　　D. 10%

【解析】持有期收益率 = (出售价格 - 购买价格 + 利息)/购买价格 × 100% = (110 -

5D　6B　7C　8B　9B　10D

100)/100×100%=10%。

11. 关于持有期收益率的公式，下列正确的是(　　)。[2010年5月真题]

A. 持有期收益率=(购买价格－出售价格＋利息)/购买价格×100%

B. 持有期收益率=(出售价格－购买价格＋利息)/购买价格×100%

C. 持有期收益率=(出售价格－购买价格＋利息)/出售价格×100%

D. 持有期收益率=(购买价格－出售价格＋利息)/出售价格×100%

【解析】持有期收益率，是债券买卖价格差价加上利息收入后与购买价格之间的比率，其计算公式是：持有期收益率=(出售价格－购买价格＋利息)/购买价格×100%。持有期收益率不仅考虑到了债券所支付的利息收入，而且还考虑到了债券的购买价格和出售价格，从而考虑到了债券的资本损益，因此，比较充分地反映了实际收益率。

12. 在我国，公司债的监督管理主体是(　　)。[2009年10月真题]

A. 国务院银行业监督管理机构　　B. 国家发展和改革委员会

C. 中国证券监督管理委员会　　D. 中国人民银行

【解析】在国外，没有企业债和公司债的划分，统称为公司债。在我国，企业债券是按照《企业债券管理条例》规定发行与交易、由国家发展和改革委员会监督管理的债券；公司债券管理机构为中国证券监督管理委员会，发债主体为按照《中华人民共和国公司法》设立的公司法人。

13. 债券收益率是指在一定时期内，一定数量的(　　)的比率。[2009年10月真题]

A. 债券投资收益与投资额　　B. 债券投资额与收益

C. 利息收入与本金　　D. 利息支出与本金

【解析】债券投资的收益一般通过债券收益率进行衡量和比较。债券收益率是指在一定时期内，一定数量的债券投资收益与投资额的比率，通常用年率来表示。

14. 关于我国公司债，下列说法不正确的是(　　)。

A. 公司债的发行主体可以是依照《公司法》设立的有限责任公司

B. 公司债的发行主体可以是依照《公司法》设立的股份有限公司

C. 公司债的发行、交易须依据《公司法》和《证券法》的规定

D. 公司债的监管机构为财政部

【解析】D项，在我国，企业债券的监管机构是国家发展和改革委员会；公司债券管理机构为中国证券监督管理委员会。

15. 债券市场的主体是(　　)。

A. 银行间市场　　B. 场外市场　　C. 交易所市场　　D. 商业银行柜台市场

【解析】银行间市场是债券市场的主体，这一市场参与者是各类机构投资者，属于大宗交易市场(批发市场)，实行双边谈判成交，典型的结算方式是逐笔结算。

16. (　　)二级市场非常发达，交易方便，是商业银行证券投资的主要对象。

A. 记账式国债　　B. 凭证式国债

11B　12C　13A　14D　15A　16A

C. 储蓄国债(电子式)　　D. 地方政府债券

【解析】记账式国债有交易所、银行间债券市场、商业银行柜台市场三个发行及流通渠道，二级市场非常发达，交易方便，是商业银行证券投资的主要对象。

17. 中央银行票据的期限一般在(　　)以内。

A. 一年　　B. 三年　　C. 五年　　D. 十年

【解析】中央银行票据简称央行票据或央票，是指中国人民银行面向全国银行间债券市场成员发行的、期限一般在三年以内的中短期债券。

18. 银行间市场参与者按照权限不同可以分为三类，其中第一类参与者(　　)。

A. 既可以做自营，又可以从事结算代理业务

B. 只能从事结算代理业务

C. 只能从事自营

D. 只能通过结算代理人发送交易、结算指令

【解析】银行间市场参与者按照权限不同可以分为三类：第一类参与者既可以做自营，又可以从事结算代理业务；第二类参与者只能从事自营；第三类参与者只能通过结算代理人发送交易、结算指令。

19. (　　)是指债券买卖双方在成交的同时，约定于未来某一时间以某一价格，双方再进行反向交易的行为。

A. 债券现券交易　　B. 债券回购交易　　C. 债券远期交易　　D. 债券期货交易

【解析】A项，债券现券交易是指债券买卖双方在成交后就办理交收手续，买方付出资金并获得债券，卖方得到资金并交付债券，成交和交收基本上同步进行；C项，债券远期交易是指债券交易双方约定在未来某一时刻按照现在确定的价格进行交易；D项，债券期货交易是指在交易所进行的标准化的远期交易，即债券交易双方在集中性的市场以公开竞价方式所进行的债券期货合约的交易。

20. 下列不属于高风险债券的是(　　)。

A. 债券结构复杂或杠杆率较高

B. 有关发行人的经营状况和财务状况等信息披露不够充分、完整、及时

C. 发行人经营杠杆率过高

D. 信用评级在投资级别以上

【解析】债券投资的风险管理要实行风险分类管理，商业银行应按照风险程度对债券投资组合进行分类管理，重点关注高风险债券。高风险债券包括但不限于：①信用评级在投资级别以下；②债券结构复杂或杠杆率较高；③发行人经营杠杆率过高；④有关发行人的经营状况和财务状况等信息披露不够充分、完整、及时。

21. Shibor是由信用等级较高的银行组成报价团自主报出的人民币同业拆出利率计算确定的(　　)。

A. 最高值　　B. 最低值　　C. 算数平均值　　D. 加权平均值

【解析】上海银行间同业拆放利率(Shibor)，以位于上海的全国银行间同业拆借中心为

17B　18A　19B　20D　21C

技术平台计算、发布并命名，是由信用等级较高的银行组成报价团自主报出的人民币同业拆出利率计算确定的算术平均利率，是单利、无担保、批发性利率。

22. 同业拆借应实施严格的限额管理，中资商业银行、城市信用合作社、农村信用社县级联合社的最高拆入金额不超过该机构各项存款余额的(　　)。

A. 8%　　B. 20%　　C. 100%　　D. 80%

【解析】同业拆借应实施严格的限额管理，中资商业银行、城市信用合作社、农村信用社县级联合社的最高拆入金额和最高拆出金额均不超过该机构各项存款余额的8%。

23. 远期外汇交易是为了满足客户保值或自身风险管理的需要，下列关于银行远期外汇交易的说法，不正确的是(　　)。

A. 远期外汇交易需要事前约定交易的币种、金额和汇率

B. 远期外汇交易适用于未来有外币交易需求的客户

C. 远期外汇交易只能够对冲汇率下降的风险

D. 远期外汇交易可按固定交割日交割，也可由交易的某一方选择在一定期限内的任何一天交割

【解析】C项，远期外汇交易最大的优点在于能够对冲汇率在未来上升或者下降的风险，因而可以用来进行套期保值或投机。

24. 下列不属于外汇的报价方式的是(　　)。

A. 直接标价法　　B. 间接标价法　　C. 美元标价法　　D. 欧元标价法

【解析】外汇的报价方式有：①直接标价法，是以外国货币为基准的表示方式；②间接标价法，是以本国货币为基准的表示方式；③美元标价法，是以美元为基准的表示方式。

25. (　　)适用于未来有外汇交易需求但又无法确定具体交割日期的客户。

A. 掉期外汇交易　　B. 择期外汇交易　　C. 外汇期权交易　　D. 远期外汇交易

【解析】择期外汇交易是一种特殊的远期外汇交易，即由交易的某一方选择在一定期限内的任何一天进行交割的交易。掉期外汇交易适用于有外汇债务或者有外汇收支的客户，锁定汇率风险，使客户在不承担汇率变动风险的情况下，匹配两种外币资产的现金流。

26. 债券回购业务的特点不包括(　　)。

A. 安全性　　B. 稳定性　　C. 便捷性　　D. 波动性

【解析】债券回购是商业银行短期借款的重要方式，是指以债券抵押的短期资金借贷行为。债券回购业务的特点包括：①安全性；②便捷性；③波动性。

二、多选题(下列选项中有两项或两项以上符合题目要求，请将符合题目要求选项的代码填入括号内)

1. 下列关于地方政府债券的表述，正确的有(　　)。[2022年7月真题]

A. 一般以当地政府的税收能力作为还本付息的保障

22A　23C　24D　25B　26B　❙　1BDE

B. 一般用于地方性公共设施的建设

C. 地方改革的债权工具

D. 可以是商业银行债券投资对象

E. 地方政府的债务工具

【解析】地方政府债券也被称为市政债券，是指地方政府根据信用原则、以承担还本付息责任为前提而筹集资金的债务工具，是指有财政收入的地方政府及地方公共机构发行的债券。地方政府债券一般用于交通、通信、住宅、教育、医院和污水处理系统等地方性公共设施的建设。地方政府债券一般采用由财政部统一代为发行和兑付的方式管理。

2. 远期外汇交易需要事先约定的交易条件包括(　　)。[2018 年 6 月真题]

A. 交割时间　　B. 汇率　　C. 币种　　D. 利率

E. 金额

【解析】远期外汇交易又称为期汇交易，是指交易双方在成交后并不立即办理交割，而是事先约定币种、金额、汇率、交割时间等交易条件，到期才进行实际交割的外汇交易。

3. 下列属于我国商业银行债券投资对象的有(　　)。[2016 年 6 月真题]

A. 国债　　B. 金融债券　　C. 公司债券　　D. 资产支持证券

E. 地方政府债券

【解析】商业银行债券投资的对象与债券市场的发展密切相关。我国商业银行债券投资的对象主要包括国债、地方政府债券、中央银行票据、金融债券、资产支持证券、企业债券和公司债券等。

4. 下列属于同业拆借特征的有(　　)。[2015 年 10 月真题]

A. 手续简便　　B. 通常无抵押或担保

C. 金额大　　D. 期限长

E. 期限短

【解析】同业拆借是指经中国人民银行批准进入全国银行间同业拆借市场的金融机构之间，通过全国统一的同业拆借网络进行的无担保资金融通行为。同业拆借具有期限短、金额大、风险低、手续简便等特点，从而能够反映金融市场上的资金供求状况。因此，同业拆借市场上的利率是货币市场最重要的基准利率之一。

5. 远期外汇交易的最大优点在于(　　)。[2009 年 10 月真题]

A. 可以完成两国货币之间的交易　　B. 可以获得一定的期权费

C. 可以用来套期保值和投机　　D. 能够对冲汇率在未来下降的风险

E. 能够对冲汇率在未来上升的风险

【解析】远期外汇交易是指交易双方在成交后并不立即办理交割，而是事先约定币种、金额、汇率、交割时间等交易条件，到期才进行实际交割的外汇交易。远期外汇交易最大的优点在于能够对冲汇率在未来上升或者下降的风险，因而可以用来进行套期保值或投机。

6. 国债作为商业银行证券投资的主要对象之一，具有的特征包括(　　)。[2009 年 10 月

2ABCE　3ABCDE　4ABCE　5CDE　6CDE

真题]

A. 国债一般为短期债券

B. 国债只能在银行间债券交易市场发行

C. 国债的利息不用缴纳所得税

D. 国债的二级市场非常发达，交易方便

E. 国债以国家信用为后盾，通常被认为是没有信用风险

【解析】国债是国家为筹措资金而向投资者出具的书面借款凭证，承诺在一定的时期内按约定的条件，按期支付利息和到期归还本金。国债以国家信用为后盾，通常被认为是没有信用风险，而且国债的二级市场非常发达，交易方便，其利息收入不用缴纳所得税。国债分为记账式国债和储蓄国债两种。记账式国债有交易所、银行间债券市场、商业银行柜台市场三个发行及流通渠道。储蓄国债具有凭证式国债和储蓄国债(电子式)两个品种。凭证式国债通过部分商业银行柜台，面向城乡居民个人和各类投资者发行，储蓄国债(电子式)通过试点银行面向个人投资者销售。

7. 商业银行进行债券投资的目标主要有(　　)。[2009 年 10 月真题]

A. 提高资本充足率　　B. 降低资产组合的风险

C. 降低流动性　　D. 提高银行声誉

E. 平衡流动性和盈利性

【解析】商业银行债券投资的目标，主要是平衡流动性和盈利性，并降低资产组合的风险、提高资本充足率。相对于贷款来说，债券的流动性要强得多；而相对于现金资产来说，债券的盈利性要高得多，因此，债券投资是平衡银行流动性和盈利性的优良工具。

8. 债券投资的收入一般通过债券的收益率进行衡量，通常用年率表示，包括(　　)。

A. 票面收益率　　B. 即期收益率　　C. 持有期收益率　　D. 到期收益率

E. 名义收益率

【解析】债券投资收益率包括名义收益率、即期收益率、持有期收益率、到期收益率。其中，名义收益率又称票面收益率。

9. 人民币利率互换的功能包括(　　)。

A. 降低筹资成本　　B. 促进市场价格发现

C. 规避利率风险　　D. 增加资产收益

E. 固定边际利润

【解析】人民币利率互换作为一种债务保值工具，具有降低筹资成本、规避利率风险、增加资产收益、固定边际利润等功能。

10. 上海银行间同业拆放利率的特点有(　　)。

A. 单利　　B. 复利　　C. 有担保　　D. 无担保

E. 批发性

【解析】上海银行间同业拆放利率(Shibor)，是由信用等级较高的银行组成报价团自主报出的人民币同业拆出利率计算确定的算术平均利率，是单利、无担保、批发性利率。

7ABE　8ABCDE　9ACDE　10ADE

11. 目前，对社会公布的 Shibor 品种不包括(　　)。

A. 隔夜　　B. 2 个月　　C. 3 个月　　D. 5 个月

E. 1 年

【解析】目前，对社会公布的 Shibor 品种包括隔夜、1 周、2 周、1 个月、3 个月、6 个月、9 个月及 1 年。

12. 同业拆借市场的特点包括(　　)。

A. 不同类别市场主体的拆借最长期限不同

B. 市场参与主体广泛

C. 市场准入条件严格

D. 采用无担保交易方式

E. 交易必须在全国统一的拆借网络中进行

【解析】同业拆借市场具有以下特点：①市场参与主体广泛，共有 16 类金融机构可以申请进入同业拆借市场，涵盖了所有银行类金融机构和绝大部分非银行类金融机构；②不同类别市场主体的拆借最长期限不同，有 7 天、3 个月和 1 年三个档次；③采用无担保交易方式，严格的市场准入条件使金融机构可以通过其信誉参与拆借活动；④同业拆借交易必须在全国统一的拆借网络中进行，目前我国拆借交易主要通过交易中心的本币交易系统达成。

13. 外汇交易存在的风险包括(　　)。

A. 法律风险　　B. 流动性风险　　C. 操作风险　　D. 国别风险

E. 市场风险

【解析】外汇交易存在信用风险、市场风险、流动性风险、操作风险和法律风险。其中，信用风险可分为三种不同的形态，分别为授信风险、交割风险及国别风险。

14. 按照业务类别进行分类，贵金属业务可分为(　　)。

A. 实物类贵金属业务　　B. 理财类贵金属业务

C. 融资类贵金属业务　　D. 交易类贵金属业务

E. 对公司客户的贵金属业务

【解析】贵金属业务是商业银行以贵金属作为经营媒介开展的业务，属于金融市场业务之一。从业务类别来看主要分为实物类贵金属业务、融资类贵金属业务、理财类贵金属业务和交易类贵金属业务。按客户类别来看主要分为对零售客户的贵金属业务、对公司客户的贵金属业务和对同业客户的贵金属业务。

三、判断题(请对下列各题的描述做出判断，正确的用 A 表示，错误的用 B 表示)

1. 出于风险控制的考虑，贵金属业务只能进行实物贵金属的销售和回购，而不能进行实物贵金属的买卖。(　　)[2022 年 7 月真题]

【解析】贵金属业务主要业务品种包括：实物贵金属买卖业务、账户贵金属交易业务、贵金属理财业务、贵金属租赁业务、贵金属同业拆放业务、贵金属衍生品交易业务。

2. 债券投资过程中，债券信用评级能够较充分反映其风险水平和等级，商业银行无需再对

11BD　12ABCDE　13ABCDE　14ABCD　▎　1B　2B

债券发行人、交易对手资信状况做充分评估。(　　)[2022年7月真题]

【解析】商业银行应加强债券投资业务的信用风险管理，充分评估债券发行人、交易对手的资信状况，将债券资产纳入全行统一的信用风险管理体系，包括实行统一的授信管理。

3. 外汇交易就是指本国货币与外国货币之间的兑换买卖。(　　)[2018年10月真题]

【解析】外汇交易既包括各种外国货币之间的交易，也包括本国货币与外国货币的兑换买卖。外汇交易既可满足企业贸易往来的结汇、售汇需求，也可供市场参与者进行投资或投机的交易活动。

4. 商业银行债券投资的风险，主要包括信用风险、操作风险和流动性风险。(　　)[2016年6月真题]

【解析】商业银行债券投资的风险，主要包括信用风险、市场风险和流动性风险。

5. 即期外汇交易又称为现汇交易或外汇现货交易，是指必须在成交当日办理实际货币交割的外汇交易。(　　)[2010年5月真题]

【解析】即期外汇交易又称为现汇交易或外汇现货交易，是指在交易日后的第二个营业日或成交当日办理实际货币交割的外汇交易。

6. 我国的企业债特指我国境内具有法人资格的上市公司发行的债券。(　　)[2009年10月真题]

【解析】在我国，企业债券是按照《企业债券管理条例》规定发行与交易、由国家发展和改革委员会监督管理的债券，在实践中，其发债主体为中央政府部门所属机构、国有独资企业或国有控股企业，因此，它在很大程度上体现了政府信用。

7. 对于按面值发行的付息债券，其即期收益率等于名义收益率。(　　)

【解析】名义收益率＝票面利息/面值×100%；即期收益率＝票面利息/购买价格×100%，对于按面值发行的付息债券，购买价格等于面值，因此即期收益率等于名义收益率。

8. 到期收益率是相当于投资者按照票面价格购买并一直持有到满期时可以获得的收益率。(　　)

【解析】到期收益率是投资购买债券的内部收益率，即可以使投资购买债券获得的未来现金流量的现值等于债券当前市场价格的贴现率，相当于投资者按照当前市场价格购买并且一直持有到满期时可以获得的年平均收益率。

9. 银行间市场属于大宗交易市场(批发市场)，实行多边谈判成交，典型的结算方式是净额结算。(　　)

【解析】银行间市场属于大宗交易市场(批发市场)，实行双边谈判成交，典型的结算方式是逐笔结算。

10. 我国债券市场形成了包括银行间市场和交易所市场两个子市场在内的统一分层的市场

3B　4B　5B　6B　7A　8B　9B　10B

体系。(　　)

【解析】目前，我国债券市场形成了包括银行间市场、交易所市场和商业银行柜台市场三个子市场在内的统一分层的市场体系。

11. 在其他条件相同的情况下，减少贷款、增加债券投资，能有效提高银行的资本充足率。(　　)

【解析】在计算资本充足率时，银行所投资高级别债券的风险权重较低，因此，在其他条件相同的情况下，减少贷款、增加债券投资，能有效提高银行的资本充足率。

12. 中央银行票据是一种重要的货币政策手段，其发行目的并不在于筹集资金。(　　)

【解析】与财政部通过发行国债筹集资金的性质不同，中国人民银行发行票据的目的不是筹资，而是通过公开市场操作调节金融体系的流动性，是一种重要的货币政策手段。

13. 银行间市场买卖双方只能通过交易系统询价。(　　)

【解析】银行间市场是机构投资者进行大宗交易的市场，买卖双方通过一对一报价方式进行交易。买卖双方既可以通过交易系统询价，也可以通过传真、网络、电话等方式一对一询价，逐笔成交。

14. 同业拆借的资金清算可以在同一银行完成的，既可以用转账方式进行，也可以用现金支付。(　　)

【解析】不同银行的资金清算应直接或委托开户银行通过中国人民银行大额实时支付系统办理。同业拆借的资金清算可以在同一银行完成的，应以转账方式进行。任何同业拆借清算均不得使用现金支付。

15. 间接标价法是以外国货币为基准的表示方式，即一个单位的外国货币，可以兑换若干单位的本国货币。(　　)

【解析】直接标价法是以外国货币为基准的表示方式，即一个单位的外国货币，可以兑换若干单位的本国货币。间接标价法是以本国货币为基准的表示方式，即是说一定单位本国货币能兑换若干单位的外国货币。

16. 卖出外汇期权交易适用于有外汇避险需求，同时又希望获得汇率波动收益的客户。(　　)

【解析】买入外汇期权交易适用于有外汇避险需求，同时又希望获得汇率波动收益的客户；卖出外汇期权交易适用于对某种货币未来汇率走势有所预期，对基本货币与挂钩货币都有需求，希望提高外币定期存款收益的客户。

17. 不同的贵金属业务面临的风险类别基本相同。(　　)

【解析】由于贵金属的商品货币二重属性，贵金属业务的经营管理更加复杂，不同的贵金属业务面临不同的风险类别。

11A　12A　13B　14B　15B　16B　17B

第五章　投行业务

一、单选题(下列选项中只有一项最符合题目要求，请将正确选项的代码填入括号内)

1. 商业银行发放并购贷款，并购交易价款中并购贷款所占比例不应高于(　　)。[2023 年 10 月真题]

A. 50%　　B. 60%　　C. 30%　　D. 40%

【解析】商业银行开办并购贷款需符合专门的风险管理要求，具体包括：①有健全的风险管理和有效的内控机制；②资本充足率不低于 10%；③商业银行全部并购贷款余额占同期本行一级资本净额的比例不应超过 50%；④商业银行对单一借款人的并购贷款余额占同期本行一级资本净额的比例不应超过 5%；⑤并购交易价款中并购贷款所占比例不应高于 60%；⑥并购贷款期限一般不超过 7 年；⑦商业银行应具有与本行并购贷款业务规模和复杂程度相适应的熟悉并购相关法律、财务、行业等知识的专业人员。

2. 把缺乏流动性但具有未来现金流的金融资产汇集重组，转变为可在金融市场上出售和流通的证券，从而提高资产流动性的方法是(　　)。[2023 年 6 月真题]

A. 资产置换　　B. 资产剥离　　C. 资产出售　　D. 资产证券化

【解析】资产证券化是指把缺乏流动性，但具有未来现金流的资产汇集起来，通过结构性重组，将其转变为可以在金融市场上出售和流通的证券，据以融通资金的机制和过程。A 项资产置换是指上市公司的控股股东以优质资产或现金置换上市公司的呆滞资产，或以主营业务资产置换非主营业务资产等情况，包括整体资产置换和部分资产置换等形式。B 项，资产剥离是指在企业股份制改制过程中将原企业中不属于拟建股份制企业的资产、负债从原有的企业账目中分离出去的行为。C 项，资产出售是指资产所有人以资产所有权换取现金、股票或其他有价证券的一种交易行为。

3. 银团贷款业务中，对借款人或贷款项目进行贷款尽职调查，并在此基础上与借款人进行前期谈判的职责，主要由(　　)负责。[2022 年 7 月真题]

A. 委托行　　B. 代理行　　C. 牵头行　　D. 各参加行

【解析】银团贷款由借款人或银行发起。牵头行应当与借款人谈妥银团贷款的初步条件，并获得借款人签署的银团贷款委任书。牵头行应当按照授信工作尽职的相关要求，对借款人或贷款项目进行贷前尽职调查，并在此基础上与借款人进行前期谈判，商谈贷款的用途、额度、利率、期限、担保形式、提款条件、还款方式和相关费用等，并据此编制银团贷款信息备忘录。

4. 商业银行发放并购贷款期限一般不超过(　　)。[2022 年 7 月真题]

A. 3 年　　B. 10 年　　C. 5 年　　D. 7 年

【解析】并购贷款是指银行为境内企事业法人在改制、改组过程中，有偿兼并、收购国内其他企事业法人、已建成项目，以及进行资产、债务重组发放的贷款。监管机构出于对

1B　2D　3C　4D

商业银行风险管理的要求，规定商业银行发放并购贷款的期限一般不超过7年。

5. 银行贷款业务中，由单家银行担任牵头行，其承担贷款份额原则上不少于银行融资总额的(　　)。[2022年7月真题]

A. 30%　　B. 10%　　C. 20%　　D. 50%

【解析】银团贷款牵头行是指经借款人同意，负责发起组织银团、分销银团贷款份额的银行。单家银行担任牵头行时，其承贷份额原则上不少于银团融资总金额的20%；分销给其他银团贷款成员的份额原则上不低于50%。

6. 下列债券承销方式中，商业银行不承担信用风险的是(　　)。[2022年7月真题]

A. 自销　　B. 代销　　C. 余额包销　　D. 全额包销

【解析】债券承销的主要方式有代销、余额包销、全额包销。其中，代销是指发行人委托商业银行等承销机构向社会销售债券，承销机构按照规定的发行条件在约定的期限内尽力推销，到了销售截止日期，债券如果没有按照原定发行数额全部销售出去，则其未销售部分退还给发行人，承销机构从发行人那里收取委托手续费，但不承担任何发行风险。采用代销方式，发行者仍有发行失败的风险；而中介机构虽然承担的风险小，但其收入也相对较少。

7. 下列选项中不属于商业银行咨询顾问业务的是(　　)。[2020年10月真题]

A. 财务顾问服务　　B. 企业信用评级　　C. 企业咨询服务　　D. 资产管理顾问

【解析】财务咨询顾问业务是银行利用在信息、知识、人才、产品、渠道等方面的综合优势，为客户提供包括财务投融资在内的各项咨询与服务。财务咨询顾问业务包括：①咨询服务，主要有信息咨询、资信证明、资信调查；②资产管理顾问业务，包括投资建议组合、投资分析、税务服务、信息提供和风险控制等；③财务顾问服务，包括财务融资顾问、财务制度顾问、财务重组顾问、理财投资顾问、收购兼并顾问。

8. 目前，我国商业银行资产支持证券的发行和交易场所是(　　)。[2016年6月真题]

A. 全国银行间债券市场　　B. 商业银行柜台市场

C. 上海证券交易所　　D. 深圳证券交易所

【解析】我国信贷资产支持证券只在全国银行间债券市场上发行和交易，商业银行是其主要投资者，其登记、托管、交易、结算应按照《全国银行间债券市场债券交易管理办法》等有关规定执行。

9. 由两家或两家以上银行基于相同贷款条件，依据同一贷款协议，按约定时间和比例，通过代理行向借款人提供的本外币贷款或授信业务的是(　　)。[2009年10月真题]

A. 流动资金贷款　　B. 固定资产贷款　　C. 房地产贷款　　D. 银团贷款

【解析】银团贷款又称辛迪加贷款，是指由两家或两家以上银行基于相同贷款条件，依据同一贷款协议，按约定时间和比例，通过代理行向借款人提供的本外币贷款或授信业务。

10. 下列关于资产支持证券的说法不正确的是(　　)。

5C　6B　7B　8A　9D　10D

A. 资产证券化是指把缺乏流动性，但具有未来现金流的资产汇集起来，通过结构性重组，将其转变为可以在金融市场上出售和流通的证券，据以融通资金的机制和过程

B. 2005 年 12 月 15 日，国家开发银行发行的开元证券和中国建设银行发行的建元证券在银行间债券市场公开发行，标志着我国信贷资产证券化业务正式启动

C. 我国信贷资产支持证券只在全国银行间债券市场上发行和交易，商业银行是其主要投资者

D. 证券公司是信贷资产支持证券的主要投资者

【解析】D 项，我国信贷资产支持证券只在全国银行间债券市场上发行和交易，商业银行是其主要投资者，其登记、托管、交易、结算应按照《全国银行间债券市场债券交易管理办法》等有关规定执行。

11. (　　)是指商业银行等承销机构先将债券全部或部分认购下来，并立即向债券发行人支付全部债券价款，然后再按照市场条件转售给投资者，转售剩余部分由中介机构拥有。

A. 代销　　B. 余额包销　　C. 助销　　D. 全额包销

【解析】A 项，代销是指发行人委托商业银行等承销机构向社会销售债券，承销机构按照规定的发行条件在约定的期限内尽力推销，到了销售截止日期，债券如果没有按照原定发行数额全部销售出去，则其未销售部分退还给发行人，承销机构从发行人那里收取委托手续费，但不承担任何发行风险。BC 两项，余额包销也称为助销，是指由发行人委托承销机构按照已定的发行额和发行条件，在约定期限内向社会推销债券，到了销售截止日期，未售出的余额由承销机构认购。

12. 银团贷款出现违约风险时，(　　)应当根据银团贷款合同的约定，负责及时召集银团会议。

A. 牵头行　　B. 参与行　　C. 代理行　　D. 发行人

【解析】银团贷款出现违约风险时，代理行应当根据银团贷款合同的约定，负责及时召集银团会议，并可成立银团债权委员会，对贷款进行清收、保全、重组和处置。必要时可以申请仲裁或向人民法院提起诉讼。

13. 并购贷款的对象是(　　)。

A. 境外企事业法人及自然人　　B. 境内企事业法人及自然人

C. 境外企事业法人　　D. 境内企事业法人

【解析】并购贷款是指银行为境内企事业法人在改制、改组过程中，有偿兼并、收购国内其他企事业法人、已建成项目，以及进行资产、债务重组发放的贷款。

二、多选题(下列选项中有两项或两项以上符合题目要求，请将符合题目要求选项的代码填入括号内)

1. 商业银行发放并购贷款，需要重点分析的风险有(　　)。[2022 年 7 月真题]

A. 经营风险　　B. 战略风险　　C. 财务风险　　D. 法律与合规风险

E. 整合风险

11D　12C　13D　|　1ABCDE

【解析】商业银行办理并购贷款业务，要在全面分析战略风险、法律与合规风险、整合风险、经营风险以及财务风险等与并购有关的各项风险的基础上评估并购贷款的风险，涉及跨境交易的，还应分析国别风险、汇率风险和资金过境风险。

2. 我国商业银行的理财投资顾问服务是指商业银行向客户提供(　　)等。[2014 年 11 月真题]

A. 现金管理服务　　B. 资产管理

C. 财务分析与规划　　D. 投资建议

E. 个人投资产品推介

【解析】在理财投资顾问服务中，商业银行向客户提供财务分析与规划、投资建议、个人投资产品推介等专业化服务。

3. 债券承销的主要业务内容包括(　　)。

A. 协助发行人协调中介机构的相关工作　　B. 承销项目承接

C. 信息披露　　D. 发行申请

E. 配售

【解析】债券承销的主要业务内容包括承销项目承接、发行申请、推介、定价、配售和信息披露等业务活动。此外，还包括协助发行人协调资信评级机构、会计师事务所、律师事务所等中介机构的相关工作，依据相关规定开展尽职调查，向发行人进行有关债券市场的法律法规、基础知识培训，使其掌握债券申报发行等方面的法律法规和规则，知悉信息披露和履行承诺等方面的责任和义务，树立进入债券市场的法治意识、诚信意识和自律意识。

4. 并购的方式主要有(　　)。

A. 认购新增股权　　B. 收购资产　　C. 承接债务　　D. 发行新股

E. 受让现有股权

【解析】并购是指境内并购方企业通过受让现有股权、认购新增股权，或收购资产、承接债务等方式以实现合并或实际控制已设立并持续经营的目标企业的交易行为。

5. 商业银行开办并购贷款应当遵循专门的风险管理要求，具体包括(　　)。

A. 有健全的风险管理和有效的内控机制

B. 并购交易价款中并购贷款所占比例不应高于 60%

C. 资本充足率不低于 8%

D. 商业银行全部并购贷款余额占同期本行一级资本净额的比例不应超过 50%

E. 并购贷款期限一般不超过 5 年

【解析】商业银行开办并购贷款应当遵循的风险管理要求包括：①有健全的风险管理和有效的内控机制；②资本充足率不低于 10%；③商业银行全部并购贷款余额占同期本行一级资本净额的比例不应超过 50%；④商业银行对单一借款人的并购贷款余额占同期本行一级资本净额的比例不应超过 5%；⑤并购交易价款中并购贷款所占比例不应高于 60%；⑥并购贷款期限一般不超过 7 年；⑦商业银行应具有与本行并购贷款业务规模和

2CDE　3ABCDE　4ABCE　5ABD

复杂程度相适应的熟悉并购相关法律、财务、行业等知识的专业人员。

6. 下列属于银行咨询业务当中信息咨询业务的主要方式的是(　　)。
   A. 定期或不定期提供信息咨询报告　　B. 会谈咨询
   C. 电话咨询　　D. 提供存款证明
   E. 出具资信调查报告

   【解析】信息咨询业务主要方式为定期或不定期提供信息咨询报告、会谈咨询、电话咨询等。D 项，提供存款证明属于提供资信证明的方式；E 项，出具资信调查报告属于资信调查服务的方式。

三、判断题(请对下列各题的描述做出判断，正确的用 A 表示，错误的用 B 表示)

1. 按照在银团贷款中的职能和分工，银团贷款成员通常分为牵头行、代理行和参加行等角色。(　　)[2012 年 6 月真题]

   【解析】银团贷款又称辛迪加贷款，是指由两家或两家以上银行基于相同贷款条件，依据同一贷款协议，按约定时间和比例，通过代理行向借款人提供的本外币贷款或授信业务。按照在银团贷款中的职能和分工，银团贷款成员通常分为牵头行、代理行和参加行等角色。

2. 全额包销的中介机构既赚取发行者支付的手续费，又赚取转卖债券的价差。(　　)

   【解析】全额包销也叫承购包销。它是指商业银行等承销机构先将债券全部或部分认购下来，并立即向债券发行人支付全部债券价款，然后再按照市场条件转售给投资者，转售剩余部分由中介机构拥有。中介机构赚取的不是发行者支付的手续费，而是转卖债券的价差。

3. 代理行应编制银团贷款信息备忘录，其主要内容包括银团贷款的基本条件、借款人的法律地位及概况、借款人的财务状况等。(　　)

   【解析】牵头行应当按照授信工作尽职的相关要求，对借款人或贷款项目进行贷前尽职调查，并在此基础上与借款人进行前期谈判，商谈贷款的用途、额度、利率、期限、担保形式、提款条件、还款方式和相关费用等，并据此编制银团贷款信息备忘录。银团贷款信息备忘录内容主要包括：银团贷款的基本条件、借款人的法律地位及概况、借款人的财务状况、项目概况及市场分析、项目财务现金流量分析、担保人和担保物介绍、风险因素及避险措施、项目的准入审批手续及有资质环保机构出具的环境影响监测评估文件等。

6ABC　▍　1A　2B　3B

第六章　银行卡业务

一、单选题(下列选项中只有一项最符合题目要求，请将正确选项的代码填入括号内)

1. 下列关于借记卡的表述，错误的是(　　)。[2015 年 5 月真题]

A. 不能透支　　B. 不可以预借现金

C. 有存款利息　　D. 与储户的定期存款账户相联结

【解析】借记卡是指发卡银行向持卡人签发的，没有信用额度，持卡人先存款后使用的银行卡。借记卡与储户的活期储蓄存款账户相联结，卡内消费、转账、ATM 取款等都直接从存款账户扣划，不具备透支功能，需要先存款后消费。

2. 信用卡业务中，(　　)是指商业银行为商户等提供的受理信用卡，并完成相关资金结算的服务。

A. 发卡业务　　B. 收单业务　　C. 分期付款业务　　D. 信贷业务

【解析】收单业务是指商业银行为商户等提供的受理信用卡，并完成相关资金结算的服务，包括商户资质审核、商户培训、受理终端安装维护管理、获取交易授权、处理交易信息、交易监测、资金垫付、资金结算、争议处理和增值服务等业务环节。

二、多选题(下列选项中有两项或两项以上符合题目要求，请将符合题目要求选项的代码填入括号内)

1. 银行卡是银行发行的信用支付工具，它的功能包括(　　)。[2009 年 10 月真题]

A. 汇兑转账　　B. 储蓄　　C. 支付结算　　D. 循环信贷

E. 股票投资

【解析】银行卡是由商业银行(或者发卡机构)发行的具有消费信用、转账结算、存取现金等全部或部分功能的信用支付工具。银行卡的功能有：①支付结算；②汇兑转账；③储蓄；④循环信贷；⑤个人信用；⑥综合服务。

2. 下列信用卡的说法中，不正确的有(　　)。[2009 年 10 月真题]

A. 我国发卡银行一般给予持卡人 30 ~ 50 天的免息期

B. 准贷记卡持卡人需按发卡行的要求交存一定金额的备用金，作为透支的抵押担保

C. 信用卡分为准贷记卡和贷记卡

D. 信用卡消费通常为短期、小额、无指定用途的信用类消费

E. 当准贷记卡备用金账户余额不足支付时，该卡便不能进行透支

【解析】A 项，发卡银行一般给予持卡人 20 ~ 56 天的免息期，持卡人的信用额度一般在 10 万元人民币以内，客户刷卡消费一般使用循环额度；E 项，准贷记卡是指持卡人先按发卡银行要求交存一定金额的备用金，当备用金账户余额不足支付时，可在发卡银行规定的信用额度内透支的信用卡。

1D　2B　┃　1ABCD　2AE

3. 分期付款业务的特点包括(　　)。

A. 授信金额小　　B. 时效要求高　　C. 目标客户集中　　D. 信用属性强

E. 增长速度快

【解析】分期付款业务是指持卡人使用信用卡进行大额消费时，由发卡银行向商户一次性支付持卡人所购商品(或服务)的消费资金，并根据持卡人申请，将消费资金分期通过持卡人信用卡账户扣收，持卡人按照与银行约定分期进行偿还的业务。分期付款业务具有目标客户分散、授信金额小、信用属性强、时效要求高和增长速度快等特点。

4. 除了一般银行业务具有的信用风险、操作风险、欺诈风险外，信用卡产品的风险主要包括(　　)。

A. 来自发卡行的风险　　B. 来自持卡人的风险

C. 来自商户的风险　　D. 来自第三方的风险

E. 来自收单行的风险

【解析】信用卡风险，就是指在信用卡业务经营中发卡行、收单行以及持卡人和合作商户等发生经济损失的潜在可能性。信用卡业务的风险管理有其特殊性和复杂性。除了一般银行业务具有的信用风险、操作风险、欺诈风险外，信用卡产品的风险主要包括：①来自持卡人的风险；②来自商户的风险；③来自第三方的风险。

5. 对出现可疑交易的信用卡账户、可疑的信用卡交易，发卡银行可采取的措施包括(　　)。

A. 调整授信额度　　B. 通过实地走访进行风险排查

C. 锁定账户　　D. 紧急止付

E. 与持卡人联系确认

【解析】对出现可疑交易的信用卡账户、可疑的信用卡交易，发卡银行可采取与持卡人联系确认、调整授信额度、锁定账户、紧急止付等措施确保信用卡的安全使用。发卡银行对可疑交易可以采取电话核实、调单或实地走访等方式进行风险排查并及时处理，必要时应该及时向公安机关报案。

三、判断题(请对下列各题的描述做出判断，正确的用A表示，错误的用B表示)

1. 按是否向发卡银行交存备用金，银行卡分为白金卡、金卡、普通卡等不同等级。(　　)[2015年5月真题]

【解析】按照是否交存备用金，信用卡分为贷记卡和准贷记卡。按照信用和资产等级的提高，发卡机构对信用卡和借记卡均逐步推出了普卡、金卡、白金卡、钻石卡等银行卡产品。

2. 信用卡一般分为贷记卡和借记卡两种。(　　)[2014年11月真题]

【解析】按银行卡清偿方式的不同，目前的银行卡主要有信用卡、借记卡。按照是否交存备用金，信用卡分为贷记卡和准贷记卡。

3. 借记卡、贷记卡都属于银行卡。因此，都具有转账结算、储蓄、汇兑、透支消费等功能。(　　)

3ABDE　4BCD　5ABCDE　┃　1B　2B　3B

【解析】借记卡、贷记卡都属于银行卡。但是，借记卡不具有透支消费的功能。

4. 磁条卡具有存储容量大、可脱机使用、自动计算、安全性较高等特点。(　　)

【解析】芯片卡又称 IC 卡，具有存储容量大、可脱机使用、自动计算、安全性较高等特点。

5. 借记卡中的转账卡，顾名思义，是仅具有转账结算功能的银行卡。(　　)

【解析】转账卡是实时扣账的借记卡，具有转账结算、存取现金和消费功能。

6. 专用卡是具有专门用途、在特定区域使用的贷记卡，具有转账结算、存取现金功能。专门用途是指在百货、餐饮、饭店、娱乐行业以外的用途。(　　)

【解析】专用卡是具有专门用途(指在百货、餐饮、饭店、娱乐行业以外的用途)，在特定领域使用的借记卡，具有转账结算、存取现金功能。

7. 商务差旅卡属于信用卡中的个人卡。(　　)

【解析】按照发行对象不同，信用卡可分为个人卡和单位卡。其中，单位卡按照用途分为商务差旅卡和商务采购卡。

8. 发卡银行允许持卡人在信用卡授信限额范围之内进行刷卡透支消费，但不可取现。(　　)

【解析】持卡人在购物消费过程中，发卡银行允许持卡人在信用卡授信限额范围之内进行刷卡透支消费，这是信用卡业务的基本功能。持卡人刷卡消费可享受免息还款期服务。信用卡具有预借现金功能，客户可在信用卡额度的一定比例内进行取现，预借现金业务原则上不享受免息还款期或最低还款额待遇。

9. 个性化分期还款协议的最长期限不得超过 10 年。(　　)

【解析】在特殊情况下，确认信用卡欠款金额超出持卡人还款能力且持卡人仍有还款意愿的，发卡银行可以与持卡人平等协商，达成个性化分期还款协议。个性化分期还款协议的最长期限不得超过 5 年。

4B　5B　6B　7B　8B　9B

第七章　理财与同业业务

一、单选题（下列选项中只有一项最符合题目要求，请将正确选项的代码填入括号内）

1. 同业代付业务实质属于（　　）。［2022年7月真题］

   A. 贸易融资方式　　B. 流动资金贷款方式

   C. 固定资产贷款方式　　D. 信用担保方式

   【解析】同业代付分为境内同业代付和海外同业代付，业务实质均属贸易融资方式，银行办理同业代付业务应具有真实贸易背景。

2. 下列选项，不属于理财产品直接投资范围的是（　　）。［2022年7月真题］

   A. 公募投资基金　　B. 大额存单　　C. 信贷资产　　D. 金融债券

   【解析】商业银行理财产品可以投资于国债、地方政府债券、中央银行票据、政府机构债券、金融债券、银行存款、大额存单、同业存单、公司信用类债券、在银行间市场和证券交易所市场发行的资产支持证券、公募证券投资基金、其他债权类资产、权益类资产以及银行业监督管理机构认可的其他资产。

   商业银行理财产品不得直接投资于信贷资产，不得直接或间接投资于本行信贷资产，不得直接或间接投资于本行或其他银行业金融机构发行的理财产品，不得直接或间接投资于本行发行的次级档信贷资产支持证券。商业银行面向非机构投资者发行的理财产品不得直接或间接投资于不良资产、不良资产支持证券，国务院银行业监督管理机构另有规定的除外。

3. 商业银行全部理财产品持有单一上市公司发行的股票，不得超过该上市公司可流通股票的（　　）。［2022年7月真题］

   A. 10%　　B. 20%　　C. 30%　　D. 40%

   【解析】商业银行理财产品直接或间接投资于银行间市场、证券交易所市场或者国务院银行业监督管理机构认可的其他证券的，应当符合的要求包括：商业银行全部理财产品持有单一上市公司发行的股票，不得超过该上市公司可流通股票的30%。

4. 根据监管相关规定，理财产品的风险评级结果由低到高应当至少包括（　　）个等级。［2021年10月真题］

   A. 5　　B. 3　　C. 4　　D. 6

   【解析】理财产品风险评级结果应当以风险等级体现，由低到高至少包括一级至五级，并可以根据实际情况进一步细分。

5. 商业银行发行的封闭式理财产品的期限不得低于（　　）天。［2019年6月真题］

   A. 90　　B. 60　　C. 80　　D. 40

   【解析】商业银行发行的封闭式理财产品的期限不得低于90天；开放式理财产品所投资

1A　2C　3C　4A　5A

资产的流动性应当与投资者赎回需求相匹配，确保持有足够的现金、国债、中央银行票据、政策性金融债券等具有良好流动性的资产，以备支付理财产品投资者的赎回款项。

6. 固定收益类理财产品投资于存款、债券等债权类资产的比例不低于（　　）。

A. 50%　　B. 60%　　C. 70%　　D. 80%

【解析】固定收益类理财产品投资于存款、债券等债权类资产的比例不低于80%；权益类理财产品投资于权益类资产的比例不低于80%；商品及金融衍生品类理财产品投资于商品及金融衍生品的比例不低于80%；混合类理财产品投资于债权类资产、权益类资产、商品及金融衍生品类资产且任一资产的投资比例未达到前三类理财产品标准。

7. 理财公司（　　）对内部控制有效性承担最终责任。

A. 高级管理层　　B. 董事会　　C. 监事会　　D. 股东

【解析】理财公司董事会对内部控制有效性承担最终责任，监事会履行监督责任，高级管理层负责具体执行。理财公司董事长、监事长和高级管理人员原则上不得由理财公司股东、实际控制人及其关联方的人员兼任。

8. 在同业代付业务中，（　　）负责为委托行提供贷款资金来源并完成“受托支付”服务，承担同业授信风险，拆放资金本息到期由委托行无条件偿还。

A. 发起行　　B. 参与行　　C. 委托行　　D. 代付行

【解析】从同业代付业务实质看，委托行是客户的债权人，直接承担借款人的信用风险，到期向借款人收回贷款本息；代付行为委托行提供贷款资金来源并完成“受托支付”服务，承担同业授信风险，拆放资金本息到期由委托行无条件偿还。

二、多选题（下列选项中有两项或两项以上符合题目要求，请将符合题目要求选项的代码填入括号内）

1. 商业银行应比照自营贷款管理要求，对非标准化债权类资产投资采取下列哪些措施？（　　）

A. 投前尽职调查　　B. 风险审查　　C. 投后风险管理　　D. 信息筛选

E. 资料分类管理

【解析】商业银行理财产品投资于非标准化债权类资产时，应当确保理财产品投资与审批流程相分离，比照自营贷款管理要求实施投前尽职调查、风险审查和投后风险管理，并纳入全行统一的信用风险管理体系。

2. 根据投资性质的不同，商业银行应将理财产品分为（　　）。

A. 权益类理财产品　　B. 固定收益类理财产品

C. 公募理财产品　　D. 私募理财产品

E. 混合类理财产品

【解析】商业银行应当根据投资性质的不同，将理财产品分为固定收益类理财产品、权益类理财产品、商品及金融衍生品类理财产品和混合类理财产品。CD两项，商业银行应当根据募集方式的不同，将理财产品分为公募理财产品和私募理财产品。

6D　7B　8D　┃　1ABC　2ABE

3. 私募理财产品是指商业银行面向合格投资者非公开发行的理财产品。下列属于合格投资者的有(　　)。

A. 最近1年末净资产不低于1000万元人民币的法人或者依法成立的其他组织

B. 最近1年末净资产不低于500万元人民币的法人或者依法成立的其他组织

C. 具有2年以上投资经历，且家庭金融净资产不低于300万元人民币，家庭金融资产不低于500万元人民币的自然人

D. 具有2年以上投资经历，且近3年本人年均收入不低于30万元人民币的自然人

E. 具有2年以上投资经历，且近3年本人年均收入不低于40万元人民币的自然人

【解析】合格投资者是指具备相应风险识别能力和风险承受能力，投资于单只理财产品不低于一定金额且符合下列条件的自然人、法人或者依法成立的其他组织：①具有2年以上投资经历，且满足下列条件之一的自然人：家庭金融净资产不低于300万元人民币，家庭金融资产不低于500万元人民币，或者近3年本人年均收入不低于40万元人民币；②最近1年末净资产不低于1000万元人民币的法人或者依法成立的其他组织；③国务院银行业监督管理机构规定的其他情形。

4. 下列业务中属于同业融资业务的是(　　)。

A. 同业拆借业务　B. 同业存款业务　C. 同业借款业务　D. 同业投资业务

E. 同业代付业务

【解析】同业业务是指中华人民共和国境内依法设立的金融机构之间开展的以投融资为核心的各项业务，主要业务类型可分为同业融资业务和同业投资业务。其中，同业融资业务包括：同业拆借、同业存款、同业借款、同业代付、买入返售(卖出回购)等。

5. 可开展非银借款业务的非银行金融机构包括(　　)。

A. 资产管理公司　B. 消费金融公司

C. 金融租赁公司　D. 其他可开展此项业务的金融机构

E. 汽车金融公司

【解析】非银借款业务特指银行机构与非银行金融机构(以下简称借款人)按约定的期限、利率及金额，以协议等方式开展的，专项用于借款人(包括其全资或控股项目公司)经营需要或为借款人提供流动性支持的本外币资金融通业务。其中，非银行金融机构包括汽车金融公司、金融租赁公司、资产管理公司、消费金融公司及其他可开展此项业务的金融机构。

6. 特定目的载体同业投资业务应坚持的原则包括(　　)。

A. 风险收益匹配原则　B. 依法合规原则

C. 集中管理原则　D. 总量控制原则

E. 实质重于形式原则

【解析】特定目的载体同业投资业务是指金融机构购买或委托其他金融机构购买特定目的载体的投资行为，其坚持的原则包括：①依法合规原则；②风险收益匹配原则；③集中管理及总量控制原则；④实质重于形式原则。

3ACE　4ABCE　5ABCDE　6ABCDE

三、判断题(请对下列各题的描述做出判断，正确的用 A 表示，错误的用 B 表示)

1. 商业银行不得用自有资金购买本行发行的理财产品。(　　)[2023 年 10 月真题]

【解析】商业银行不得用自有资金购买本行发行的理财产品，不得为理财产品投资的非标准化债权类资产或权益类资产提供任何直接或间接、显性或隐性的担保或回购承诺，不得用本行信贷资金为本行理财产品提供融资和担保。

2. 商业银行理财业务中，商业银行应做到每个理财产品单独管理、合并建账、单独核算。(　　)[2018 年 6 月真题]

【解析】商业银行开展理财业务，应当确保每只理财产品与所投资资产相对应，做到每只理财产品单独管理、单独建账和单独核算，不得开展或者参与具有滚动发行、集合运作、分离定价特征的资金池理财业务。

3. 本行理财产品产生风险时，可用本行信贷资金为其提供融资和担保。(　　)[2016 年 6 月真题]

【解析】商业银行不得用自有资金购买本行发行的理财产品，不得为理财产品投资的非标准化债权类资产或权益类资产提供任何直接或间接、显性或隐性的担保或回购承诺，不得用本行信贷资金为本行理财产品提供融资和担保。

4. 商业银行可以为理财产品投资的非标准化债权类资产提供任何直接或间接、显性或隐性的担保或回购承诺。(　　)

【解析】商业银行不得为理财产品投资的非标准化债权类资产或权益类资产提供任何直接或间接、显性或隐性的担保或回购承诺。

5. 商业银行应使用信贷资金为本行理财产品特别是保证收益理财产品提供融资和担保。(　　)

【解析】商业银行不得用自有资金购买本行发行的理财产品，不得为理财产品投资的非标准化债权类资产或权益类资产提供任何直接或间接、显性或隐性的担保或回购承诺，不得用本行信贷资金为本行理财产品提供融资和担保。

6. 理财业务属于商业银行的表内业务。(　　)

【解析】商业银行理财业务是指商业银行接受投资者委托，按照与投资者事先约定的投资策略、风险承担和收益分配方式，对受托的投资者财产进行投资和管理的金融服务。理财业务是商业银行的表外业务。

7. 开放式理财产品是指自产品成立日至终止日期间，理财产品份额总额固定不变，投资者可以按照协议约定的开放日和场所，进行认购或者赎回的理财产品。(　　)

【解析】封闭式理财产品是指有确定到期日，且自产品成立日至终止日期间，理财产品份额总额固定不变，投资者不得进行认购或者赎回的理财产品。开放式理财产品是指自产品成立日至终止日期间，理财产品份额总额不固定，投资者可以按照协议约定的开放日和场所，进行认购或者赎回的理财产品。

8. 商业银行可发行分级理财产品。(　　)

1A　2B　3B　4B　5B　6B　7B　8B

【解析】分级理财产品是指按照本金和收益受偿顺序的不同，将理财产品划分为不同等级的份额，不同等级份额的收益分配不按份额比例计算，而是由合同另行约定、按照优先与劣后份额安排进行收益分配的理财产品。商业银行不得发行分级理财产品。

9. 同业借款业务期限自提款之日起最长不得超过三年。(　　)

【解析】同业借款业务期限按照监管部门对金融机构借款期限的有关规定执行，由双方共同协商确定，但最长期限自提款之日起不得超过三年。

10. 金融机构开展同业投资业务可接受第三方金融机构的信用担保。(　　)

【解析】金融机构开展买入返售(卖出回购)和同业投资业务，不得接受和提供任何直接或间接、显性或隐性的第三方金融机构信用担保，国家另有规定的除外。

9A　10B

第三部分　银行管理

第一章　银行管理基础

一、单选题（下列选项中只有一项最符合题目要求，请将正确选项的代码填入括号内）

1. 根据《商业银行大额风险暴露管理办法》，对一组非同业关联客户的风险暴露不得超过一级资本净额的（　　）。［2023 年 10 月真题］

A. 20%　　B. 10%　　C. 25%　　D. 15%

【解析】大额风险暴露是指商业银行对单一客户或一组关联客户超过其一级资本净额 2.5% 的风险暴露。对非同业单一客户的贷款余额不得超过资本净额的 10%，对非同业单一客户的风险暴露不得超过一级资本净额的 15%。对一组非同业关联客户的风险暴露不得超过一级资本净额的 20%。对同业单一客户或集团客户的风险暴露不得超过一级资本净额的 25%。全球系统重要性银行对另一家全球系统重要性银行的风险暴露不得超过一级资本净额的 15%。

2. 商业银行某项业务收入 90 亿元，资金及管理成本 20 亿元，风险成本 10 亿元，经济资本 300 亿元，不考虑税收影响，则该业务的风险调整后资本回报率为（　　）。［2023 年 10 月真题］

A. 30%　　B. 20%　　C. 3.3%　　D. 23.3%

【解析】风险调整后资本回报率 =（总收入 − 资金成本 − 经营成本 − 风险成本 − 税项）/经济资本 ×100%。代入题目数据后，风险调整后资本回报率 =（90 − 20 − 10）/300 ×100% =20%。

3. 根据《商业银行大额风险暴露管理办法》，对非同业单一客户的贷款余额不得超过资本净额的（　　）。［2023 年 6 月真题］

A. 15%　　B. 25%　　C. 10%　　D. 20%

【解析】根据《商业银行大额风险暴露管理办法》，对非同业单一客户的贷款余额不得超过资本净额的 10%，对非同业单一客户的风险暴露不得超过一级资本净额的 15%。

4. 下列业务不属于零售业务的是（　　）。［2022 年 7 月真题］

A. 支付结算　　B. 住房按揭贷款　　C. 银团贷款　　D. 信用卡

【解析】零售业务（Retail Banking）是指银行为个人和小微企业提供的零售银行服务，主要是一些相对常规的金融服务，包括银行账户、支付结算、银行卡、信用卡、房贷、车贷、经营性贷款等。

5. 下列关于不良贷款拨备覆盖率计算公式的表述，正确的是（　　）。［2021 年 6 月真题］

1A　2B　3C　4C　5D

A. 不良贷款余额与贷款余额的比值
B. 当年不良贷款新发生额与贷款余额的比值
C. 不良贷款损失准备与当年不良贷款所发生额的比值
D. 不良贷款损失准备与不良贷款余额的比值

【解析】不良贷款拨备覆盖率是衡量银行对不良贷款进行账务处理时，所持审慎性高低的重要指标。该指标有利于观察银行的拨备政策。计算公式为：拨备覆盖率 =（不良贷款损失准备 ÷ 不良贷款余额）×100%。

6. 下列选项中，不属于商业银行建立垂直化风险管理体系内容的是（　　）。［2019 年 6 月真题］
A. 将风险管理职能进一步向总行本部集中，减少不必要的中间层级
B. 提高风险管理的专业化水平
C. 在分行设立风险管理部门
D. 风险管理部门与客户部门共同维护客户关系，提高效率

【解析】商业银行建立垂直化风险管理体系包括：①建立垂直化的组织运作机制，即实行董事会风险执行委员会→总行风险管理委员会→总行风险管理部→分行风险管理部→基层行风险管理部的垂直管理线路；②将风险管理职能进一步向总行本部集中，减少不必要的中间层级，逐步形成横向延展、纵向深入的扁平化矩阵模式；③提高风险管理的专业化水平，在总行本部设立专业化评估中心和审批中心；④建立重大风险事项管理和应急处理机制，实现对全行风险的统筹和集约化管理。

7. 存款业务属于商业银行的（　　）。［2019 年 6 月真题］
A. 其他业务　B. 资产业务　C. 中间业务　D. 负债业务

【解析】存款是银行最基本的负债业务之一，是商业银行最主要的资金来源，是银行持续经营的基础。

8. 商业银行保有一定量的高流动性资产，其主要目的是（　　）。［2019 年 6 月真题］
A. 为了取得较高盈利　B. 满足调节国际收支需要
C. 应付存款人提取存款　D. 满足货币发行需要

【解析】商业银行提供现金满足客户提取存款的要求和支付到期债务本息，这部分现金称为基本流动性，基本流动性加上为贷款需求提供的现金称为充足流动性。保持适度的流动性是商业银行流动性管理所追求的目标。

9. 以下关于拨贷比的表述，错误的是（　　）。［2018 年 6 月真题］
A. 拨贷比 = 拨备覆盖率 × 不良贷款率
B. 拨贷比是商业银行贷款损失准备与总贷款的比值
C. 在拨备覆盖率不变的情况下，拨贷比与不良贷款率的相关性不大
D. 拨贷比维持在一定水平的情况下，银行多发放贷款，就需要多计提拨备

【解析】拨贷比是商业银行贷款损失准备与总贷款的比值。计算公式为：拨贷比 = 不良贷款损失准备/贷款余额 ×100%。该公式也可以表述为：拨贷比 = 拨备覆盖率 × 不良贷款

6D　7D　8C　9C

率，在拨备覆盖率不变的情况下，拨贷比与不良贷款率存在正相关关系。

10. 下列选项中，通常不用于反映银行经营安全性指标的是(　　)。[2018 年 10 月真题]

A. 资产回报率　　B. 不良贷款率

C. 不良贷款拨备覆盖率　　D. 拨贷比

【解析】风险控制是银行经营过程中需要特别关注的一个问题，要增加利润、提高银行的价值就要控制风险，减少相应的拨备。银行经营的安全性指标有：不良贷款率、不良贷款拨备覆盖率、拨贷比和资本充足率。A 项，资产回报率属于银行经营的盈利性指标。

11. 下列选项中，不属于衡量银行集中度指标的是(　　)。[2017 年 10 月真题]

A. 房地产行业授信集中度　　B. 单一集团客户授信集中度

C. 单一最大客户贷款比率　　D. 最大十家客户贷款比率

【解析】集中度指标包括：①单一最大客户贷款比率；②最大十家客户贷款比率；③单一集团客户授信集中度；④大额风险暴露集中度。

12. 商业银行流动性资产余额与流动性负债余额的比例不得低于(　　)。[2015 年 10 月真题]

A. 70%　　B. 25%　　C. 80%　　D. 75%

【解析】流动性比例的计算公式为：流动性比例 = 流动性资产余额 ÷ 流动性负债余额。流动性比例的最低监管标准为不低于 25%。

13. “以客户为中心”是发达国家商业银行各业务线的共同理念，具体要求个人客户的基础金融服务由(　　)负责。

A. 商业银行业务　　B. 财富管理业务　　C. 零售业务　　D. 金融市场业务

【解析】发达国家商业银行的业务线大致上是按照客户的属性和需求来划分，“以客户为中心”是其共同的理念：个人客户的基础金融服务由零售业务负责，高端金融服务由财富管理业务负责，公司客户的基础金融服务由商业银行业务负责，高端金融服务由金融市场业务和投行业务负责，同时金融市场业务还承担着银行的流动性操作和自营投资业务。

14. 摩根大通银行将零售业务分为常规的零售业务、信用卡和汽车贷款两大条线，形成“零售金融服务”“信用卡和汽车贷款”等六大业务板块。这种组织架构(　　)。

A. 采用“大个金”和“大公金”两大业务板块

B. 根据客户需求层次来组合业务板块

C. 根据业务线职能设置组织架构模式

D. 根据业务线职能设置组织架构，提供综合性服务

【解析】摩根大通银行根据业务线职能设置组织架构模式。这种模式下的业务板块分得更为细致，根据业务线职能设置组织架构，提供专业化服务。

15. 银行资产结构主要指的是各(　　)占总资产的比重。

A. 生息资产　　B. 流动资产　　C. 固定资产　　D. 存款业务

10A　11A　12B　13C　14C　15A

【解析】生息资产是贷款及投资资产、存放央行款项、存放拆放同业款项等指标的总称。资产结构主要指的是银行各类生息资产（包括贷款、债券、资金业务等）占总资产的比重。

16. （　　）是商业银行生息资产中最重要的组成部分。
A. 贷款　　B. 债券　　C. 资金业务　　D. 存放央行款项
【解析】贷款是商业银行生息资产中最重要的组成部分，因而贷款结构通常是分析银行资产结构性时最重要的一个指标。

17. "二八定律"是指（　　）。
A. 占比为80%左右的低端客户，对银行盈利的贡献度达到80%左右
B. 占比为20%左右的低端客户，对银行盈利的贡献度达到80%左右
C. 占比为80%左右的高端客户，对银行盈利的贡献度达到20%左右
D. 占比为20%左右的高端客户，对银行盈利的贡献度达到80%左右
【解析】客户结构是指不同类型的客户在银行总客户中的分布构成，在公司客户中，分为大客户与中小客户；在零售客户中，分为高净值客户与普通客户。根据"二八定律"，占比仅为20%左右的高端客户，其对银行盈利的贡献度达到80%左右。

18. 在资金投入环节，提高效率的重点是（　　）。
A. 增大产出　　B. 扩大资金来源　　C. 降低资金成本　　D. 规模产出
【解析】在资金投入环节，提高效率的重点是降低资金成本，即在负债结构中加大零售存款和活期存款的比重，将存贷比提高到合理水平。

19. 某公司2015年度中旬公布了其财务数据，已知公司股票价格为24元/股，上年度每股收益为1.2元，未来年度每股收益预计为1.6元，则该公司的静态市盈率为（　　）。
A. 20　　B. 15　　C. 14　　D. 12
【解析】市盈率（P/E）= 股票价格（P）/每股收益（E），它是股票市场中常用的衡量股票投资价值的重要指标。在计算市盈率时，股价通常取最新的收盘价；若每股收益取的是已公布的上年度数据，则计算结果为静态市盈率，若是按照对今年及未来每股收益的预测值，则得到动态市盈率。本题中，静态市盈率 = 24/1.2 = 20。

20. 假设某银行的所有资本为200亿元人民币，风险加权资产为1500亿元人民币，则其资本充足率为（　　）。
A. 13.3%　　B. 10.0%　　C. 7.8%　　D. 8.7%
【解析】资本充足率（CAR），是商业银行资本总额与风险加权资产的比值，该指标反映一家银行的整体资本稳健水平。计算公式为：资本充足率 = 资本/风险加权资产 × 100%。所以该银行资本充足率为：200/1500 × 100% = 13.3%。

21. 我国某银行会计报告提供的相关资料如下：贷款余额为40亿元，其中，正常类贷款为30亿元，关注类贷款为5亿元，次级类贷款为3亿元，可疑类贷款为1.5亿元，损失类贷款为0.5亿元；长期次级债为2亿元；贷款损失准备金金额为6亿元。该银行拨

16A　17D　18C　19A　20A　21D

备覆盖率是(　　)。

A. 15%　　B. 20%　　C. 60%　　D. 120%

【解析】贷款按风险基础分为正常、关注、次级、可疑和损失五类，其中后三类合称为不良贷款。根据计算公式可得：拨备覆盖率 = 不良贷款损失准备 ÷ 不良贷款余额 × 100% = 6 ÷ (3 + 1.5 + 0.5) × 100% = 120%。

22. 已知某银行不良贷款余额占总贷款余额的30%，另外，已知该公司的拨备覆盖率为50%，那么该公司的拨贷比为(　　)。

A. 15%　　B. 30%　　C. 50%　　D. 60%

【解析】不良贷款率 = 不良贷款余额/总贷款余额 × 100%，拨备覆盖率 = 不良贷款损失准备/不良贷款余额 × 100%，拨贷比 = 不良贷款损失准备/贷款余额 × 100% = 不良贷款率 × 拨备覆盖率 = 30% × 50% = 15%。

23. (　　)监管指标旨在确保商业银行具有充足的合格优质流动性资产，能够在规定的流动性压力情景下，通过变现这些资产来满足未来至少30天的流动性需求。

A. 流动性覆盖率　　B. 存贷比　　C. 流动性比例　　D. 贷款拨备率

【解析】流动性覆盖率监管指标旨在确保商业银行具有充足的合格优质流动性资产，能够在规定的流动性压力情景下，通过变现这些资产满足未来至少30天的流动性需求。其计算公式为：流动性覆盖率 = 合格优质流动性资产 ÷ 未来30天现金净流出量。

24. 我国信用风险监测指标中的单一集团客户授信集中度一般不应高于(　　)。

A. 10%　　B. 15%　　C. 20%　　D. 50%

【解析】单一集团客户授信集中度又称单一客户授信集中度，为最大一家集团客户授信总额与资本净额之比，不应高于15%。计算公式为：单一集团客户授信集中度 = 最大一家集团客户授信总额/资本净额 × 100%。

25. 已知某银行当期营业利润为3000万元，提取的拨备准备为1200万元，那么该银行的拨备前利润为(　　)万元。

A. 1200　　B. 1800　　C. 3000　　D. 4200

【解析】拨备前利润即指尚未扣除当期提取拨备的利润，它等于当期营业利润与当期提取的拨备之和。本题中，拨备前利润 = 当期营业利润 + 当期提取拨备 = 3000 + 1200 = 4200(万元)。

26. 已知某银行本期税后净利润为2000万元，计划分配给优先股股东的股息约为300万元，该银行发行的普通股有200万股，优先股为50万股，则其每股收益为(　　)元/股。

A. 6.8　　B. 8　　C. 8.5　　D. 10

【解析】每股收益即EPS，指税后利润与股本总数的比率。计算公式为：每股收益 = 本期净利润/期末总股本。该比率反映了银行每一股份创造的税后利润。若银行只有普通股时，净收益是税后净利，股份数是指流通在外的普通股股数。如果银行还有优先股，应从税后净利中扣除分派给优先股股东的利息。所以该银行每股收益 = (2000 − 300)/

22A　23A　24B　25D　26C

200 = 8.5(元/股)。

二、**多选题**(下列选项中有两项或两项以上符合题目要求，请将符合题目要求选项的代码填入括号内)

1. 关于银行流动性覆盖率和净稳定资金比例的说法，正确的有(　　)。[2023年10月真题]
   A. 流动性覆盖率的最低监管标准为不低于100%
   B. 净稳定资金比例是短期流动性指标
   C. 流动性覆盖率是合格优质流动性资产与未来180天现金净流出量之比
   D. 净稳定资金比例是可用的稳定资金与所需的稳定资金之比
   E. 净稳定资金比例的最低监管标准为不低于100%

【解析】B项，净稳定资金比例是长期流动性指标。C项，流动性覆盖率 = 合格优质流动性资产 ÷ 未来30天现金净流出量。

2. 下列关于以区域管理为主的总分行型组织架构的表述，正确的有(　　)。[2023年10月真题]
   A. 这种组织架构的优点是各职能部门对外部环境变化反应比较灵敏
   B. 总行、分行、支行等各级机构形成垂直管理体系
   C. 以分行为利润中心，总行向分行下达各项业务指标和利润指标，分行再分解到各附属支行
   D. 这种组织架构的缺点是各层级职能部门自成体系，横向信息沟通难度较大
   E. 总行、支行、分行设立若干履行指定职责的职能部门，行使相应的经营决策权、业务管理权、资源调整权和绩效考核权

【解析】A项，以区域管理为主的总分行型组织架构的缺点之一是：各职能部门受到既定职责的限制，对外部环境变化反应比较迟钝。

3. 从管理会计角度划分，可将银行组织架构分为(　　)。
   A. 成本中心　　B. 利润中心
   C. 事业部制组织架构　　D. 矩阵型组织架构
   E. 总分行型组织架构

【解析】商业银行根据不同的标准可以划分为不同的种类：①从企业法人角度划分，商业银行的组织架构可划分为统一法人制组织架构和多法人制组织架构；②从内部管理模式划分，商业银行的组织架构可划分为以区域管理为主的总分行型组织架构，以业务线管理为主的事业部制组织架构和矩阵型组织架构；③从管理会计角度划分，可将银行机构分为成本中心和利润中心两大类。

4. 下列对矩阵型组织架构的说法，正确的有(　　)。
   A. 在该架构下，纵向和横向都需要做大量的协调和沟通工作，管理成本高昂
   B. 在该架构下，若区域总部运作失灵，则可能对整个区域的业务发展产生严重影响
   C. 在该架构下，各区域总部之间竞争激烈，容易因争夺资源而发生内耗
   D. 在该架构下，不仅设立了若干区域总部，还设立了若干事业部

1ADE　2BCDE　3AB　4ABCD

E. 区域总部的事业部只接受区域总部领导人的领导，并不接受总行相同事业部领导人的领导

【解析】E 项，矩阵型组织架构的主要特点是：在总行和分支机构之间设立若干区域总部；总行与区域总部按相同序列设立若干事业部，区域总部的事业部接受区域总部领导人和总行相同事业部领导人的双重领导。

5. 流程银行的特征包括(　　)。

A. 以客户为中心

B. 以业务线垂直运作和管理为主

C. 前中后台相互分离、相互制约

D. 实施以业务单元横向为主的矩阵考核方式

E. 中后台集中式运作和管理

【解析】现代管理学研究表明，业务流程是银行的生命线。流程银行具有以下特征：①以客户为中心；②以业务线垂直运作和管理为主；③前中后台相互分离、相互制约，以流程落实内控；④实施以业务单元纵向为主的矩阵考核方式；⑤中后台集中式运作和管理；⑥业务流程实现信息化、自动化、标准化和智能化。

6. 下列关于定活比的说法，正确的有(　　)。

A. 定活比 = 定期存款/活期存款 × 100%

B. 是进行存款资金成本分析时最受关注的指标

C. 定活比高的银行相应的资金成本低

D. 活期存款的付息率低于定期存款

E. 定活比的结构对分析利率周期中银行的净息差变化有重要参考意义

【解析】C 项，由于活期存款的付息率低于定期存款，故定活比高的银行其相应的资金成本就更高。

7. 银行的非利息收入包括(　　)。

A. 收费收入　　B. 投资业务收入

C. 其他中间业务收入　　D. 债券投资收入

E. 贷款收入

【解析】收入结构主要表现为净利息收入与非利息收入。非利息收入主要包括收费收入、投资业务收入和其他中间业务收入等，它对资本消耗低，风险也易于控制。

8. 银行的效率指标包括(　　)。

A. 人均净利润　　B. 市盈率　　C. 成本收入比　　D. 市净率

E. 不良贷款率

【解析】BD 两项属于银行的市场指标；E 项属于银行的安全性指标。

9. 下列哪些指标可用来考核商业银行经营的安全性？(　　)

A. 不良贷款率　　B. 不良贷款拨备覆盖率

C. 净稳定资金比例　　D. 流动性覆盖率

5ABCE　6ABDE　7ABC　8AC　9AB

E. 流动性比例

【解析】CDE 三项是商业银行流动性分析指标。

10. 下列关于大额风险暴露集中度的说法，正确的是(　　)。

A. 大额风险暴露是指商业银行对单一客户或一组关联客户超过其一级资本净额 2.5% 的风险暴露

B. 对非同业单一客户的风险暴露不得超过一级资本净额的 20%

C. 对一组非同业关联客户的风险暴露不得超过一级资本净额的 20%

D. 对同业单一客户或集团客户的风险暴露不得超过一级资本净额的 25%

E. 全球系统重要性银行对另一家全球系统重要性银行的风险暴露不得超过一级资本净额的 15%

【解析】B 项，对非同业单一客户的风险暴露不得超过一级资本净额的 15%。

11. 下列哪些数据显示，甲银行能够保持较好流动性？(　　)

A. 甲商业银行流动性覆盖率为 35%

B. 甲商业银行净稳定资金比例为 130%

C. 甲商业银行流动性比例为 35%

D. 甲银行非利息收入占总营业收入的 50%

E. 甲银行人均净利润超出发达国家平均水平

【解析】A 项，流动性覆盖率的最低监管标准为不低于 100%；B 项，净稳定资金比例的最低监管标准为不低于 100%；C 项，流动性比例的最低监管标准为不低于 25%；D 项，非利息收入是结构指标；E 项，人均净利润是效率指标。

三、判断题(请对下列各题的描述做出判断，正确的用 A 表示，错误的用 B 表示)

1. 银行管理的基本指标包括规模指标、流动性指标、效率指标、内控指标等。(　　)

【解析】商业银行管理的基本指标包括规模指标、结构指标、效率指标、市场指标、安全性指标、流动性指标、客户集中度指标和盈利性指标，不包括内控指标。

2. 内部管理角度来看，我国商业银行组织架构的主流形式是采用以区域管理为主的总分行型组织架构。(　　)。[2019 年 10 月真题]

【解析】现代商业银行，尤其是大型商业银行，组织架构庞大而复杂，类型也有多种。从内部管理模式划分，商业银行的组织架构可划分为以区域管理为主的总分行型组织架构，以业务线管理为主的事业部制组织架构和矩阵型组织架构。我国商业银行组织架构的主流形式是采用以区域管理为主的总分行型组织架构。

3. 在实际管理中，特别是大型商业银行多根据行政区划将分支机构划分为一级分行、二级分行、县支行、网点(二级支行)等相应层级。(　　)

【解析】根据监管部门要求，国内银行可分为总行、分行和支行三个层级。但在实际管理中，特别是大型商业银行多根据行政区划将分支机构划分为一级分行、二级分行、县支行、网点(二级支行)等相应层级。

10ACDE　11BC　▎　1B　2A　3A

4. 国际上流程先进的商业银行大部分采用以业务线平行运作和管理为主的模式。(　　)

【解析】国际上流程先进的商业银行几乎无一例外地采用以业务线垂直运作和管理为主的模式，即总分行之间实行上下垂直的一体化的运行和管理，业务线具有相对独立的事权、人权和财权。

5. 银行市值的大小反映了银行经营效率的高低。(　　)

【解析】总市值等于发行总股份数乘以股票市价，它是衡量银行规模的重要综合性指标。

6. 不良贷款率是评价银行信贷资产安全状况的重要指标。(　　)

【解析】不良贷款率指银行不良贷款占总贷款余额的比重。不良贷款率是评价银行信贷资产安全状况的重要指标。不良贷款率高，说明收回贷款的风险大，反之说明收回贷款的风险小。

7. 拨贷比是衡量银行流动性的主要指标。(　　)

【解析】拨贷比是商业银行贷款损失准备与总贷款的比值，是银行的安全性指标。

8. 最大十家客户贷款比率 = 对最大十户借款客户贷款总额 ÷ 总资本收入 × 100%。(　　)

【解析】最大十家客户贷款比率 = 对最大十户借款客户贷款总额 ÷ 资本净额 × 100%。

9. 平均总资产回报率 = 净利润/净资产平均余额。(　　)

【解析】平均净资产回报率 = 净利润/净资产平均余额 × 100%；平均总资产回报率 = 净利润/总资产平均余额 × 100%。

10. 风险调整后资本回报率(RAROC)既考虑预期损失，也考虑非预期损失，更真实地反映了银行的收益水平。(　　)

【解析】风险调整后资本回报率(RAROC)在银行盈利能力分析中的应用日益广泛，它既考虑预期损失，也考虑非预期损失，更真实地反映了收益水平，在银行的实际收益与所承担的风险之间建立了直接联系，是银行进行价值管理的核心指标。

4B　5B　6A　7B　8B　9B　10A

第二章　公司治理、内部控制与合规管理

一、单选题(下列选项中只有一项最符合题目要求，请将正确选项的代码填入括号内)

1. 下列选项中，不属于商业银行内部审计目标的是(　　)。[2023年10月真题]

A. 确保发展战略和经营目标实现　　B. 促进建立并持续完善公司治理架构

C. 督促审计对象有效履职　　D. 推动法律法规和监管规则的落实

【解析】商业银行内部审计目标包括：①推动国家有关经济金融法律法规和监管规则的有效落实；②促进商业银行建立并持续完善有效的风险管理、内控合规和公司治理架构；③督促相关审计对象有效履职，共同实现本银行战略目标。

2. 根据《银行业金融机构绩效考评监管指引》，银行业金融机构绩效考评指标中经营效益类指标应以(　　)指标为核心。[2023年10月真题]

A. 净利息收入　　B. 总收入

C. 风险调整后收益　　D. 税后净收益

【解析】经营效益类指标用于评价银行业金融机构经营成果、经营效率和价值创造能力，包括利润指标、成本控制指标、风险调整后收益指标等。在经营效益类指标中，应当以风险调整后收益指标为核心。

3. 商业银行内部控制应遵循审慎性原则，坚持(　　)的理念。[2022年7月真题]

A. 内控为本、审慎经营　　B. 风险为本、审慎经营

C. 风险为本、效益优先　　D. 内控为本、效益优先

【解析】商业银行内部控制的审慎性原则是指，内部控制应当坚持风险为本、审慎经营的理念，设立机构或开办业务均应坚持内控优先。

4. (　　)负责要求董事、董事长及高级管理人员纠正其损害商业银行利益的行为并监督执行。[2022年7月真题]

A. 监事会　　B. 合规部门　　C. 内审部门　　D. 董事会

【解析】监事会是商业银行的内部监督机构，对股东大会负责。除依据《公司法》等法律法规和商业银行章程履行职责外，还应当重点监督评估本行的发展战略、经营决策、风险管理和内部控制，董事的选聘程序，全行薪酬管理制度及高级管理人员薪酬方案的科学性、合理性等。

5. 下列关于商业银行审计外包的说法，错误的是(　　)。[2022年7月真题]

A. 可将全部内部审计职能外包

B. 可将有限的、特定的内部审计活动外包给第三方

C. 不得将内部审计活动外包给近三年内为审计对象提供过与该项审计外包业务相关咨询服务的第三方及其关联机构

1A　2C　3B　4A　5A

D. 不得将内部审计活动外包给正在为本银行提供外部审计服务的会计师事务所及其关联机构

【解析】A 项，商业银行不得将内部审计职能外包，但可将有限的、特定的内部审计活动外包给第三方，以缓解内部审计资源压力并提升内部审计工作的全面性。

6. 董事会决议，必须经全体董事______以上通过，对利润分配方案等重大事项，应由董事会______以上董事通过方可有效。[2021 年 10 月真题]

A. 三分之一，半数　　B. 半数，三分之二

C. 半数，全体　　D. 三分之一，三分之二

【解析】董事会会议应当有商业银行全体董事过半数出席方可举行。董事会作出决议，必须经商业银行全体董事过半数通过；对利润分配方案、重大投资、重大资产处置方案、聘任或解聘高级管理人员、资本补充方案、重大股权变动以及财务重组等重大事项，应当由董事会三分之二以上董事通过方可有效。

7. 合规是商业银行所有员工的共同责任，并应从商业银行(　　)做起。[2019 年 6 月真题]

A. 全体员工　　B. 高层领导　　C. 基层员工　　D. 中层干部

【解析】合规是商业银行所有员工的共同责任，并应从商业银行高层做起。董事会和高级管理层应确定合规的基调，确立全员主动合规、合规创造价值等合规理念，在全行推行诚信与正直的职业操守和价值观念，提高全体员工的合规意识。

8. 负责对商业银行董事履职的综合评价，向银行业监督管理机构报告最终评价结果的是(　　)。[2018 年 10 月真题]

A. 监事会　　B. 董事会　　C. 股东大会　　D. 高级管理层

【解析】董事和监事是商业银行公司治理中的关键主体，能否充分发挥其履职的主动性与有效性将直接关系到商业银行公司治理的成效。对董事和监事的履职进行评价是督促其正确、积极履职，增强履职能力，提高决策科学性的有效手段。监事会负责对商业银行董事和监事履职的综合评价，向银行业监督管理机构报告最终评价结果并通报股东大会。

9. 高级管理人员绩效薪酬的(　　)以上应采取延期支付的方式，且延期支付期限一般不少于 3 年。[2018 年 10 月真题]

A. 40%　　B. 20%　　C. 25%　　D. 50%

【解析】商业银行高级管理人员以及对风险有重要影响岗位上的员工，其绩效薪酬的 40% 以上应采取延期支付的方式，且延期支付期限一般不少于 3 年，其中，主要高级管理人员绩效薪酬的延期支付比例应高于 50%。

10. 2008 年爆发的国际金融危机暴露出银行在公司治理方面存在许多缺陷。在此背景下，根据巴塞尔委员会于 2011 年 10 月发布的《加强银行公司治理的原则》，(　　)负责审核监督银行战略目标、风险战略、公司治理和企业价值的实施情况。[2018 年 10 月真题]

A. 股东大会　　B. 高管层　　C. 董事会　　D. 监事会

【解析】董事会对银行总体负责，包括审核监督银行战略目标、风险战略、公司治理和

6B　7B　8A　9A　10C

企业价值的实施情况，董事会同时应负责对高管层实施监督。

11. 下列表述符合商业银行合规风险管理目标的是(　　)。[2017 年 6 月真题]

A. 规避监管部门监管　　B. 确保依法合规经营

C. 规避法律监管　　D. 促进业务快速发展

【解析】合规风险管理是指银行有效识别和监控合规风险，主动预防违规行为发生的动态过程。合规管理的目标是通过建立健全合规风险管理框架，实现对合规风险的有效识别和管理，促进全面风险管理体系建设，确保依法合规经营。

12. 商业银行股东大会年会应当由董事会在每一会计年度结束后的(　　)召集和召开。[2016 年 11 月真题]

A. 一个月内　　B. 三个月内　　C. 两个月内　　D. 六个月内

【解析】股东大会会议包括年度会议和临时会议。股东大会年会应当由董事会在每一会计年度结束后六个月内召集和召开。

13. 上市商业银行的最高权力机构是(　　)。[2016 年 11 月真题]

A. 股东大会　　B. 监事会　　C. 董事会　　D. 行长办公会

【解析】股东大会是股东参与银行重大决策的一种组织形式，是上市商业银行的最高权力机构，是股东履行自己的责任、行使自己权利的机构与场所。

14. 董事会对(　　)负责。[2015 年 10 月真题]

A. 监事会　　B. 股东大会　　C. 高级管理层　　D. 合规部门

【解析】董事会职权由董事会集体行使，对股东大会负责，对商业银行经营和管理承担最终责任。

15. 下列选项中不属于商业银行合规风险管理基本制度的是(　　)。[2015 年 10 月真题]

A. 合规问责制度　　B. 合规绩效考核制度

C. 诚信举报制度　　D. 公平竞争制度

【解析】有利于合规风险管理的基本制度主要包括三项：①建立对管理人员合规绩效的考核制度，体现倡导合规和惩处违规的价值观念；②建立有效的合规问责制度，严格对违规行为的责任认定与追究，并采取有效的纠正措施，及时改进经营管理流程，适时修订相关政策、程序和操作指南；③建立诚信举报制度，鼓励员工举报违法、违反职业操守或可疑的行为，并充分保护举报人。

16. 下列关于内部控制措施的表述，错误的是(　　)。[2015 年 10 月真题]

A. 合理确定各项业务活动和管理活动的风险控制点，采取适当的控制措施，执行标准统一的业务流程和管理流程，确保规范运作

B. 建立相应的授权体系，明确各级机构、部门、岗位、人员办理业务和事项的权限，并实施动态调整

C. 明确哪些是重要岗位，对重要岗位人员实行轮岗或强制休假制度，不相容岗位人员之间可以轮岗

11B　12D　13A　14B　15D　16C

D. 建立健全内部控制制度体系，对各项业务活动和管理活动制定全面、系统、规范的业务制度和管理制度，并定期进行评估

【解析】内部控制措施是银行根据风险评估结果，采用相应的控制措施，将风险控制在可承受度之内。C 项，在岗位设置上，商业银行的内部控制措施要求明确哪些是重要岗位，并制定相应的内部控制要求；对重要岗位人员实行轮岗或强制休假制度，原则上不相容岗位人员之间不得轮岗。

17. 下列选项中不属于商业银行内部控制目标的是(　　)。[2015 年 10 月真题]

A. 确保业务记录、会计信息、财务信息和其他管理信息的及时、准确、真实和完整

B. 确保国家法律规定和商业银行内部规章制度的贯彻执行

C. 确保资产负债业务快速发展

D. 确保商业银行发展战略和经营目标的实现

【解析】商业银行内部控制的目标包括四个方面：①保证国家有关法律法规及规章的贯彻执行；②保证商业银行发展战略和经营目标的实现；③保证商业银行风险管理的有效性；④保证商业银行业务记录、会计信息、财务信息和其他管理信息的真实、准确、完整和及时。

18. 下列不属于商业银行合规管理体系基本要素的是(　　)。[2015 年 5 月真题]

A. 合规管理部门的组织结构和资源　　B. 银行盈利目标

C. 合规风险管理计划　　D. 合规政策

【解析】商业银行应建立与其经营范围、组织结构和业务规模相适应的合规风险管理体系。合规风险管理体系应包括以下基本要素：①合规政策；②合规管理部门的组织结构和资源；③合规风险管理计划；④合规风险识别和管理流程；⑤合规培训与教育制度。

19. 在商业银行公司治理中，负责具体执行董事会决策的是(　　)。[2014 年 11 月真题]

A. 董事会秘书　　B. 董事会办公室　　C. 高级管理层　　D. 董事

【解析】高级管理层根据商业银行章程及董事会授权开展经营管理活动，确保银行经营与董事会所制定批准的发展战略、风险偏好、其他各项政策相一致。高级管理层对董事会负责，同时接受监事会监督。

20. 下列不属于商业银行公司治理制衡机制的是(　　)。[2013 年 11 月真题]

A. 履职要求　　B. 职责边界　　C. 激励约束　　D. 组织架构

【解析】商业银行公司治理是指股东大会、董事会、监事会、高级管理层、股东及其他利益相关者之间的相互关系，包括组织架构、职责边界、履职要求等治理制衡机制，以及决策、执行、监督、激励约束等治理运行机制。

21. 商业银行监事会会议每年至少应当召开(　　)次。

A. 一　　B. 两　　C. 三　　D. 四

【解析】监事会是商业银行的内部监督机构，对股东大会负责。监事会会议每年度至少召开 4 次，监事会临时会议召开程序由商业银行章程规定。

17C　18B　19C　20C　21D

22. 下列不属于商业银行内部控制保障体系构成要素的是(　　)。

A. 授权管理　　B. 信息系统控制

C. 业务连续性管理　　D. 报告机制

【解析】健全的内部控制保障体系主要包括以下要素：信息系统控制、报告机制、业务连续性管理、人员管理、考评管理、内控文化。A 项属于商业银行的内部控制措施之一。

23. 下列关于合规管理的说法，不正确的是(　　)。

A. 合规，是指使商业银行的经营活动与法律、规则和准则相一致

B. 商业银行的经营活动违反了法律、规则和准则可能遭受合规风险

C. 商业银行应当设立专门负责合规管理职能的部门、团队或岗位

D. 商业银行因经营活动不合规造成声誉损失的风险不属于合规风险

【解析】合规风险，是指商业银行因没有遵循法律、规则和准则可能遭受法律制裁、监管处罚、重大财务损失和声誉损失的风险。

24. 有效风险管理要求银行内部就风险进行积极的内部沟通，不包括(　　)。

A. 组织机构间的沟通　　B. 向董事会的报告

C. 召开股东大会　　D. 向高管层的报告

【解析】有效风险管理要求银行内部就风险进行积极的内部沟通，包括组织机构间的沟通和向董事会、高管层的报告。董事会和高管层应有效运用内部审计、外部审计和内控部门的工作成果。

25. 下列选项中，(　　)不属于监事会的职责。

A. 监督并确保高级管理层有效履行管理职责

B. 对全行薪酬管理制度及高级管理人员薪酬方案进行监督

C. 重点监督评估本行的发展战略

D. 对股东大会负责

【解析】A 项属于董事会的职责。

26. 商业银行的薪酬机制应坚持一定的原则，不包括(　　)。

A. 薪酬水平与风险成本调整后的经营业绩相适应

B. 短期激励与长期激励相协调

C. 基本薪酬与银行公司治理要求相统一

D. 薪酬激励与银行竞争能力及银行持续能力建设相兼顾

【解析】薪酬机制一般应坚持以下原则：①薪酬机制与银行公司治理要求相统一；②薪酬激励与银行竞争能力及银行持续能力建设相兼顾；③薪酬水平与风险成本调整后的经营业绩相适应；④短期激励与长期激励相协调。C 项，基本薪酬只是薪酬中的一种。

27. 商业银行的基本薪酬一般不高于其薪酬总额的(　　)。

A. 15%　　B. 20%　　C. 35%　　D. 50%

【解析】固定薪酬即基本薪酬，是商业银行为保障员工基本生活而支付的基本报酬，包

22A　23D　24C　25A　26C　27C

括津补贴，主要根据员工在商业银行经营中的劳动投入、服务年限、所承担的经营责任及风险等因素确定。商业银行的基本薪酬一般不高于其薪酬总额的35%。

28. 主要高级管理人员绩效薪酬的延期支付比例应高于(　　)。

A. 20%　　B. 30%　　C. 40%　　D. 50%

【解析】商业银行高级管理人员以及对风险有重要影响岗位上的员工，其绩效薪酬的40%以上应采取延期支付的方式，且延期支付期限一般不少于3年，其中，主要高级管理人员绩效薪酬的延期支付比例应高于50%。

29. 商业银行应配备充足的内部审计人员，原则上不得少于员工总数的(　　)。

A. 1%　　B. 2%　　C. 3%　　D. 4%

【解析】商业银行应配备充足的内部审计人员，原则上不得少于员工总数的1%。审计人员应当具备履行内部审计职责所需的专业知识、职业技能和实践经验。

二、多选题(下列选项中有两项或两项以上符合题目要求，请将符合题目要求选项的代码填入括号内)

1. 商业银行内部控制应当遵循的基本原则有(　　)。[2023年6月真题]

A. 前瞻性原则　　B. 全覆盖原则　　C. 制衡性原则　　D. 相匹配原则

E. 审慎性原则

【解析】商业银行内部控制应当遵循以下基本原则：①全覆盖原则。内部控制应当贯穿决策、执行和监督全过程，覆盖各项业务流程和管理活动，覆盖所有的部门、岗位和人员。②制衡性原则。内部控制应当在治理结构、机构设置及权责分配、业务流程等方面形成相互制约、相互监督的机制。③审慎性原则。内部控制应当坚持风险为本、审慎经营的理念，设立机构或开办业务均应坚持内控优先。④相匹配原则。内部控制应当与管理模式、业务规模、产品复杂程度、风险状况等相适应，并根据情况变化及时进行调整。

2. 薪酬，是指商业银行为获得员工提供的服务和贡献而给予的报酬及其相关支出，包括(　　)。[2022年7月真题]

A. 基本薪酬　　B. 福利性收入　　C. 中长期激励　　D. 绩效薪酬

E. 客户支付的酬劳

【解析】薪酬是指商业银行为获得员工提供的服务和贡献而给予的报酬及其相关支出，包括基本薪酬、绩效薪酬、中长期激励、福利性收入等项下的货币和非现金的各种权益性支出。

3. 根据《银行业金融机构绩效考评监管指引》，银行业金融机构绩效考评指标应包括(　　)。[2022年7月真题]

A. 经营效益类指标　　B. 发展转型类指标

C. 合规经营类指标　　D. 风险管理类指标

E. 社会责任类指标

【解析】银行业金融机构绩效考评指标包括五大类：合规经营类指标、风险管理类指标、

28D　29A　▎　1BCDE　2ABCD　3ABCDE

经营效益类指标、发展转型类指标、社会责任类指标。

4. 商业银行公司治理组织架构的主体包括(　　)。[2021 年 6 月真题]

A. 高级管理层　　B. 监事会

C. 股东大会(股东会)　　D. 风险管理部门

E. 董事会

【解析】公司治理组织架构的主体包括股东大会、董事会、监事会和高级管理层(简称“三会一层”)。

5. 商业银行内部控制的目标包括(　　)。[2020 年 10 月真题]

A. 确保国家法律法规和商业银行内部规章制度的贯彻执行

B. 确保资产负债业务快速发展

C. 确保商业银行发展战略和经营目标的全面实施和充分实现

D. 确保业务记录、财务信息和其他管理信息的及时、真实和完整

E. 确保商业银行风险管理的有效性

【解析】内部控制是商业银行董事会、监事会、高级管理层和全体员工参与的，通过制定和实施系统化的制度、流程和方法，实现控制目标的动态过程和机制。商业银行内部控制的目标包括四个方面：①保证国家有关法律法规及规章的贯彻执行；②保证商业银行发展战略和经营目标的实现；③保证商业银行风险管理的有效性；④保证商业银行业务记录、会计信息、财务信息和其他管理信息的真实、准确、完整和及时。

6. 商业银行合规的“规”是指适用于银行业经营活动的(　　)。[2019 年 10 月真题]

A. 自律性组织的行业准则　　B. 监管部门规章

C. 法律、行政法规　　D. 监管部门规范性文件

E. 行为守则和职业操守

【解析】合规，是指使商业银行的经营活动与法律、规则和准则相一致。合规风险，是指商业银行因没有遵循法律、规则和准则可能遭受法律制裁、监管处罚、重大财务损失和声誉损失的风险。这里所称法律、规则和准则，是指适用于银行业经营活动的法律、行政法规、部门规章及其他规范性文件、经营规则、自律性组织的行业准则、行为守则和职业操守。

7. 良好公司治理是商业银行健康、可持续发展的基石。下列选项中，属于良好银行公司治理内容的有(　　)。[2018 年 10 月真题]

A. 科学的发展战略　　B. 有效的风险管理与内部控制

C. 清晰的职责边界　　D. 健全的组织架构

E. 合理的激励约束机制

【解析】良好银行公司治理应包括以下七个主要内容：①健全的组织架构；②清晰的职责边界；③科学的发展战略；④良好的价值准则与社会责任；⑤有效的风险管理与内部控制；⑥合理的激励约束机制；⑦完善的信息披露制度。

8. 对下列选项中，应当由董事会三分之二以上董事通过方可有效的有(　　)。[2016 年 11

4ABCE　5ACDE　6ABCDE　7ABCDE　8ABDE

月真题］

A. 利润分配方案　　B. 重大投资与重大资产处置方案

C. 风险管理政策　　D. 资本补充方案，重大股权变动

E. 聘任或解雇高级管理人员

【解析】董事会定期会议每年度至少召开4次，董事会临时会议的召开程序由商业银行章程规定。董事会会议应当有商业银行全体董事过半数出席方可举行。董事会作出决议，必须经商业银行全体董事过半数通过；对利润分配方案、薪酬方案、重大投资、重大资产处置方案、聘任或解聘高级管理人员、资本补充方案等重大事项，应当由董事会三分之二以上董事通过方可有效。

9. 商业银行的内部控制措施包括(　　)。［2014年6月真题］

A. 针对不同活动的特点，执行差异化的业务流程和管理流程

B. 建立健全内部控制制度体系

C. 形成规范的部门、岗位职责说明，明确相应的报告路线

D. 严格执行会计准则与制度，及时准确地反映各项业务交易，确保财务会计信息真实、可靠、完整

E. 建立有效的核对、监控制度

【解析】A项，商业银行应合理确定各项业务活动和管理活动的风险控制点，采取适当的控制措施，执行标准统一的业务流程和管理流程，确保规范运作。

10. 商业银行的工作人员中，属于高级管理层的有(　　)。

A. 总行行长　　B. 会计　　C. 副行长　　D. 财务负责人

E. 监管部门认定的其他高级管理人员

【解析】高级管理层由商业银行总行行长、副行长、财务负责人及监管部门认定的其他高级管理人员组成。高级管理层对董事会负责，同时接受监事会监督，依法在其职权范围内的经营管理活动不受股东和董事会不当干预。

11. 内部控制措施是银行根据风险评估结果，采用相应的控制措施，将风险控制在可承受度之内。商业银行的内部控制措施包括(　　)。

A. 信息系统　　B. 岗位设置　　C. 授权管理　　D. 内控制度

E. 外包管理

【解析】商业银行的内部控制措施主要包括：①内控制度；②风险识别；③信息系统；④岗位设置；⑤员工管理；⑥授权管理；⑦会计核算；⑧监控对账；⑨外包管理；⑩投诉处理。

12. 下列关于商业银行股东大会的说法，错误的有(　　)。

A. 是股东参与银行重大决策的一种组织形式

B. 股东大会会议包括年度会议、季度会议和临时会议

C. 是股东履行自己的责任、行使自己权利的机构与场所

D. 年会应当由董事会在每一会计年度结束后三个月内召集和召开

9BCDE　10ACDE　11ABCDE　12BD

E. 股东大会议事规则由商业银行董事会负责拟定，并经股东大会审议通过后执行

【解析】B 项，股东大会会议包括年度会议和临时会议；D 项，股东大会年会应当由董事会在每一会计年度结束后六个月内召集和召开。

13. 每年度至少召开 4 次的会议有(　　)。

A. 股东大会　　B. 董事会定期会议

C. 监事会会议　　D. 高级管理层例会

E. 临时会议

【解析】董事会定期会议、监事会会议每年度至少召开 4 次。股东大会会议包括年度会议和临时会议。股东大会年会应当由董事会在每一会计年度结束后六个月内召集和召开。

14. 商业银行的监事会由(　　)组成。

A. 职工代表出任的监事　　B. 股东大会选举的外部监事

C. 财务负责人　　D. 商业银行总行行长

E. 股东监事

【解析】监事会由职工代表出任的监事、股东大会选举的外部监事和股东监事组成。CD 两项属于高级管理层的成员。

15. 可变薪酬是商业银行薪酬结构之一，具体包括(　　)。

A. 津补贴　　B. 绩效薪酬　　C. 福利性收入　　D. 中长期各种激励

E. 基本薪酬

【解析】薪酬由固定薪酬、可变薪酬、福利性收入等构成，其中，可变薪酬包括绩效薪酬和中长期各种激励。固定薪酬即基本薪酬，包括津补贴。

16. 绩效考评结果的应用至少应当包括(　　)。

A. 评定等级行　　B. 确定管理授权

C. 分配信贷资源和财务费用　　D. 核定绩效薪酬总额

E. 评价高级管理人员和确定其绩效薪酬

【解析】银行业金融机构应当加强绩效考评结果的应用管理，建立科学合理的绩效考评结果挂钩机制。绩效考评结果的应用至少应当包括以下方面：①评定等级行；②确定管理授权；③分配信贷资源和财务费用；④核定绩效薪酬总额；⑤评价高级管理人员和确定其绩效薪酬。

17. 在从事内部审计活动时，下列哪些行为是不正确的？(　　)

A. 参与有利益关系的审计项目　　B. 利用职权谋取私利

C. 隐瞒审计发现的问题　　D. 不做缺少证据支持的判断

E. 不做误导性陈述

【解析】在从事内部审计活动时，应遵循客观、保密原则，不得参与有利益关系的审计项目，不得利用职权谋取私利，不得隐瞒审计发现的问题，不做缺少证据支持的判断，不做误导性陈述。

13BC　14ABE　15BD　16ABCDE　17ABC

18. 股东大会是股东履行自己的责任、行使自己权利的机构与场所。下列事项中，必须经出席会议的股东所持表决权的三分之二以上通过的有(　　)。

A. 股东大会作出决议　　B. 增加或者减少注册资本

C. 公司合并、分立、解散　　D. 变更公司形式

E. 修改公司章程

【解析】股东大会作出决议，必须经出席会议的股东所持表决权过半数通过。但下列事项必须经出席会议股东所持表决权三分之二以上通过：①公司增加或者减少注册资本；②发行公司债券或者公司上市；③公司合并、分立、解散、清算或者变更公司形式；④修改公司章程；⑤罢免独立董事；⑥审议批准股权激励计划方案；⑦法律法规、监管规定或者公司章程规定的，需要经出席会议股东所持表决权三分之二以上通过的其他事项。

三、判断题(请对下列各题的描述做出判断，正确的用 A 表示，错误的用 B 表示)

1. 对员工已经支付的绩效薪酬，即使该员工职责内的风险损失超常暴露，商业银行也无权追回相应期限内已发放的绩效薪酬。(　　)[2023 年 10 月真题]

【解析】商业银行应制定绩效薪酬延期追索、扣回规定，如在规定期限内其高级管理人员和相关员工职责内的风险损失超常暴露，商业银行有权将相应期限内已发放的绩效薪酬全部追回，并止付所有未支付部分。绩效薪酬延期追索、扣回规定应同样适用于离职人员。

2. 商业银行内部审计活动应遵循独立性、客观性原则，与业务经营、风险管理和内控合规等活动独立。(　　)[2021 年 10 月真题]

【解析】商业银行内部审计活动应遵循独立性、客观性原则，独立于业务经营、风险管理和内控合规等活动。

3. 商业银行董事会应监督合规政策的有效实施，以使合规缺陷得到及时有效的解决。(　　)[2015 年 5 月真题]

【解析】合规管理是商业银行一项核心的风险管理活动，董事会应监督合规政策的有效实施，以使合规缺陷得到及时有效的解决。

4. 银行的内控体系和风险管理部门具有有限的授权、地位、独立性。(　　)

【解析】银行应设立有效的内控体系和风险管理部门(包括首席风险官或类似职位)，并确保其获得充分的授权、地位、独立性、资源保障和向董事会报告的路径。

5. 银行对风险进行持续识别和监控需在集团层面进行，且风险管理和内控建设的成熟程度应随银行风险状况变化(包括规模扩张)和外部风险环境及时跟进。(　　)

【解析】银行应在集团层面和单个经营实体层面分别对风险进行持续识别和监控，风险管理和内控建设的成熟程度应随银行风险状况变化(包括规模扩张)和外部风险环境及时跟进。

6. 不同银行的福利性收入有所不同，对于福利性收入的管理，按各家银行的章程执

18BCDE　‖　1B　2A　3A　4B　5B　6B

行。(　　)

【解析】福利性收入包括商业银行为员工支付的社会保险费、住房公积金等。对于福利性收入的管理，按国家有关规定执行。

7. 绩效薪酬应全部根据经营情况和风险成本分期考核情况随基本薪酬一起支付。(　　)

【解析】绩效薪酬应合理确定一定比例，根据经营情况和风险成本分期考核情况随基本薪酬一起支付，剩余部分在财务年度结束后，根据年度考核结果支付。

8. 科学的绩效考评的特点之一是由以传统的财务指标为主转向以非财务指标为主。(　　)

【解析】科学的绩效考评具有四个特点：①由传统的财务指标转向财务与非财务指标(内控及合规等)并重；②由财务会计数据转向财务会计与管理会计信息并重；③由单一指标转向单一指标与综合指标(如风险调整后收益指标等)并重；④由高管和特殊岗位从业人员(如交易员)绩效考评转向个人与机构并重。

9. 根据内部审计的总体原则，商业银行应建立独立平行的内部审计体系。(　　)

【解析】根据内部审计的总体原则，商业银行应建立独立垂直的内部审计体系。

10. 商业银行可以将内部审计活动外包给正在为本银行提供外部审计服务的会计师事务所及其关联机构。(　　)

【解析】商业银行不得将内部审计职能外包，但可将有限的、特定的内部审计活动外包给第三方，以缓解内部审计资源压力并提升内部审计工作的全面性。商业银行不得将内部审计活动外包给正在为本银行提供外部审计服务的会计师事务所及其关联机构，不得外包给近三年内为审计对象提供过与该项审计外包业务相关咨询服务的第三方及其关联机构。

11. 商业银行关联方认定采取直接认定和实质重于形式认定相结合的方式。(　　)

【解析】关联方识别和认定采取直接认定和实质重于形式认定相结合的方式，合理界定关联方范围，层层穿透认定关联方。借鉴国内外通行做法，根据重要性和风险大小，对关键关联方采取直接认定方式，主要股东向上穿透至控股股东、实际控制人，向下穿透至其控制的法人，重点防范向股东输送利益风险。同时，将子公司纳入关联方，防范借道子公司进行利益输送风险。将有关联关系的商业银行纳入关联方，防范大股东通过隐性持股多家银行股份，套取银行资金的风险。

7B　8B　9B　10B　11A

第三章　商业银行资产负债管理

一、单选题(下列选项中只有一项最符合题目要求，请将正确选项的代码填入括号内)

1. 下列关于银行缺口管理的说法，错误的是(　　)。[2023 年 10 月真题]

A. 缺口管理具体是指根据对于未来利率变动趋势和收益率曲线形状的预期，改变资产和负债的缺口

B. 缺口管理仅针对浮动利率资产和负债，对固定利率的资产和负债不需要进行缺口管理

C. 当预期利率会上升时，要增加缺口(指浮动利率资产和负债之间的差额)

D. 缺口管理是利率风险管理的重要工具

【解析】缺口管理又称为利率敏感性缺口管理法，是利率风险管理的重要工具。具体是指根据对于未来利率变动趋势和收益率曲线形状的预期，改变资产和负债的缺口。简言之，当预期利率会上升时，增加缺口；反之亦然。这里所指的缺口是指浮动利率资产和负债之间的差额，但是当上述资产和负债中的某一项的利率为固定利率的时候，同样也需要进行缺口管理。

2. 银行资产负债管理的长期目标是(　　)。[2022 年 7 月真题]

A. 实现股权收益率(ROE)最大化

B. 实现经风险调整后的资本回报率(RAROC)最大化

C. 实现资产回报率(ROA)最大化

D. 实现净利息收益率(NIM)最大化

【解析】资产负债管理长期目标可概括为：从银行整体战略出发，建立符合现代商业银行要求的资产负债管理体系，强化资本约束，提高风险控制水平，加强业务经营引导和调控能力，统筹把握资产负债的总量和结构，促进流动性、安全性和效益性的协调统一，实现经济资本回报率(RAROC)最大化，进而持续提升股东价值回报。

3. 近期市场流动性较为紧张，很难融资或融资成本非常高。此时收益率曲线可能是(　　)。[2021 年 6 月真题]

A. 正向收益率曲线　　B. 驼峰收益率曲线

C. 一条水平线　　D. 反转收益率曲线

【解析】近期市场流动性紧张，引起短期融资成本高企，收益率曲线短期收益高于长期收益，即为反转形态，表示长期利率低于短期利率。

4. 商业银行经营管理的最基本原则是以______为基本前提，通过______实现银行价值的最大化。(　　)

A. 盈利性、流动性；安全性　　B. 安全性、流动性；盈利性

C. 风险性、流动性；盈利性　　D. 安全性、流动性；风险性

1B　2B　3D　4B

【解析】资产负债管理体现了商业银行经营管理的最基本原则，即以安全性、流动性为基本前提，通过盈利性实现银行价值的最大化。

5. 商业银行资产负债管理的对象和内涵呈现出(　　)的趋势。

A. 表内、本币、单一制　　B. 表内外、本外币、集团化

C. 表内外、本外币、单一制　　D. 表内、本币、集团化

【解析】在新的社会经济环境、新金融市场环境以及新的全球监管要求下，随着商业银行综合化经营范围的拓宽和国际化业务的推进，商业银行资产负债管理的对象和内涵也在不断扩充，呈现出“表内外、本外币、集团化”的趋势。

6. 在短期内，影响银行价值的主要变量是(　　)。

A. 净现金流量　　B. 总资产账面价值

C. 获取现金流量的时间　　D. 与现金流量相关的风险

【解析】在短期内，银行现金流量的可预测性较强，风险相对可控，获取现金流量的时间对价值影响也不大，因此，影响银行价值的主要变量是净现金流量。

7. 净利息收益率是净利息收入与(　　)之比。

A. 生息资产平均余额　　B. 总资产平均余额

C. 流动资产平均余额　　D. 净资产平均余额

【解析】由于资产收入扣除负债、成本后的净利息收入是银行净现金流量的主要构成项目，因而，目前银行业通常以净利息收入与生息资产平均余额之比，即净利息收益率(NIM，又称净息差)作为衡量短期资产负债效率的核心指标。

8. 商业银行的(　　)是商业银行资本管理、市值管理与风险管理理论的有效统一。

A. 资本管理　　B. 资产负债计划管理

C. 资产负债组合管理　　D. 定价管理

【解析】资产负债组合管理是商业银行资本管理、市值管理与风险管理理论的有效统一，是平衡资本配置与风险补偿、提高整体盈利能力的策略手段，是推动资产负债表结构优化、促进银行稳健发展的重要保证。

9. 资金管理的核心是建设(　　)。

A. 内部资金转移定价机制和全额资金管理体制

B. 外部产品定价机制和份额资金管理体制

C. 内部资金转移定价机制和份额资金管理体制

D. 外部产品定价机制和全额资金管理体制

【解析】资金管理的核心是建设内部资金转移定价机制和全额资金管理体制，建成以总行为中心，自下而上集中资金和自上而下配置资金的收支两条线、全额计价、集中调控、实时监测和控制全行资金流的现代商业银行司库体系。

10. 利用内部资金转移定价(FTP)核算资金收益或成本时，对负债而言是______，对资产而言是______。(　　)

5B　6A　7A　8C　9A　10A

A. 收益；成本　B. 成本；收益　C. 成本；成本　D. 收益；收益

【解析】内部资金转移定价(FTP)是指，商业银行内部资金中心与业务经营单位按照一定规则全额有偿转移资金，达到核算业务资金成本或收益等目的的一种内部经营管理模式。利用FTP核算资金收益或成本时，对负债而言是收益，对资产而言是成本。

11. 商业银行经济资本配置的作用主要体现在(　　)方面。

A. 资产管理和负债管理　B. 风险定价和绩效考核

C. 资本金管理和负债管理　D. 流动性管理和绩效考核

【解析】在商业银行资产负债管理中，经济资本作为一项重要工具，主要用于绩效考核和风险定价两个方面。

12. 下列关于商业银行经济资本的描述，错误的是(　　)。

A. 经济资本可以用于绩效考核

B. 经济资本可以用于风险定价

C. 通过对风险总量和结构进行调控，促进全行资源的优化配置

D. 经济资本应用是将以总资本为基础的风险收益匹配的理念贯彻落实到各项经营管理活动中

【解析】D项，经济资本应用的总体目标是通过建立有效的经济资本应用体系，将以经济资本为基础的风险收益匹配的理念贯彻落实到各项经营管理活动中，通过对风险总量和结构进行调控，促进全行资源的优化配置，提高经济资本回报。

13. (　　)表示期限相对较短的债券，利率与期限呈正向相关，期限较长的债券，利率与期限呈反向相关。

A. 水平收益率曲线　B. 驼峰收益率曲线

C. 正向收益率曲线　D. 反转收益率曲线

【解析】收益率曲线一般有四种典型形状：①水平收益率曲线基本呈一条水平线，表示长期利率与短期利率相等；②正向收益率曲线向上倾斜，表示长期利率高于短期利率；③反转收益率曲线向下倾斜，表示长期利率低于短期利率；④驼峰收益率曲线表示期限相对较短的债券，利率与期限呈正向相关，期限较长的债券，利率与期限呈反向相关。

14. 资产负债综合管理的核心策略是(　　)。

A. 表内资产负债匹配　B. 表外工具规避表内风险

C. 表内工具规避表外风险　D. 利用证券化剥离表内风险

【解析】表内资产负债匹配是资产负债综合管理的核心策略。商业银行执行该策略，即通过资产和负债的共同调整，协调表内资产和负债项目在期限、利率、风险和流动性等方面的搭配，尽可能使资产与负债达到规模对称、结构对称、期限对称，从而实现安全性、流动性和盈利性的统一。

二、多选题(下列选项中有两项或两项以上符合题目要求，请将符合题目要求选项的代码填入括号内)

11B　12D　13B　14A

1. 下列选项中，属于资产负债组合管理核心内容的是(　　)。[2022 年 7 月真题]

A. 资产负债匹配管理　　B. 资产组合管理

C. 负债组合管理　　D. 资本管理

E. 定价管理

【解析】资产负债组合管理是对银行资产负债表进行积极的管理，即在满足风险性、效益性、流动性协调平衡的基础上，通过优化资产负债表的组合配置结构，谋求收益水平的持续提高。资产负债组合管理包括资产组合管理、负债组合管理和资产负债匹配管理三个部分。

2. 以下关于内部资金转移定价(FTP)的说法，正确的有(　　)。[2022 年 7 月真题]

A. FTP 是指资金中心与业务单位之间发生的资金价格转移，而非外部的、银行与客户之间的价格

B. 利用 FTP 核算资金收益成本时，要核算清楚资产带来的收益，负债占用的成本

C. FTP 是商业银行内部资金中心与业务经营单位按照一定规则全额有偿转移资金

D. FTP 所指的资金中心是指虚拟的资金计价中心，并非日常所看到的实体资金交易部门

E. FTP 作为商业银行资产负债管理的重要工具，其主要用于公平绩效考核和剥离利率风险

【解析】利用 FTP 核算资金收益或成本时，对负债而言是收益，对资产而言是成本。实施 FTP 的目的之一，就是要核算清楚负债带来了多少收益，资产占用了多少成本。

3. 下列选项中，属于银行资产负债管理主要内容的有(　　)。[2019 年 10 月真题]

A. 资本管理　　B. 业务经营计划管理

C. 资金管理　　D. 定价管理

E. 资产负债计划管理

【解析】银行资产负债管理的构成内容包括：①资本管理；②资产负债组合管理；③资产负债计划管理；④定价管理；⑤银行账户利率风险管理；⑥资金管理；⑦流动性风险管理；⑧投融资业务管理；⑨汇率风险管理。

4. 收益率曲线是商业银行资产负债管理的重要工具，其用途主要包括(　　)。[2016 年 6 月真题]

A. 用于反映远期收益率水平的指标

B. 用于设定所有债务市场工具的收益率

C. 用于计算不同客户贷款的质量

D. 用于计算和比较各种期限安排的收益

E. 用于利率衍生工具的定价

【解析】收益率曲线表示债券的期限结构和收益率在某一既定时间存在的变化关系，不能用于计算不同客户贷款的质量。具体而言，收益率曲线主要有以下五个用途：①用于设定所有债务市场工具的收益率；②用于反映远期收益率水平的指标；③用于计算和比较各种期限安排的收益；④用于计算相似期限不同债券的相对价值；⑤用于利率衍生工具

1ABC　2ACDE　3ACDE　4ABDE

的定价。

5. 下列对资产负债管理目标的说法，正确的有(　　)。
   A. 短期管理目标以净利息收益率(NIM)为核心
   B. 净利息收益率(NIM)越高，蕴含的结构风险可能越低
   C. 经济资本回报率(RAROC)是长期管理指标
   D. 经济资本回报率(RAROC)衡量了资本的使用效率
   E. 实现经济资本回报率(RAROC)最大化是长期管理目标

   【解析】B 项，净利息收益率(NIM)越高，蕴含的结构风险可能也相应较高。

6. 下列关于缺口管理的说法，正确的有(　　)。
   A. 当预期利率会上升时，增加缺口
   B. 当预期利率会上升时，减小缺口
   C. 缺口是指浮动利率资产和负债之间的差额
   D. 缺口是指固定利率资产和负债之间的差额
   E. 当资产和负债中的某一项的利率为固定利率的时候，不需要进行缺口管理

   【解析】缺口管理又称为利率敏感性缺口管理法，是利率风险管理的重要工具，具体是指根据对于未来利率变动趋势和收益率曲线形状的预期，改变资产和负债的缺口。简而言之，当预期利率会上升时，增加缺口；反之亦然。这里所指的缺口是指浮动利率资产和负债之间的差额，但是当上述资产和负债中的某一项的利率为固定利率的时候，同样也需要进行缺口管理。

7. 内部资金转移定价是指，商业银行内部资金中心与业务经营单位按照一定规则全额有偿转移资金，达到核算业务资金成本或收益等目的的一种内部经营管理模式。其中(　　)。
   A. “内部”包括银行与客户之间的价格
   B. 资金中心是指日常所看到的实体资金交易部门
   C. 一定规则是指根据资金的期限及利率属性确定的定价方法
   D. 全额是指对每一笔提供或占用资金的业务，在其发生的当天，根据期限及利率属性进行逐笔计价
   E. 实施 FTP 的目的之一，就是要核算清楚负债带来了多少收益，资产占用了多少成本

   【解析】A 项，内部是指资金中心与业务单位之间发生的资金价格转移，而非外部的、银行与客户之间的价格；B 项，资金中心是指虚拟的资金计价中心，并非日常所看到的实体资金交易部门。

8. 商业银行资产负债管理工具包括(　　)。
   A. 收益率曲线　　B. 久期管理
   C. 内部资金转移定价　　D. 经济资本
   E. 资产证券化

   【解析】除 ABCDE 五项外，商业银行资产负债管理工具还包括缺口管理等。

5ACDE　6AC　7CDE　8ABCDE

三、**判断题**(请对下列各题的描述做出判断，正确的用A表示，错误的用B表示)

1. 久期可表示为利率变动1%时，导致资产负债净值变动的百分比。(　　)

   【解析】久期是用于衡量资产负债价值对于利率水平变化的敏感度的一项指标，可表示为利率变动1%时，导致资产负债净值变动的百分比。

2. 证券化是商业银行被动资产负债管理的重要工具。(　　)

   【解析】证券化是指银行发现资产负债表中资产的额外价值并将其从资产负债表中全部移除，以便为信贷业务腾挪空间的过程。证券化是商业银行主动资产负债管理的重要工具，其主要优点是可以通过出售资产节约或减低资本费用，还可以给发行银行带来额外的收入。

3. 对于发达国家的国际大型商业银行，利用表外工具规避风险已成为其风险管理的重要组成部分。(　　)

   【解析】对于发达国家的国际大型商业银行，利用表外工具规避风险已成为其风险管理的重要组成部分，一方面，其利用利率、汇率衍生工具来对冲市场风险，另一方面，其利用信用违约互换(CDS)等信用衍生工具来对冲信用风险。

1A　2B　3A

第四章　资本管理

一、单选题(下列选项中只有一项最符合题目要求，请将正确选项的代码填入括号内)

1. 根据第三版巴塞尔资本协议，商业银行的杠杆率不得低于(　　)。[2023年10月真题]

A. 6%　　B. 5%　　C. 3%　　D. 4%

【解析】杠杆率监管指标基于规模计算(该指标采用一级资本作为分子，所有表内外风险暴露作为分母)，与具体资产风险无关，以此控制商业银行资产规模的过度扩张，并作为资本充足率的补充指标。杠杆率不得低于3%。

2. 下列不能提高商业银行资本充足率的是(　　)。[2023年6月真题]

A. 增加二级资本　　B. 新设分支机构

C. 降低风险加权资产　　D. 转让贷款

【解析】商业银行要提高资本充足率，主要有两个途径：一是增加资本；二是降低总的风险加权资产。前者称为分子对策，后者称为分母对策。

3. 根据《商业银行资本管理办法》的规定，商业银行资本规划应至少设定内部资本充足率(　　)目标。[2022年7月真题]

A. 1年　　B. 4年　　C. 2年　　D. 3年

【解析】资本规划是银行根据各项内、外部约束，量身定做的一套兼顾当期及未来资本充足率要求、发展目标和管理需要的关于整体资本需求和补充的计划。从商业银行自身角度看，基于当前及未来的资本需求和资本可获得性制定资本规划，有助于确保资本水平长期稳定及经营发展的稳健性。根据《商业银行资本管理办法》的规定，商业银行资本规划应至少设定内部资本充足率三年目标。

4. 下列关于账面资本、监管资本、经济资本的表述，错误的是(　　)。[2022年7月真题]

A. 监管资本是银行按照监管要求应当持有的最低资本量

B. 经济资本反应的是银行实际持有的资本

C. 经济资本已经成为先进银行广泛应用的管理工具

D. 账面资本是银行资本金的静态反映

【解析】B项，账面资本反映了银行实际拥有的资本水平，是银行资本金的静态反映。

5. 当商业银行面临危机时，下列选项对改善银行资本充足率起到立竿见影措施的是(　　)。[2022年7月真题]

A. 调整资产结构　　B. 缩小资产规模

C. 采用资本计量高级方法　　D. 发行普通股

【解析】降低规模和调整结构是商业银行提高资本充足率的分母对策主要采用的两种措施。其中，降低规模即银行缩小总体的资产规模，这种方法在提高资本充足率方面能够

1C　2B　3D　4B　5B

起到立竿见影的效果。

6. 下列选项中，属于银行可以直接利用的资本是(　　)。[2020 年 10 月真题]

A. 监管资本　　B. 经济资本　　C. 商品资本　　D. 会计资本

【解析】银行常用的资本概念主要包括：①账面资本，又称为会计资本，其金额等于资产减去负债后的余额，账面资本反映了银行实际拥有的资本水平，是银行可以直接利用的资本。②监管资本，它涉及两个层次的概念：一是银行实际持有的符合监管规定的合格资本；二是银行按照监管要求应当持有的最低资本量或最低资本要求。③经济资本，它是根据银行资产的风险程度计算出来的虚拟资本，即银行所“需要”的资本，或“应该持有”的资本，而不是银行实实在在拥有的资本。

7. 下列关于商业银行经济资本分配的表述，错误的是(　　)。[2019 年 6 月真题]

A. 经济资本的分配应综合考虑各管理维度的经济资本占用和风险回报

B. 进行经济资本分配的目标是使银行各业务单元的收益与风险相匹配，保证经济资本被分配到使用效率最高的业务领域

C. 经济资本的分配应以利润为导向，会计利润高、规模占比大的机构应该分配更多的经济资本

D. 经济资本的分配实质上是对风险的分配，即明确某一个经营机构、业务或产品所能承受的最大的风险

【解析】C 项，对于商业银行而言，银行需要合理地进行经济资本分配，实现风险调整后的收益最大化。原则上“报价”高、风险管理水平高的业务单元可获得较多的经济资本。

8. 银行监管机构为了促进商业银行审慎经营、维持金融体系稳定而规定的银行必须持有足够的合格资本称为(　　)。[2018 年 10 月真题]

A. 账面资本　　B. 会计资本　　C. 监管资本　　D. 经济资本

【解析】监管资本涉及两个层次的概念：一是银行实际持有的符合监管规定的合格资本；二是银行按照监管要求应当持有的最低资本量或最低资本要求。为了保护存款人利益，促进银行审慎经营，维持金融体系稳定，要求银行持有足够的合格资本能够覆盖其所面临的风险水平。

9. 根据我国《商业银行资本管理办法》，符合条件的优先股属于(　　)。[2016 年 11 月真题]

A. 资本扣除项　　B. 核心一级资本　　C. 其他一级资本　　D. 二级资本

【解析】其他一级资本与核心一级资本相比，承担风险和吸收损失的能力相对差一些，主要包括：其他一级资本工具及其溢价，少数股东资本可计入部分。在银行实践中，其他一级资本主要包括符合条件的优先股、永续债等。

10. 下列选项中不属于第二版巴塞尔协议第一支柱覆盖的风险是(　　)。[2015 年 10 月真题]

A. 操作风险　　B. 声誉风险　　C. 信用风险　　D. 市场风险

【解析】第二版巴塞尔资本协议的第一支柱是最低资本要求。明确商业银行总资本充足

6D　7C　8C　9C　10B

率不得低于8%，核心资本充足率不得低于4%，资本要全面覆盖信用风险、市场风险和操作风险。

11. 下列关于第二版巴塞尔资本协议中的第三支柱的表述，正确的是(　　)。[2015年10月真题]

A. 通过市场力量约束银行　　B. 运用主要靠道德力量

C. 银行必须披露所有客户信息　　D. 由监管部门主导约束银行

【解析】第二版巴塞尔资本协议中的第三支柱为市场纪律，又称市场约束、信息披露，是对第一支柱和第二支柱的补充。第三支柱要求银行通过建立一套披露机制，以便于股东、存款人、债权人等市场参与者了解和评价银行有关资本、风险、风险评估程序以及资本充足率等重要信息，通过市场力量来约束银行行为，驱动银行不断强化自身管理。

12. 下列不属于第二版巴塞尔资本协议资本监管“三大支柱”的是(　　)。[2021年10月真题]

A. 监督检查　　B. 市场约束　　C. MPA监管考核　　D. 最低资本要求

【解析】《巴塞尔协议Ⅱ》构建了“三大支柱”的监管框架，扩大了资本覆盖风险的种类，改革了风险加权资产的计算方法。第一支柱：最低资本要求。第二支柱：监督检查。第三支柱：市场纪律，又称市场约束、信息披露。

13. 描述在一定的置信度水平下，为了应对未来一定期限内资产的非预期损失而应该持有或需要的资本金是(　　)。[2014年11月真题]

A. 核心资本　　B. 会计资本　　C. 监管资本　　D. 经济资本

【解析】经济资本是描述在一定的置信度水平下，为了应对未来一定期限内资产的非预期损失而应该持有或需要的资本金。经济资本是根据银行资产的风险程度计算出来的虚拟资本，即银行所“需要”的资本，或“应该持有”的资本，而不是银行实实在在拥有的资本。经济资本本质上是一个风险概念，因而又称为风险资本。

14. 根据银行资产的风险程度计算出来的虚拟资本为(　　)。[2013年11月真题]

A. 最低注册资本　　B. 会计资本　　C. 经济资本　　D. 监管资本

【解析】经济资本是描述在一定的置信度水平下(如99%)，为了应对未来一定期限内资产的非预期损失而应该持有或需要的资本金。经济资本是根据银行资产的风险程度计算出来的虚拟资本，即银行所“需要”的资本，或“应该持有”的资本，而不是银行实实在在拥有的资本。

15. 在第三版巴塞尔协议中，新引入的用来反映商业银行长期流动性水平的指标是(　　)。[2013年11月真题]

A. 流动性缺口率　　B. 核心负债比例

C. 净稳定资金比率　　D. 流动性覆盖比率

【解析】第三版巴塞尔资本协议提出了两个流动性量化监管指标：①流动性覆盖率(LCR)，用于衡量在短期压力情景下(30日内)单个银行的流动性状况；②净稳定资金比率(NSFR)，用于度量中长期内银行可供使用的稳定资金来源能否支持其资产业务的

11A　12C　13D　14C　15C

发展。在正常情况下，商业银行的流动性覆盖率和净稳定资金比率都不得低于100%。

16. 根据《商业银行资本管理办法》，我国商业银行一级资本充足率的最低要求为(　　)。[2013年11月真题]

A. 6%　　B. 4.5%　　C. 5%　　D. 3%

【解析】根据《商业银行资本管理办法》，商业银行各级资本充足率不得低于如下最低要求：①核心一级资本充足率不得低于5%。②一级资本充足率不得低于6%。③资本充足率不得低于8%。商业银行应在最低资本要求的基础上计提储备资本。储备资本要求为风险加权资产的2.5%，由核心一级资本来满足。国家金融监督管理总局有权根据宏观经济金融形势、银行业整体风险状况以及单家银行经营管理和风险水平等情况，对储备资本要求进行调整。商业银行应在最低资本要求和储备资本要求之上计提逆周期资本。逆周期资本的计提与运用规则由中国人民银行会同国家金融监督管理总局另行规定。

17. 与一般企业相比，商业银行的突出特点是(　　)。[2013年11月真题]

A. 低负债经营　　B. 全负债经营　　C. 中负债经营　　D. 高负债经营

【解析】与其他一般企业相比，银行的突出特点是高负债经营，融资杠杆率很高，资本所占比重较低，承担的风险较大，因此资本所肩负的责任和发挥的作用更为重要。

18. 按照第一版巴塞尔资本协议，商业银行的核心资本不包括(　　)。[2010年5月真题]

A. 资本公积　　B. 盈余公积　　C. 次级债务　　D. 留存利润

【解析】第一版巴塞尔资本协议提出了两个层次的资本：核心资本和附属资本。核心资本主要包括实收资本(或普通股)、公开储备(资本公积、盈余公积、留存利润、股票发行溢价)。

19. 下列选项中，不属于商业银行附属资本的是(　　)。[2009年10月真题]

A. 非公开储备　　B. 实收资本　　C. 重估储备　　D. 混合资本债券

【解析】第一版巴塞尔资本协议提出了两个层次的资本：核心资本和附属资本。附属资本主要包括非公开储备、重估储备、普通准备金、混合资本工具和长期次级债务等。

20. 银行资本发挥的作用比一般企业资本发挥的作用更为重要，下列不属于银行资本作用的是(　　)。[2009年10月真题]

A. 避免损失　　B. 维持市场信心

C. 限制业务过度扩张　　D. 满足银行正常经营对资金的需要

【解析】银行资本的作用主要表现在以下几方面：①为银行提供融资，资本既是银行维持日常运营的资金来源，也为银行发放贷款和其他投资提供资金；②吸收和消化损失，资本金承担着吸收损失的第一资金来源；③限制业务过度扩张；④维持市场信心。

21. 若某银行风险加权资产为10000亿元，若不考虑扣除项因素，则根据《巴塞尔新资本协议》，其资本不得______亿元，核心资本不得______亿元。(　　)

A. 低于400；低于800　　B. 低于800；低于400

16A　17D　18C　19B　20A　21B

C. 高于400；高于800　　　　　　D. 高于800；高于400

【解析】《巴塞尔新资本协议》明确商业银行总资本充足率不得低于8%，核心资本充足率不得低于4%。因此，若风险加权总资产为10000亿元，则资本不得低于10000×8%=800(亿元)，核心资本不得低于10000×4%=400(亿元)。

22. 下列关于第三版巴塞尔资本协议的说法错误的是(　　)。

A. 引入了杠杆率监管标准

B. 界定并区分一级资本和二级资本的功能，强调优先股在一级资本中的主导地位

C. 增强风险加权资产计量的审慎性

D. 提高了资本充足率监管标准

【解析】第三版巴塞尔资本协议界定并区分一级资本和二级资本的功能：一级资本应能够在银行持续经营条件下吸收损失，其中普通股(含留存收益)应在一级资本中占主导地位；二级资本仅在银行破产清算条件下承担损失。

23. 其他一级资本包括(　　)。

A. 普通股　　B. 永续债　　C. 实收资本　　D. 盈余公积

【解析】其他一级资本与核心一级资本相比，承担风险和吸收损失的能力相对差一些，主要包括：其他一级资本工具及其溢价，少数股东资本可计入部分。在银行实践中，其他一级资本主要包括符合条件的优先股、永续债等。ACD三项均属于核心一级资本。

24. 下列不属于增加商业银行二级资本方法的是(　　)。

A. 发行可转换债券　　　　B. 提高超额贷款损失准备

C. 发行长期次级债券　　　　D. 提高留存利润

【解析】在银行实践中，二级资本工具主要包括符合条件的次级债、可转债及符合条件的超额贷款损失准备金等，故ABC三项均可以增加商业银行二级资本。D项，留存利润属于一级资本，故属于增加核心资本的方法。

25. (　　)是银行增加一级资本最便捷的方式。

A. 发行普通股　　B. 发行优先股　　C. 留存利润　　D. 次级债券

【解析】一级资本的来源最常用的方式是发行普通股和提高留存利润。普通股是银行核心一级资本主要内容，但发行普通股成本通常较高，且银行不能经常采用；留存利润是银行增加一级资本最便捷的方式，相对于发行股票来说，其成本相对要低得多。

26. 对风险管理水平高、资产结构合理的商业银行而言，采用(　　)能够适度降低风险加权资产、节约资本。

A. 权重法　　　　B. 蒙特卡洛模拟法

C. 资本计量的高级方法　　　　D. 标准法

【解析】与权重法相比，资本计量的高级方法(如信用风险内部评级法)能更加敏感、准确地反映风险，对风险管理水平高、资产结构合理的商业银行而言，采用资本计量的高级方法后能够适度降低风险加权资产、节约资本。

22B　23B　24D　25C　26C

27. 计量信用风险经济资本过程中，银行需要考虑的因素不包括(　　)。

A. 违约风险暴露　B. 相关性　C. 置信度　D. 经济增加值

【解析】在计量信用风险经济资本过程中，银行通常需要考虑以下要素：①违约概率、损失程度与违约风险暴露；②时间范围；③置信水平；④相关性。D 项，经济增加值是国际上主流商业银行的风险绩效评价方法之一。

28. 对风险厌恶型银行来说，通常选择的置信水平相对______，因此计量得出的经济资本就______。(　　)

A. 较低；较小　B. 较高；较小　C. 较低；较大　D. 较高；较大

【解析】置信水平(又叫置信度)是一个事先确定的概率，用于表述突破这个概率时银行面临的损失大小。置信水平与银行风险偏好有关，对风险厌恶型银行来说，通常选择的置信水平就相对较高，因此计量得出的经济资本就较大。

二、多选题(下列选项中有两项或两项以上符合题目要求，请将符合题目要求选项的代码填入括号内)

1. 下列关于会计资本、监管资本和经济资本的表述，正确的有(　　)。[2022 年 7 月真题]

A. 会计资本应当不小于体现实际风险水平的经济资本

B. 经济资本是一种完全取决于银行盈利大小的资本

C. 监管资本是经济资本

D. 经济资本也称为风险资本

E. 经济资本是银行内部管理工具

【解析】B 项，经济资本是根据银行资产的风险程度计算出来的虚拟资本，即银行所“需要”的资本，或“应该持有”的资本，而不是银行实实在在拥有的资本。C 项，监管资本涉及两个层次的概念：一是银行实际持有的符合监管规定的合格资本；二是银行按照监管要求应当持有的最低资本量或最低资本要求。

2. 下列关于商业银行会计资本的表述，正确的有(　　)。[2021 年 10 月真题]

A. 会计资本与银行的实际风险密切相关

B. 也被称为账面资本

C. 等于银行资产负债表中资产减去负债后的余额，即所有者权益

D. 反映商业银行应该拥有的资本水平

E. 是对银行资本的动态反映

【解析】ADE 三项，会计资本又称为账面资本，反映了银行实际拥有的资本水平，是银行资本金的静态反映，而不是应该拥有的资本水平。因此，会计资本与银行面对的实际风险并无关联。

3. 以下关于商业银行内部资本评估程序应实现的目标的表述，正确的有(　　)。[2020 年 10 月真题]

A. 确保主要风险得到识别、计量或评估、监测和报告

B. 在经营情况、风险状况和外部环境有所变化时不得调整和更新

27D　28D　▍　1ADE　2BC　3AE

C. 第二支柱要求商业银行建立完善的风险管理框架和稳健的内部资本评估程序，至少每半年实施一次

D. 确保资本规划与银行经营、风险变化趋势及月度经营计划相匹配

E. 确保资本水平与风险偏好及风险管理水平相适应

【解析】AE 两项是商业银行内部资本评估程序应实现的目标；B 项，在经营情况、风险状况和外部环境发生重大变化时，应及时进行调整和更新；C 项，第二支柱明确要求商业银行应当建立完善的风险管理框架和稳健的内部资本充足评估程序，应至少每年实施一次；D 项，商业银行内部资本评估程序应确保资本规划与银行经营状况、风险变化趋势及长期发展战略相匹配。

4. 根据《商业银行资本管理办法》的规定，下列选项中，属于核心一级资本的有（　　）。[2015 年 10 月真题]

A. 盈余公积　　B. 一般风险准备

C. 实收资本或普通股　　D. 未分配利润

E. 资本公积

【解析】核心一级资本是银行资本中最核心的部分，承担风险和吸收损失的能力也最强。核心一级资本主要包括以下七个部分：①实收资本或普通股；②资本公积；③盈余公积；④一般风险准备；⑤未分配利润；⑥累计其他综合收益；⑦少数股东资本可计入部分。

5. 根据《商业银行资本管理办法》，我国商业银行计算资本充足率时，应当从核心一级资本中全额扣除的项目包括（　　）。[2015 年 5 月真题]

A. 商誉　　B. 土地使用权

C. 贷款损失准备缺口　　D. 盈余公积

E. 由经营亏损引起的净递延税资产

【解析】计算资本充足率时，商业银行应当从核心一级资本中全额扣除一些不具备损失吸收能力的项目，主要包括商誉、其他无形资产（土地使用权除外），由经营亏损引起的净递延税资产、贷款损失准备缺口等。

6. 下列关于《商业银行资本管理办法》的表述中，错误的有（　　）。[2014 年 6 月真题]

A. 要求我国商业银行一级资本充足率不低于 10.5%

B. 商业银行应在最低资本要求和储备资本要求之上计提逆周期资本

C. 储备资本要求为风险加权资产的 2.5%，由核心一级资本来满足

D. 将商业银行资本充足率监管要求分为最低资本要求，储备资本要求和逆周期资本要求

E. 要求我国商业银行核心一级资本充足率不低于 8%

【解析】AE 两项，《资本办法》要求一级资本充足率不得低于 6%，核心一级资本充足率不得低于 5%，资本充足率不得低于 8%；D 项，《资本办法》将商业银行资本充足率监管要求分为四个层次：最低资本要求、储备资本要求和逆周期资本要求、系统重要性银行附加资本要求和第二支柱资本要求。

4ABCDE　5ACE　6ADE

7. 根据《商业银行资本管理办法》，我国商业银行监管资本包括(　　)。[2013 年 11 月真题]

A. 补充资本　　B. 二级资本　　C. 其他一级资本　　D. 核心一级资本

E. 附属资本

【解析】根据《商业银行资本管理办法》，资本充足率是指商业银行持有的符合监管规定的资本与风险加权资产之间的比率。其中，商业银行总资本包括核心一级资本、其他一级资本和二级资本；风险加权资产包括信用风险加权资产、市场风险加权资产和操作风险加权资产。

8. 2004 年《巴塞尔新资本协议》的主要内容有(　　)。[2012 年 6 月真题]

A. 构建了"三大支柱"的监管框架　　B. 扩大了资本覆盖风险的种类

C. 将资产分为不同风险档次　　D. 将表外授信业务纳入资本监督

E. 改革了风险加权资产的计算方法

【解析】2004 年，巴塞尔委员会发布了《统一资本计量和资本标准的国际协议：修订框架》(即第二版巴塞尔资本协议，也称为巴塞尔新资本协议)。与第一版巴塞尔资本协议不同的是，2004 年《巴塞尔新资本协议》构建了"三大支柱"的监管框架，扩大了资本覆盖风险的种类，改革了风险加权资产的计算方法。

9. 我国商业银行的会计资本包括(　　)。

A. 实收资本　　B. 盈余公积　　C. 未分配利润　　D. 商誉

E. 可转换债券

【解析】会计资本，也称为账面资本，属于会计学概念，是指商业银行持股人的永久性资本投入，即出资人在商业银行资产中享有的经济利益，其金额等于资产减去负债后的余额，包括实收资本或普通股、资本公积、盈余公积、未分配利润等。D 项，商誉属于不具有吸收损失功能的账面资本；E 项，可转换债券不属于会计角度的内容。

10. 经济资本是可以根据不同角度来区分的银行资本，它是(　　)。

A. 银行实实在在拥有的资本　　B. 资产减去负债后的余额

C. 银行需要保有的最低资本量　　D. 是银行的一种内部管理工具

E. 维持金融体系稳定必须持有的资本

【解析】A 项，经济资本是根据银行资产的风险程度计算出来的虚拟资本，即银行所"需要"的资本，或"应该持有"的资本，而不是银行实实在在拥有的资本；B 项，资产减去负债后的余额是会计资本，也称账面资本；E 项，维持金融体系稳定必须持有的资本是监管资本。

11. 商业银行提高资本充足率的方法有(　　)。

A. 降低风险加权资产的总量　　B. 提高留存利润

C. 多计提超额贷款损失准备　　D. 发行减记型资本债券

E. 收购上市公司

【解析】商业银行要提高资本充足率，主要有两个途径：①分子对策，即增加资本。商业银行提高资本充足率的分子对策，包括增加一级资本和二级资本。一级资本的来源

7BCD　8ABE　9ABC　10CD　11ABCD

最常用的方式是发行普通股和提高留存利润。二级资本主要来源于超额贷款损失准备、次级债券、可转换债券等。②分母对策，即降低总的风险加权资产。商业银行提高资本充足率的分母对策，总体的思路是降低风险加权资产的总量，包括分别降低信用风险、市场风险和操作风险的资本要求。本题中，A 项为分母对策；BCD 三项为分子对策。

12. 商业银行内部资本评估程序的目标有(　　)。

A. 确保主要风险得到识别、计量或评估、监测和报告

B. 确保资本水平与风险偏好及风险管理水平相适应

C. 确保资本规划与银行经营状况、风险变化趋势及长期发展战略相匹配

D. 确保在持续经营前提下吸收损失

E. 确保目标资本水平与业务发展战略、风险偏好、风险管理水平和外部经营环境相适应

【解析】D 项，一级资本工具的目标是在持续经营的前提下吸收损失；E 项是资本规划的目标。

13. 资本规划的制定要统筹考虑银行的资本需求与供给情况，在资本供给方面，应考虑(　　)。

A. 资产质量

B. 各种资本补充来源的长期可持续性

C. 利润增长

D. 资本市场的波动性

E. 不同压力条件下的资本需求和资本可获得性

【解析】资本规划的制定要统筹考虑银行的资本需求与供给情况。在资本供给方面，应考虑各种资本补充来源的长期可持续性，优先考虑补充核心一级资本，增强内部资本积累能力，完善资本结构，提高资本质量；此外，还需要通过严格和前瞻性的压力测试，测算不同压力条件下的资本需求和资本可获得性，并制订资本应急预案以满足计划外的资本需求，确保银行具备充足资本应对不利的市场条件变化。ACD 三项属于资本需求方面应考虑的内容。

14. 关于经济增加值，下列说法错误的有(　　)。

A. 也称经济利润

B. 经济增加值 = 经风险调整后税后净利润/经济资本

C. 能够比较客观地反映商业银行在一定时期内为所有者创造的价值

D. 已成为国际通用的银行业风险收益评价方法

E. 最核心的特点是考虑机会成本

【解析】B 项，经济增加值 = 税后净营业利润 - 经济资本 × 资本成本；D 项，风险调整后的资本回报率(RAROC)已成为国际通用的银行业风险收益评价方法。

15. 下列关于风险绩效考核的说法正确的有(　　)。

A. RAROC = 税后净营业利润 - 经济资本 × 资本成本

B. EVA > 0，表明银行的资产使用效率高，银行价值增加

12ABC　13BE　14BD　15BD

C. RAROC 最核心的特点是考虑机会成本

D. 与传统的 ROA、ROE 指标不同，RAROC 更加注重风险成本与风险收入的匹配

E. EVA <0 时，若会计报表反映的净利润为正，则说明银行价值在增加

【解析】A 项，RAROC = 经风险调整后税后净利润/经济资本；C 项，EVA 最核心的特点就是考虑机会成本；E 项，如果 EVA <0，此时即使会计报表反映的净利润为正，也表明银行的经营状况并不理想，银行价值在减少。

三、判断题（请对下列各题的描述做出判断，正确的用 A 表示，错误的用 B 表示）

1. 经济资本用于衡量银行的预期和非预期损失。（ ）［2018 年 6 月真题］

【解析】经济资本是描述在一定的置信度水平下（如 99%），为了应对未来一定期限内资产的非预期损失而应该持有或需要的资本金。

2. 银行资本承担着吸收损失的第一资金来源，其中，一级资本工具的目标是在破产清算情况下吸收损失，二级资本工具的目标是在持续经营前提下吸收损失。（ ）［2017 年 6 月真题］

【解析】一级资本工具的目标是在持续经营前提下吸收损失，而二级资本目标是在破产清算情况下吸收损失，承担风险与吸收损失的能力相对更差。

3. 降低市场风险和信用风险的资本要求是商业银行提高资本充足率的分母对策之一。（ ）

【解析】商业银行提高资本充足率的分母对策，总体的思路是降低风险加权资产的总量，包括分别降低信用风险、市场风险和操作风险的资本要求。

4. 提高资本充足率的分子对策之一是：可以在业务选择方面，尽可能减少银行需要承担高风险的业务，比如，减少交易账户业务就能够降低市场风险资本要求。（ ）

【解析】商业银行提高资本充足率的分子对策，包括增加一级资本和二级资本。一级资本的来源最常用的方式是发行普通股和提高留存利润。二级资本主要来源于超额贷款损失准备、次级债券、可转换债券等。题中所指的是分母对策中对市场风险和操作风险的资本要求。

5. 可转换债券可纳入监管资本中。（ ）

【解析】可转换债券具有一定的吸收损失功能，因此可计入监管资本当中。

6. 杠杆率是资本充足率的补充指标，涉及不同的资产风险时，杠杆率有所不同。（ ）

【解析】杠杆率监管指标是基于规模计算（该指标采用普通股或核心资本作为分子，所有表内外风险暴露作为分母），与具体资产风险无关的，以此控制商业银行资产规模的过度扩张，并作为资本充足率的补充指标。

7. 我国对核心一级资本充足率的要求低于第三版巴塞尔资本协议的规定。（ ）

【解析】我国对核心一级资本充足率的要求为 5%，高于第三版巴塞尔资本协议中 4.5% 的规定。

1B 2B 3A 4B 5A 6B 7B

8. 采用内部评级法计算信用风险资本要求，可以使监管资本与经济资本在理念上取得一致。(　　)

【解析】巴塞尔委员会吸纳了国际大银行的先进做法，提出了采用内部评级法计算信用风险资本要求，使监管资本与经济资本在理念上取得了一致，也为商业银行提供了一种新的经济资本计量模型。

9. 投资组合的非预期损失是组合中单笔业务的非预期损失之和。(　　)

【解析】投资组合的预期损失是组合中单笔业务的预期损失之和，与之不同的是，组合的非预期损失就不能用简单求和加总的方式得到，这时需要考虑一个重要的变量，那就是相关性。

10. 通常而言，相关性越小，组合的预期损失就越小。(　　)

【解析】投资组合的预期损失是组合中单笔业务的预期损失之和；非预期损失需要考虑相关性。通常而言，相关性越小，组合的非预期损失就越小。

11. 对资本的经营和管理是现代商业银行的核心。(　　)

【解析】现代商业银行的核心是经营和管理风险，其经营风险的特征决定了风险在商业银行绩效评价中的重要性和基础性作用。

8A　9B　10B　11B

第五章　风险管理

一、单选题(下列选项中只有一项最符合题目要求，请将正确选项的代码填入括号内)

1. 下列说法中，不符合银行业金融机构全面风险管理独立性原则的是(　　)。[2023 年 10 月真题]

A. 赋予风险管理条线足够的授权、人力资源及其他资源配置

B. 建立科学合理的报告渠道，前台部门发生风险只能向高管层报告

C. 建立相对独立的全面风险管理组织架构

D. 业务条线之间形成相互制衡的运行机制

【解析】独立性原则要求建立独立的全面风险管理组织架构，赋予风险管理条线足够的授权、人力资源及其他资源配置，建立科学合理的报告渠道，与业务条线之间形成相互制衡的运行机制。

2. 与非零售风险暴露相比，不属于零售风险暴露特点的是(　　)。[2023 年 10 月真题]

A. 笔数多　　B. 单笔风险暴露较小

C. 风险分散　　D. 占用资本多

【解析】与非零售风险暴露相比，零售风险暴露具有笔数大、单笔风险暴露较小、风险分散的显著特点，这一特点决定了商业银行普遍采用组合的方式对零售业务进行管理。

3. 下列关于风险偏好的说法，正确的是(　　)。[2023 年 6 月真题]

A. 风险限额的设定可不考虑风险偏好

B. 风险偏好应说明愿意承担的各类风险的最大水平

C. 风险偏好每年制定一次，年内无需调整

D. 风险偏好只能用定量指标进行描述

【解析】风险偏好实际上是由风险承受力、偏好、容忍度、限额和风险目标或范围等几个核心组成，其中，风险承受能力指的是一家银行在追求履行其使命、达至其愿景、实现其业务目标和价值目标时能承受的风险类型和最大风险数额，它与银行的资本直接相关并受外界利益相关方或监管机构的要求的影响。

4. 银行监管部门在确定单家银行贷款损失准备监管要求时，主要考虑的因素不包括(　　)。[2022 年 7 月真题]

A. 资本充足性　　B. 贷款分类准确性

C. 流动性水平　　D. 处置不良贷款主动性

【解析】银行监管部门在确定单家银行具体监管要求时，应考虑以下三方面因素：①贷款分类准确性；②处置不良贷款主动性；③资本充足性。

5. 商业银行经营者为了提高股价而采取对长期发展不利的短期措施，因这种行为带来损失

1B　2D　3B　4C　5A

的可能性是(　　)。[2022 年 7 月真题]

A. 战略风险　　B. 市场风险　　C. 流动性风险　　D. 合规风险

【解析】战略风险是指商业银行在追求短期商业目的和长期发展目标的系统化管理过程中，不适当的发展规划和战略决策可能威胁商业银行未来发展的潜在风险。

6. 下列市场风险类型，黄金价格波动属于(　　)。[2022 年 7 月真题]

A. 汇率风险　　B. 利率风险　　C. 信用风险　　D. 商品价格风险

【解析】汇率风险是指由于汇率的不利变动导致银行业务发生损失的风险。黄金被纳入汇率风险考虑，其原因在于，黄金曾长时间在国际结算体系中发挥国际货币职能，从而充当外汇资产的作用。

7. 投资或购买与基础资产收益波动负相关的某种资产或金融衍生品的风险管理策略是(　　)。[2021 年 6 月真题]

A. 风险转移　　B. 风险分散　　C. 风险规避　　D. 风险对冲

【解析】风险对冲是指通过投资或购买与标的资产收益波动负相关的某种资产或衍生产品，来冲销标的资产潜在损失的一种策略性选择。风险对冲对管理市场风险非常有效，可以分为自我对冲和市场对冲两种情况。

8. 商业银行的借贷业务不应集中于同一业务、同一性质甚至同一个借款人，这种风险管理策略是(　　)。[2020 年 10 月真题]

A. 风险补偿　　B. 风险转移　　C. 风险对冲　　D. 风险分散

【解析】风险分散是通过多样化的投资来分散和降低风险的策略性选择。根据多样化投资分散风险的原理，商业银行的信贷业务应是全面的，而不应集中于同一业务、同一性质甚至同一个借款人。

9. 国际新会计准则(IFRS9)主要依据资产所处损失阶段确定减值计量方法。对于风险程度较小、风险状况稳定的资产，损失阶段划为阶段一，计提损失准备时只需考虑未来(　　)内的预期信用损失。[2019 年 6 月真题]

A. 两年　　B. 三年　　C. 整个存续期　　D. 一年

【解析】国际新会计准则下，主要依据资产所处损失阶段确定减值计量方法。对于风险程度较小、风险状况稳定的资产，损失阶段划为阶段一，计提损失准备时只需考虑未来一年内的预期信用损失；对于风险已出现显著增加的资产，损失阶段划为阶段二或阶段三，计提损失准备时要考虑资产整个存续期内的全部预期信用损失。因此，损失阶段、信用评级等是新准则模型的计量基础。

10. 为有效应对突发事件导致银行运营中断而采取的管理活动称为(　　)。[2019 年 6 月真题]

A. 业务连续性管理　　B. 损失数据库

C. 操作风险与控制自评估(RCSA)　　D. 信息科技风险评估

【解析】业务连续性管理是指为有效应对突发事件导致的重要业务运营中断，建设应急响应、恢复机制和管理能力框架，保障重要业务持续运营的一整套管理过程，包括组

6A　7D　8D　9D　10A

织架构、策略、预案体系、资源保障、演练和应急处置等。

11. 商业银行采用基本指标法，应当以(　　)为基础计量操作风险资本要求。［2018 年 10 月真题］

A. 总资本　　B. 总收入　　C. 总资产　　D. 净利润

【解析】银行采用基本指标法，应当以总收入为基础计量操作风险资本要求，总收入为净利息收入与净非利息收入之和。操作风险资本要求等于银行前三年总收入的平均值与一个固定比例(为 15%)的乘积，总体上看，基本指标法计算方法较为简单，资本与收入呈线性关系，银行收入越高，资本要求越大。

12. 假设银行的一个客户在未来一年的违约率是 1%，违约损失率是 50%，违约风险暴露 100 万，则该笔信贷资产的预期损失是(　　)。［2018 年 6 月真题］

A. 0.5%　　B. 0.5 万元　　C. 1 万元　　D. 1%

【解析】预期损失是指银行承担的风险在未来一段时间内可能造成损失的均值。以信用风险为例，预期损失等于借款人的违约概率、违约损失率与违约风险暴露三者的乘积。本题中这笔信贷资产的预期损失 = 违约概率 × 违约损失率 × 违约风险暴露 = 1% × 50% ×100 =0.5(万元)。

13. 在风险识别的基础上，对风险发生的可能性、后果及严重程度进行充分分析和评估，从而确定风险水平的过程是(　　)。［2017 年 10 月真题］

A. 风险报告　　B. 风险控制　　C. 风险监测　　D. 风险计量

【解析】风险计量是在风险识别的基础上，对风险发生的可能性、后果及严重程度进行充分分析和评估，从而确定风险水平的过程。风险计量是提升银行精细化管理水平、优化资源配置的基础。

14. 下列关于流动性风险管理的表述，错误的是(　　)。［2017 年 6 月真题］

A. 银行获取资金的能力取决于银行总体的资产负债情况、银行在市场中的头寸和市场环境

B. 为妥善管理流动性风险，银行需具备完善的流动性管理体系和措施

C. 银行在解决流动性问题时，更需要的是现金流入

D. 银行有较为充足的资本时，就不会陷入流动性危机

【解析】D 项，流动性风险是一类比较特别的风险，当银行发生流动性危机事件时，即使银行具有较为充足的资本，仍然有可能因为流动性问题而破产。

15. 下列不属于全面风险管理体系的维度的是(　　)。［2016 年 6 月真题］

A. 企业的目标　　B. 企业的各个层级

C. 全面风险管理要素　　D. 企业的盈利状况

【解析】对银行业而言，全面风险管理强调将信用风险、市场风险、操作风险、流动性风险等银行承担的所有实质性风险纳入统一的风险管理框架中，涉及从董事会、高级管理层到风险管理部门、业务部门、分支机构等各个层面，包括风险偏好制定、风险管理组织体系构建、风险管理政策制度完善、风险管理流程建设、信息系统和风险管

11B　12B　13D　14D　15D

理技术提升、风险管理文化塑造等多方面内容。

16. 下列选项中不属于商业银行市场风险限额管理的是(　　)。[2015 年 10 月真题]

A. 客户限额　　B. 止损限额　　C. 交易限额　　D. 风险价值限额

【解析】商业银行实施市场风险管理的主要目的是，确保将所承担的市场风险规模控制在可以承受的合理范围内，使所承担的市场风险水平与其风险管理能力和资本实力相匹配。市场风险的管控手段包括限额管理和风险对冲。其中，常用的市场风险限额包括交易限额、风险限额和止损限额。风险限额可采用风险价值限额、期权性头寸限额等。

17. 某支行柜员在经办借记卡取现 10 万元时业务操作反方向，造成短款 20 万元，经与客户沟通解释追回 20 万元。造成该事件风险的成因是(　　)。[2015 年 10 月真题]

A. 外部事件　　B. 人员　　C. 系统　　D. 内部流程

【解析】操作风险是指由不完善或有问题的内部程序、人员和信息科技系统，以及外部事件所造成损失的风险，包括法律风险，但不包括战略风险和声誉风险。由该柜员操作失误造成的短款问题属于由人员引起的操作风险。

18. 以下不属于商业银行战略风险主要来源的是(　　)。[2015 年 10 月真题]

A. 商业银行签署的合同缺乏执行力

B. 商业银行发展目标缺乏整体兼容性

C. 商业银行缺乏实现发展目标的资源

D. 商业银行缺乏战略实施过程的质量保证措施

【解析】战略风险是指商业银行在追求短期商业目的和长期发展目标的系统化管理过程中，不适当的发展规划和战略决策可能威胁商业银行未来发展的潜在风险。战略风险主要来源于四个方面：①商业银行战略目标缺乏整体兼容性；②为实现这些目标而制定的经营战略存在缺陷；③为实现目标所需要的资源匮乏；④整个战略实施过程中的质量难以保证。

19. 银行风险是指(　　)。[2015 年 10 月真题]

A. 已经确定的将来损失　　B. 可以避免的将来损失

C. 银行资产和收益损失的可能性　　D. 银行已经发生的损失

【解析】银行风险可简单定义为银行在经营过程中，由于一系列不确定因素的影响，导致资产和收益损失的可能性。

20. (　　)是商业银行面临的最主要的风险。[2013 年 11 月真题]

A. 市场风险　　B. 操作风险　　C. 信用风险　　D. 法律风险

【解析】商业银行面临的主要风险是信用风险，即借款人或交易对手不能按照事先达成的协议履行义务的可能性。这些风险不仅存在于银行的贷款业务中，也存在于其他表内和表外业务中，如担保、承兑和证券投资等。

21. 在银行风险管理流程中，风险控制是指对经过识别和计量的风险采取(　　)等措施，

16A　17B　18A　19C　20C　21B

进行有效管理和控制的过程。[2013 年 11 月真题]

A. 分散、担保、抵押、定价和缓释　　B. 分散、对冲、转移、规避和补偿

C. 监测、对冲、转移、规避和补充　　D. 监测、分散、转移、规避和补偿

【解析】商业银行的风险管理流程可以概括为风险识别、风险计量、风险监测和风险控制四个主要环节。其中，风险控制是对经过识别和计量的风险采取分散、对冲、转移、规避和补偿等措施，进行有效管理和控制的过程。

22. 下列选项中，不属于银行信用风险的是(　　)。[2010 年 5 月真题]

A. 借款人的信用评级从 AA 级降为 A 级

B. 债务人因经济危机陷入经营困境

C. 信贷调查人员在调查过程中接受贿赂协助骗贷

D. 即期外汇交易中，交易对手未能在第二个交易日按期交割

【解析】商业银行面临的主要风险是信用风险，即借款人或交易对手不能按照事先达成的协议履行义务的可能性。现代意义上的信用风险不仅包括违约风险，而且包括当债务人或交易对手的信用状况和履约能力不足即信用质量下降时，市场上相关资产价格会随之降低的风险。C 项属于操作风险中人员因素的内部欺诈。

23. 下列表述不属于商业银行操作风险的是(　　)。[2009 年 10 月真题]

A. 银行借贷人员与贷款企业勾结骗取银行借贷

B. 商业银行资金交易员超越权限范围进行交易

C. 商业银行理财产品收益率未达到预期收益，从而对银行声誉产生影响

D. 由于清算人员过失造成客户证券清算资金未能及时入账

【解析】操作风险是指由不完善或有问题的内部程序、人员和信息科技系统，以及外部事件所造成损失的风险，包括法律风险，但不包括战略风险和声誉风险。操作风险可以分为由人员、流程、系统和外部事件所引发的四类风险。C 项属于声誉风险。

24. 下列选项中，不属于银行信用风险的是(　　)。[2009 年 10 月真题]

A. 信用质量发生恶化　　B. 交易对手未能履行合同

C. 外部欺诈　　D. 债务人未能履行合同

【解析】商业银行面临的主要风险是信用风险，即借款人或交易对手不能按照事先达成的协议履行义务的可能性。现代意义上的信用风险不仅包括违约风险，而且包括当债务人或交易对手的信用状况和履约能力不足即信用质量下降时，市场上相关资产价格会随之降低的风险。C 项属于操作风险。

25. 虽然存在一些可能对履行合同产生不利影响的因素，但债务人目前有能力偿付本金、利息或收益的金融资产类别是(　　)。

A. 可疑类　　B. 关注类　　C. 次级类　　D. 损失类

【解析】A 项，可疑类是指债务人已经无法足额偿付本金、利息或收益，金融资产已发生显著信用减值；C 项，次级类是指债务人无法足额偿付本金、利息或收益，或金融资产已经发生信用减值；D 项，损失类是指在采取所有可能的措施后，只能收回极少

22C　23C　24C　25B

部分金融资产，或损失全部金融资产。

26. 下列关于商业银行操作风险管理的说法，不正确的是(　　)。

A. 标准法将银行全部业务划分为8个业务条线

B. 操作风险加权资产=操作风险资本要求×12.5

C. 采用基本指标法时，操作风险资本要求等于银行前三年总收入的平均值乘以15%

D. 任何一家银行新的业务开展或新系统刚上线时，由于规章制度不完善、员工操作经验不足、管理上的漏洞，这就使得出现操作风险的概率较高

【解析】标准法将银行全部业务划分为公司金融、交易和销售、零售银行、商业银行、支付和清算、代理服务、资产管理、零售经纪和其他业务等9个业务条线。

27. 通常说的“挤兑”是指银行面临的(　　)。

A. 信用风险　　B. 市场风险　　C. 操作风险　　D. 流动性风险

【解析】流动性风险如不能有效控制，将有可能损害商业银行的清偿能力；如果大量债权人在某一时刻要求兑现债权(挤兑)，商业银行可能会陷入流动性危机的困境。

28. (　　)是指商业银行在不影响日常经营或财务状况的情况下，无法及时有效满足资金需求的风险。

A. 市场流动性风险　　B. 融资流动性风险

C. 操作风险　　D. 市场风险

【解析】银行的流动性集中反映了其资产负债的均衡情况，主要体现在两个方面：①融资流动性风险，是指商业银行在不影响日常经营或财务状况的情况下，无法及时有效满足资金需求的风险；②市场流动性风险，是指由于市场深度不足或市场动荡，商业银行无法以合理的市场价格出售资产以获得资金的风险。

29. 风险管理的基本前提是(　　)。

A. 风险计量　　B. 风险监测　　C. 风险识别　　D. 风险偏好

【解析】风险偏好是商业银行在追求实现战略目标的过程中，愿意承担的风险类型和总量，它是统一全行经营管理和风险管理的认知标准，是风险管理的基本前提。

30. 某商业银行目前的资本金为40亿元，信用风险加权资产为100亿元，根据《商业银行资本充足率管理办法》，若要使资本充足率为8%，则市场风险资本要求为(　　)亿元。

A. 8　　B. 16　　C. 24　　D. 32

【解析】根据资本充足率的计算公式：资本充足率=(资本-扣除项)/(信用风险加权资产+12.5×市场风险资本要求)，可以推出：市场风险资本要求=[(资本-扣除项)/资本充足率-信用风险加权资产]/12.5=(40/8%-100)/12.5=32(亿元)。

31. 商业银行通过内部评级确定每个非零售风险暴露债务人的风险等级时，债务人评级范围包括(　　)。

A. 债务人和债项　　B. 保证人和债项

26A　27D　28B　29D　30D　31C

C. 债务人和保证人　　　　　　　　　D. 保证人和被保证人

【解析】商业银行采用内部评级法计算信用风险加权资产，应该通过内部评级确定每个非零售风险暴露债务人和债项的风险等级。其中，债务人评级范围要包括所有的债务人与保证人。

32. 衡量利率变动对银行当期收益影响的分析方法是(　　)。

A. 风险价值分析　B. 缺口分析　　　C. 久期分析　　　D. 情景分析

【解析】缺口分析是衡量利率变动对银行当期收益影响的一种方法。具体而言，就是将银行不同时间段内的利率敏感性资产减去利率敏感性负债，再加上表外业务头寸，得到重新定价"缺口"。以该缺口乘以假定的利率变动，即得出这一利率变动对净利息收入变动的大致影响。

33. 关于情景分析，下列说法错误的是(　　)。

A. 情景可以人为设定

B. 是一种多因素分析方法

C. 也称为持续期分析

D. 情景可以从对市场风险要素历史数据变动的统计分析中得到

【解析】久期分析也称为持续期分析或期限弹性分析，是衡量利率变动对银行经济价值影响的一种方法。

34. 下列不属于市场风险计量方法的是(　　)。

A. 外汇敞口分析　B. 敏感性分析　　C. 压力测试　　　D. 最小二乘法

【解析】市场风险的计量方法有缺口分析、久期分析、外汇敞口分析、风险价值法、敏感性分析与情景分析、压力测试。

35. 标准法将商业银行全部业务划分为不同的业务条线，不包括(　　)。

A. 公司金融　　　B. 证券经营　　　C. 交易和销售　　D. 资产管理

【解析】标准法将银行全部业务划分为公司金融、交易和销售、零售银行、商业银行、支付和清算、代理服务、资产管理、零售经纪和其他业务等 9 个业务条线。B 项，目前，我国商业银行不能从事证券经营业务。

36. 商业银行采用标准法，应当以各业务条线的(　　)为基础计量操作风险资本要求。

A. 总收入　　　　B. 净收入　　　　C. 平均收入　　　D. 预期收入

【解析】商业银行采用标准法，应当以各业务条线的总收入为基础计量操作风险资本要求。操作风险资本要求等于各条线三年总收入的平均值乘上一个固定比例再加总。

37. (　　)是目前风险敏感度最高、最为科学的操作风险计量方法。

A. 基本指标法　　B. 标准法　　　　C. 高级计量法　　D. 蒙特卡洛模拟法

【解析】高级计量法是目前风险敏感度最高、最为科学的操作风险计量方法。操作风险计量模型主要包括损失分布法、内部衡量法、打分卡法。从当前业界实践看，最常用的是损失分布法。

32B　33C　34D　35B　36A　37C

二、**多选题**（下列选项中有两项或两项以上符合题目要求，请将符合题目要求选项的代码填入括号内）

1. 下列选项中，用于衡量商业银行流动性风险状况的指标有（　　）。［2022 年 7 月真题］

A. 优质流动性资产充足率　　B. 资本充足率

C. 净稳定资金比例　　D. 拨备覆盖率

E. 流动性比例

【解析】商业银行应当在法人和集团层面，分别计算未并表和并表的流动性风险状况。用于反映银行流动性风险状况的指标包括流动性覆盖率、净稳定资金比例、流动性比例、流动性匹配率和优质流动性资产充足率。

2. 对于实施非零售内部评级高级法的商业银行，需要自行估计下列哪些要素？（　　）［2021 年 10 月真题］

A. 期限（M）　　B. 违约损失率（LGD）

C. 违约概率（PD）　　D. 违约风险暴露（EAD）

E. 相关性（R）

【解析】内部评级法分为初级内部评级法和高级内部评级法，二者的区别在于，初级内部评级法下，银行自行估计违约概率，但要根据监管部门提供的规则计算违约损失率、违约风险暴露和期限；高级内部评级法下，银行可自行估计违约概率、违约损失率、违约风险暴露和期限。对于零售信用风险暴露，不区分初级法和高级法，即银行都要自行估计违约概率、违约损失率、违约风险暴露和期限。

3. 下列关于呆账核销的说法，正确的有（　　）。［2019 年 10 月真题］

A. 除法律另有规定外，银行对已核销的呆账继续保留追偿的权利

B. 呆账核销后纳入表外科目管理和核算

C. 所有不良资产都可以核销

D. 核销是通过使用资产减值准备对呆账资产损失进行内部账务处理

E. 呆账是指银行承担风险和损失，符合有关认定条件，按规定程序核销的债权和股权

【解析】C 项，不是所有的不良资产都可以核销，下列债权、股权不得作为呆账核销：①借款人或者担保人有经济偿还能力，银行未按规定履行必要措施和实施必要程序追偿的债权；②违反法律、法规的规定，以各种形式逃废或悬空的银行债权；③因行政干预造成逃废或悬空的银行债权；④银行未向借款人、担保人追偿的债权；⑤其他不应核销的银行债权、股权。

4. 下列关于商业银行风险的表述，正确的有（　　）。［2017 年 6 月真题］

A. 是否能够妥善控制和管理风险，将决定商业银行的经营成败

B. 风险等同于损失本身

C. 风险是未来损失发生的不确定性

D. 是未来将要遭受的损失

E. 通常以损失的可能性以及潜在的损失规模来计量

【解析】B 项，风险不等同于损失本身，风险是一个事前概念，损失是一个事后概念；

1ACE　2ABCD　3ABDE　4ACE

D 项，银行承担风险既可能获得收益，也可能遭受损失。

5. 商业银行实施内部评级法计算信用风险加权资产，应构建较为完善的内部评级体系，以下关于内部评级体系的表述，正确的有（　　）。[2016 年 6 月真题]

A. 对非零售风险暴露，同一交易对手可以有多个评级

B. 与非零售风险暴露相比，零售风险暴露具有笔数大、单笔暴露较小、风险分散的显著特点

C. 对非零售风险暴露，债务人评级应最少具备 7 个非违约级别、1 个违约级别

D. 对非零售风险暴露，债务人的每笔债项均应进行评级

E. 对非零售风险暴露，应建立非零售风险暴露的风险分池体系

【解析】内部评级体系包括非零售风险暴露的内部评级体系和零售风险暴露风险分池体系两类。A 项，对非零售风险暴露，同一交易对手，无论是作为债务人还是保证人，在商业银行内部只能有一个评级；E 项，商业银行对零售风险暴露实施内部评级法，应建立零售风险暴露的风险分池体系，确保对每笔零售风险暴露准确、可靠分配到相应的资产池中，同一池中零售风险暴露的风险程度应保持一致。

6. 根据风险分散的原理，下列关于商业银行采取的信贷策略的说法，正确的有（　　）。[2015 年 10 月真题]

A. 可通过资产组合管理，分散和降低风险

B. 不应过多集中于同一业务借款人

C. 不应过多集中于同一企业

D. 可以与其他商业银行组成银团贷款，减少单一客户贷款额度

E. 不应过多集中于同一性质借款人

【解析】风险分散是通过多样化的投资来分散和降低风险的策略性选择。根据多样化投资分散风险的原理，商业银行的信贷业务应是全面的，而不应集中于同一业务、同一性质甚至同一个借款人。银行可以通过资产组合管理或与其他商业银行组成银团贷款的方式，使自己的授信对象多样化，从而分散和降低风险。

7. 下列关于汇率风险的表述，正确的有（　　）。[2015 年 10 月真题]

A. 黄金被纳入汇率风险考虑，其原因在于黄金曾长时间在国际结算体系中发挥国际货币职能，从而充当外汇资产的作用

B. 根据产生的原因，汇率风险可以分为两类：外汇交易风险和外汇结构性风险

C. 商业银行发放外币贷款时，汇率波动可能导致信用风险增加

D. 人民币升值会降低我国商业银行面临的汇率风险

E. 汇率风险是指由于汇率的不利变动导致银行业务发生损失的风险

【解析】汇率风险是指由于汇率的不利变动导致银行业务发生损失的风险。根据产生的原因，汇率风险可以分为两类：①外汇交易风险；②外汇结构性风险。黄金被纳入汇率风险考虑，其原因在于，黄金曾长时间在国际结算体系中发挥国际货币职能，从而充当外汇资产的作用。商业银行发放外币贷款时，汇率波动可能会引起债务人的偿债负担变重，导致债务人不履行合同，不能按约定的期限和利息还本付息的风险增加，即信用风

5BCD　6ABCDE　7ABCE

险增加。D 项，人民币升值可能会增加我国商业银行面临的汇率风险，例如当人民币升值时，企业购汇、持汇意愿明显下降，远期结售汇签约增长异常，易产生外汇交易风险。

8. 下列属于商业银行操作风险表现形式的有(　　)。[2014 年 6 月真题]

A. 外部欺诈　　B. 就业制度和工作场所安全性有问题

C. 信息科技系统事件　　D. 执行、交割和流程管理事件

E. 内部欺诈

【解析】操作风险是指由不完善或有问题的内部程序、人员和信息科技系统以及外部事件所造成损失的风险。根据引发操作风险的事件类型，可以分为七种表现形式：①内部欺诈事件；②外部欺诈事件；③就业制度和工作场所安全事件；④客户、产品和业务活动事件；⑤实物资产的损坏事件；⑥信息科技系统事件；⑦执行、交割和流程管理事件。

9. 商业银行的市场风险包括(　　)。[2009 年 10 月真题]

A. 利率风险　　B. 汇率风险　　C. 股票价格风险　　D. 商品价格风险

E. 内部欺诈

【解析】市场风险是指因市场价格(利率、汇率、股票价格和商品价格)的不利变动而使银行表内和表外业务发生损失的风险。市场风险包括利率风险、汇率风险(包括黄金)、股票价格风险和商品价格风险四大类。E 项属于操作风险。

10. 下列关于风险管理流程的说法正确的有(　　)。

A. 风险识别应尽可能多地识别出银行所面临的风险类别，确保覆盖银行面临的所有实质性风险

B. 良好的风险识别应遵循全面性和持续性原则

C. 商业银行应当根据不同的业务性质、规模和复杂程度，对不同类别的风险选择适当的计量方法，但应确保风险计量的准确性

D. 风险识别应能够前瞻性地考察风险的变化趋势以及可能出现的新的风险类别和性质

E. 风险缓释的目的在于降低未来风险发生时所带来的损失

【解析】B 项，良好的风险识别应遵循全面性和前瞻性原则。

11. 下列关于商业银行风险管理的说法正确的有(　　)。

A. 流动性风险如不能有效控制，将有可能损害商业银行的清偿能力

B. 从广义上讲，与法律风险密切相关的有违规风险和监管风险

C. 在风险管理实践中，商业银行通常将法律风险管理归属于市场风险管理范畴

D. 国家风险是指在与非本国国民进行国际经贸与金融往来中，由于他国(或地区)经济、政治、社会变化及事件而遭受损失的可能性

E. 流动性风险通常被视为一种综合性风险

【解析】C 项，操作风险是指由不完善或有问题的内部程序、人员和信息科技系统，以及外部事件所造成损失的风险，包括法律风险。由此可知，在风险管理实践中，商业银行通常将法律风险管理归属于操作风险管理范畴。

8ABCDE　9ABCD　10ACDE　11ABDE

12. 下列关于风险与损失的说法，不正确的有(　　)。

A. 风险是一个事前概念，损失是一个事后概念

B. 风险的概念不涵盖损失发生概率的高低

C. 通常将金融风险造成的损失分为预期损失、非预期损失和极端损失

D. 风险等同于损失

E. 风险的概念涵盖了未来可能损失的大小

【解析】BD 两项，风险不等同于损失本身，风险是一个事前概念，损失是一个事后概念，风险的概念既涵盖了未来可能损失的大小，又涵盖了损失发生概率的高低。

13. 风险识别的目标在于帮助银行了解自身面临的风险及严重程度，包括(　　)。

A. 感知风险　　B. 计量风险　　C. 分析风险　　D. 检测风险

E. 控制风险

【解析】风险识别包括感知风险和分析风险两个环节。感知风险是通过系统化的方法发现商业银行所面临的风险种类、性质；分析风险是深入理解各种风险内在的风险因素。

14. 下列关于风险计量的说法，正确的有(　　)。

A. 风险计量是风险管理的最基本要求

B. 对不同类别的风险，应采取不同的风险计量方法

C. 银行的风险计量能力已经成为衡量其风险管理水平的重要内容

D. 风险计量既可以基于专家经验，也可以采用统计模型的方法

E. 我国商业银行业目前使用的是较为初级的资本计量方法

【解析】A 项，有效识别风险是风险管理的最基本要求，风险识别的目标在于帮助银行了解自身面临的风险及严重程度，为下一步风险计量和防控打好基础；E 项，目前，我国商业银行开始逐渐采取资本计量的高级方法，提高风险计量的科学性和准确性。

15. 极端损失具有“偶发性”的特征，银行应付极端损失的方法有(　　)。

A. 定期针对资产进行压力测试　　B. 评估极端损失的影响

C. 通过交易进行分摊　　D. 提取极端损失准备金

E. 购买保险

【解析】对极端损失，银行需要定期针对资产进行压力测试，评估极端损失的影响，建立相应的预警机制。此外，通过购买保险，银行也可以对极端事件可能造成的损失进行分担或转移。CD 两项，由于极端损失的“偶发性”特征，银行不可能也不需要为极端损失准备巨额的资本，或在具体交易中分摊巨额的成本。

16. 风险战略是银行为实现总体发展目标所制定的一系列风险管理目标和方针政策，下列关于风险战略的说法，正确的有(　　)。

A. 是对风险偏好的定性描述

B. 是风险偏好的具体体现

C. 一般分为激进、稳健、消极三种类型

D. 是为实现预期的增长和收益目标而设计的

12BD　13AC　14BCD　15ABE　16ABD

E. 选定风险战略后，银行需严格遵守，不能妄加修改

【解析】C 项，风险战略一般分为积极、稳健、保守三种类型；E 项，在战略制定时，要选择与银行风险偏好相一致的风险战略，如果相悖就要进行修正与调整。

17. 风险管理的三道防线是指(　　)。

A. 业务团队　B. 风险管理团队　C. 内部审计团队　D. 风险监控系统

E. 业务风险评估

【解析】风险管理的“三道防线”是指在商业银行内部形成的在风险管理方面承担不同职责的三个团队(或部门)，即业务团队、风险管理团队和内部审计团队。

18. 常见的信用风险参数包括(　　)。

A. 违约概率　B. 违约损失率　C. 有效期限　D. 非预期损失

E. 违约风险暴露

【解析】商业银行通过计量不同的风险参数，可以从不同维度来反映银行承担的信用风险水平，常用的风险参数包括违约概率、违约损失率、违约风险暴露、有效期限、预期损失和非预期损失等。

19. 根据评价的对象不同，信用评级可分为(　　)。

A. 客户评级　B. 公司评级　C. 资产评级　D. 债项评级

E. 风险评级

【解析】根据评价的对象不同，信用评级可分为客户评级和债项评级。其中，客户评级也叫债务人评级。

20. 利率风险按照来源的不同，可分为(　　)。

A. 重新定价风险　B. 基准风险　C. 流动性风险　D. 商品价格风险

E. 期权性风险

【解析】利率风险是银行面临的主要市场风险。利率风险按照来源的不同，可以分为重新定价风险、收益率曲线风险、基准风险和期权性风险。

21. 在缺口分析中，负缺口意味着(　　)。

A. 负债大于资产　B. 资产大于负债

C. 利率上升会导致净利息收入下降　D. 利率下降会导致净利息收入下降

E. 利率变动将会对银行的经济价值产生较大的影响

【解析】当某一时段内的负债大于资产(包括表外业务头寸)时，就产生了负缺口，此时利率上升会导致净利息收入下降；相反，当某一时段内的资产(包括表外业务头寸)大于负债时，就产生了正缺口，此时利率下降会导致净利息收入下降。

22. 目前常用的风险价值模型技术有(　　)。

A. 蒙特卡洛模拟法　B. 最小二乘法

C. 方差－协方差法　D. 历史模拟法

E. 敏感性分析法

17ABC　18ABCDE　19AD　20ABE　21AC　22ACD

【解析】风险价值是指在一定的持有期和给定的置信水平下，利率、汇率等市场风险要素发生变化时可能对某项资金头寸、资产组合或机构造成的潜在最大损失。目前常用的风险价值模型技术主要有三种：方差－协方差法、历史模拟法和蒙特卡洛模拟法。

23. 商业银行可采取(　　)来管控市场风险。

A. 交易限额　B. 标准法　C. 损失数据库　D. 应急计划

E. 风险对冲

【解析】商业银行管控市场风险的手段有：①限额管理，包括交易限额、风险限额和止损限额；②风险对冲。B项，标准法是操作风险的计量方法之一；C项，损失数据库是操作风险的管控工具；D项，应急计划是流动性风险的管控手段。

24. 操作风险管理工具和手段主要有(　　)。

A. 应急计划　B. 交易限额

C. 操作风险与控制自评估　D. 关键风险指标

E. 损失数据库

【解析】操作风险管理工具和手段主要有操作风险与控制自评估(RCSA)、关键风险指标(KRI)、损失数据库(LD)等。A项，应急计划是流动性风险的管控手段；B项，交易限额是市场风险的管控手段。

25. 流动性风险的管控手段有(　　)。

A. 限额管理　B. 现金流量管理　C. 关键风险指标　D. 融资管理

E. 压力测试

【解析】银行流动性风险的管控手段有：①现金流量管理；②限额管理；③融资管理；④压力测试；⑤应急计划。C项，关键风险指标是操作风险的管理工具和手段。

26.《关于调整商业银行贷款损失准备监管要求的通知》中，关于贷款损失准备监管的要求说法正确的有(　　)。

A. 贷款拨备率监管标准调整为1.5%～2.5%

B. 拨备覆盖率的监管标准调整为120%～160%

C. "同质同类"是指各机构监管部门原则上应制定相应类别机构的差异化实施细则并及时印发实施

D. "一行一策"是指地方银行业监督管理机构进一步明确单家银行的贷款损失准备监管要求

E. 确定单家银行具体监管要求时，应考虑的因素有：贷款分类准确性、处置不良贷款主动性、资本充足性

【解析】B项，拨备覆盖率的监管标准调整为120%～150%。

27. 不良金融资产的处置方式包括(　　)。

A. 现金清收　B. 贷款重组　C. 以资抵债　D. 呆账核销

E. 批量转让

【解析】不良金融资产的处置方式主要有：现金清收、资产重组、以资抵债、呆账核销、

23AE　24CDE　25ABDE　26ACDE　27ABCDE

批量转让、不良资产证券化、市场化债转股和破产清偿。

三、判断题(请对下列各题的描述做出判断，正确的用 A 表示，错误的用 B 表示)

1. 风险偏好是商业银行在实现战略目标的过程中，愿意承担的风险类型和总量。(　　)
[2016 年 6 月真题]

【解析】风险偏好是商业银行在追求实现战略目标的过程中，愿意承担的风险类型和总量，它是统一全行经营管理和风险管理的认知标准，是风险管理的基本前提。

2. 商业银行面临的声誉风险是指债务人或交易对手未能履行合同所规定的义务或信用质量发生下降时，给债权人或金融产品持有人造成经济损失的风险。(　　)[2015 年 10 月真题]

【解析】声誉风险是指由商业银行经营、管理及其他行为或外部事件导致利益相关者对商业银行负面评价的风险。题干所述的风险是信用风险。

3. 风险识别指了解各种潜在的风险，分析各种风险内在的风险因素。(　　)[2012 年 6 月真题]

【解析】风险识别包括感知风险和分析风险两个环节，感知风险是通过系统化的方法发现商业银行所面临的风险种类、性质；分析风险是深入理解各种风险内在的风险因素。

4. 从广义上讲，法律风险主要关注商业银行所签署的各类合同、承诺等法律文件的有效性和可执行力。(　　)

【解析】法律风险是一种特殊类型的操作风险。从狭义上讲，法律风险主要关注银行所签署的各类合同、承诺等法律文件的有效性和可执行力；从广义上讲，与法律风险密切相关的还有违规风险和监管风险。

5. 对大多数银行来说，信用风险存在于银行的传统的贷款、债券投资等表内业务和场外衍生品交易中，而银行在表外业务中只收取手续费，一般不存在信用风险。(　　)

【解析】信用风险不仅存在于银行的贷款业务中，也存在于其他表内和表外业务中，如担保、承兑和证券投资等。

6. 风险监测和报告过程就是监测各种可量化的关键风险指标，以及不可量化的风险因素的变化和发展趋势，再报告给银行相关部门，过程比较简单。(　　)

【解析】风险监测/报告过程看似简单，但实际上满足不同层级、不同部门对于风险状况的多样化需求是一项艰巨的任务。

7. 内部模型法的核心是以风险价值为指标来度量市场风险。(　　)

【解析】内部模型法的核心是以风险价值为指标来度量市场风险，并在此基础上确定资本要求。

8. 交易对手违约风险是双向的，交易对手的双方面临的交易市场价值都有可能是正值或负值。(　　)

【解析】交易对手信用风险是指交易对手在一笔交易的现金流最后结算之前违约的风险，

1A　2B　3A　4B　5B　6B　7A　8A

与违约交易对手的交易或组合具有正的经济价值时，经济损失将会发生。交易对手违约风险是双向的，即交易对手的双方面临的交易市场价值都有可能是正值或负值。

9. 通常银行可以通过资产组合管理或与其他商业银行组成银团贷款的方式，分散和降低风险。(　　)

【解析】风险分散是通过多样化的投资来分散和降低风险的策略性选择。银行可以通过资产组合管理或与其他商业银行组成银团贷款的方式，使自己的授信对象多样化，从而分散和降低风险。

10. 权重法的基本思想是由于借款人可能出现违约，银行必须根据已经掌握的定性和定量信息对信用损失进行评估，并将这种评估与资本充足率挂钩。(　　)

【解析】内部评级法的基本思想是由于借款人可能出现违约，银行必须根据已经掌握的定性和定量信息对信用损失进行评估，并将这种评估与资本充足率挂钩。

11. 零售信用风险暴露采用的是初级内部评估法，因此，银行不需自行估计违约概率、违约损失率、违约风险暴露和期限。(　　)

【解析】对于零售信用风险暴露，不区分初级法和高级法，即银行都要自行估计违约概率、违约损失率、违约风险暴露和期限。

12. 同一交易对手，无论是作为债务人还是保证人，在商业银行内部只能有一个评级。(　　)

【解析】债务人评级范围要包括所有的债务人与保证人；同一交易对手，无论是作为债务人还是保证人，在商业银行内部只能有一个评级。对债务人的每笔债项均应进行评级。

13. 目前债务人评级方法较为成熟，应用较为广泛，已经成为银行识别和计量信用风险的基本工具。(　　)

【解析】客户评级也叫债务人评级，主要用于评价债务人如期履约的可能性，实现对债务人的违约概率的计量。目前，客户评级方法较为成熟，应用较为广泛，已经成为银行识别和计量信用风险的基本工具。

14. 净额结算的缓释作用主要体现为消除违约风险暴露。(　　)

【解析】净额结算是指参与交易的机构以交易参与方为单位，对其买入和卖出交易的余额进行轧差，以轧差得到的净额组织交易参与方进行交割的制度。净额结算的缓释作用主要体现为降低违约风险暴露。

15. 一般而言，金融工具的到期日或距下一次重新定价日的时间越长，并且在到期日之前支付的金额越大，则久期的绝对值越高，表明利率变动将会对银行的经济价值产生较大的影响。(　　)

【解析】一般而言，金融工具的到期日或距下一次重新定价日的时间越长，并且在到期日之前支付的金额越小，则久期的绝对值越高，表明利率变动将会对银行的经济价值产生较大的影响。

9A　10B　11B　12A　13A　14B　15B

16. 商业银行采用内部模型法，其最低市场风险资本要求为一般风险价值的 12.5 倍。(　　)

【解析】商业银行采用内部模型法，其最低市场风险资本要求为一般风险价值及压力风险价值之和。市场风险加权资产为市场风险资本要求的 12.5 倍。

17. 交易限额有总交易头寸限额和净交易头寸限额，实践中，商业银行通常采用净交易头寸限额。(　　)

【解析】交易限额是指对总交易头寸或净交易头寸设定的限额。总头寸限额对特定交易工具的多头头寸或空头头寸分别加以限制；净头寸对多头头寸和空头头寸相抵后的净额加以限制。在实践中，商业银行通常将这两种交易限额结合使用。

18. 商业银行实施市场风险管理的主要目的是使风险带来的损失最小。(　　)

【解析】商业银行实施市场风险管理的主要目的是，确保将所承担的市场风险规模控制在可以承受的合理范围内，使所承担的市场风险水平与其风险管理能力和资本实力相匹配。

19. 关注类贷款为不良资产。(　　)

【解析】金融资产按照风险程度分为五类，分别为正常类、关注类、次级类、可疑类、损失类，后三类合称为不良资产。

20. 借款人或者担保人有经济偿还能力，银行未按规定履行必要措施和实施必要程序追偿的债权可作为呆账核销。(　　)

【解析】不是所有的不良资产都可以核销，下列债权、股权不得作为呆账核销：①借款人或者担保人有经济偿还能力，银行未按规定履行必要措施和实施必要程序追偿的债权；②违反法律、法规的规定，以各种形式逃废或悬空的银行债权；③因行政干预造成逃废或悬空的银行债权；④银行未向借款人、担保人追偿的债权；⑤其他不应核销的银行债权、股权。

21. 声誉风险管理的基本原则不包括全覆盖原则。(　　)

【解析】声誉风险管理的基本原则包括：①前瞻性原则；②匹配性原则；③全覆盖原则；④有效性原则。

16B　17B　18B　19B　20B　21B

第四部分 银行从业法律基础

第一章 银行基本法律法规

一、单选题(下列选项中只有一项最符合题目要求，请将正确选项的代码填入括号内)

1. 商业银行的接管由(　　)决定、公告，并组织实施。[2023 年 10 月真题]

A. 银行业自律组织　　B. 中国人民银行

C. 商业银行自身　　D. 国家金融监督管理总局

【解析】商业银行的接管由国务院银行业监督管理机构决定，并组织实施。

2. 以下哪个情形不属于商业银行接管的终止情形(　　)。[2023 年 10 月真题]

A. 接管期限届满前，该商业银行被合并或被依法宣告破产

B. 接管期限届满前，该商业银行引入新的战略投资者

C. 接管期限届满前，该商业银行已恢复正常经营能力

D. 接管决定规定的期限届满

【解析】依照《商业银行法》，有下列情形之一的，接管终止：①接管决定规定的期限届满或者国务院银行业监督管理机构决定的接管延期届满；②接管期限届满前，该商业银行已恢复正常经营能力；③接管期限届满前，该商业银行被合并或者被依法宣告破产。

3. 在法定条件下，国务院银行业监督管理机构可以对银行业金融机构的董事、高级管理人员和其他直接责任人员采取的措施有(　　)。[2022 年 7 月真题]

A. 对个人资产直接进行处置

B. 宣布撤换职务

C. 责令银行业金融机构对其给予纪律处分

D. 直接给予纪律处分

【解析】银行业金融机构的行为尚不构成犯罪的，国务院银行业监督管理机构应当对直接负责的董事、高级管理人员和其他直接责任人员给予警告，处五万元以上五十万元以下罚款。对情形轻微的情况，国务院银行业监督管理机构应当责令银行业金融机构对直接负责的董事、高级管理人员和其他直接责任人员给予纪律处分。

4. 负责金融机构反洗钱内控制度有效实施的主体是(　　)。[2022 年 7 月真题]

A. 反洗钱牵头部门　　B. 金融机构负责人

C. 国家金融监督管理总局　　D. 财政部门

【解析】金融机构应当建立健全反洗钱内部控制制度，金融机构的负责人应当对反洗钱内部控制制度的有效实施负责。金融机构应当设立反洗钱专门机构或者指定内设机构负责

1D　2B　3C　4B

反洗钱工作。

5. (　　)是指国务院银行业监督管理机构在银行业金融机构已经或可能发生信用危机，严重影响存款人的利益的情况下，对该银行采取的预防性拯救措施。[2021 年 10 月真题]

A. 接管　　B. 撤销　　C. 破产　　D. 重组

【解析】《银行业监督管理法》规定，银行业金融机构已经或者可能发生信用危机，严重影响存款人和其他客户合法权益的，国务院银行业监督管理机构可以依法对该银行业金融机构实行接管，接管依照有关法律和国务院的规定执行。接管是国务院银行业监督管理机构依法保护银行业金融机构经营安全、合法的一项预防性拯救措施。接管的目的是对被接管银行业金融机构采取必要措施，以保护存款人的利益，恢复银行业金融机构的正常经营能力。

6. 设立城市商业银行的注册资本最低限额为(　　)。[2021 年 10 月真题]

A. 认缴资本五千万元人民币　　B. 实缴资本五千万元人民币

C. 认缴资本一亿元人民币　　D. 实缴资本一亿元人民币

【解析】设立全国性商业银行的注册资本最低限额为十亿元人民币；设立城市商业银行的注册资本最低限额为一亿元人民币；设立农村商业银行的注册资本最低限额为五千万元人民币。注册资本应当是实缴资本。

7. 商业银行开展金融创新时，应遵循(　　)，不得进行低价倾销。[2021 年 10 月真题]

A. 成本可算原则　　B. 合法合规原则

C. 知识产权保护原则　　D. 公平竞争原则

【解析】根据《商业银行金融创新指引》，商业银行开展金融创新活动，应坚持公平竞争原则，不得以排挤竞争对手为目的，进行低价倾销、恶性竞争或其他不正当竞争。

8. 下列业务中，我国商业银行目前在境内可以从事的业务是(　　)。[2021 年 6 月真题]

A. 同业拆借　　B. 向非金融机构和企业投资

C. 购置非自用不动产　　D. 信托或者股票业务

【解析】商业银行在中华人民共和国境内不得从事信托投资和证券经营业务，不得向非自用不动产投资或者向非银行金融机构和企业投资，但国家另有规定的除外。

9. 下列关于人民币的表述，错误的是(　　)。[2019 年 6 月真题]

A. 人民币的法定管理部门是中国人民银行

B. 人民币是中华人民共和国法定货币，单位为元，辅币单位为角、分

C. 以人民币支付中华人民共和国境内的一切公共和私人的债务，任何单位和个人不得拒收

D. 人民币的印制、发行、兑换、收回、销毁等工作由中国人民银行和国务院银行业监督管理部门共同负责

【解析】D 项，人民币的法定管理部门是中国人民银行，负责人民币的统一印制、发行、兑换、收回、销毁等工作。

5A　6D　7D　8A　9D

10. 下列关于商业银行财务制度的表述，符合法律规定的是(　　)。[2019 年 6 月真题]

A. 商业银行对其分支机构实行全行分级核算，分级调度资金，分级管理的财务制度

B. 商业银行对其分支机构实行全行统一核算，统一调度资金，分级管理的财务制度

C. 商业银行对其分支机构实行全行统一核算，分级调度资金，分级管理的财务制度

D. 商业银行对其分支机构实行全行分级核算，统一调度资金，分级管理的财务制度

【解析】商业银行对其分支机构实行全行统一核算，统一调度资金，分级管理的财务制度。商业银行在中华人民共和国境内设立分支机构，应当按照规定拨付与其经营规模相适应的营运资金额。

11. 出售伪造、变造的人民币，或者明知是伪造、变造的人民币而运输，尚不构成犯罪的，由(　　)处以罚款。[2016 年 6 月真题]

A. 海关　　B. 公安机关　　C. 税务机关　　D. 建设部

【解析】出售伪造、变造的人民币，或者明知是伪造、变造的人民币而运输，构成犯罪的，依法追究刑事责任；尚不构成犯罪的，由公安机关处十五日以下拘留、一万元以下罚款。

12. 商业银行办理个人储蓄存款业务应当遵循的原则是(　　)。[2015 年 10 月真题]

A. 存款自愿，取款审查，存款有息，为存款人保密

B. 存款自愿，取款自由，存款有息，存入指定银行

C. 存款自愿，取款自由，存款有息，为存款人保密

D. 存款自愿，取款审查，存款有息，存入指定银行

【解析】《商业银行法》规定，商业银行办理个人储蓄存款业务，应当遵循存款自愿、取款自由、存款有息、为存款人保密的原则。

13. 下列关于商业银行根据业务需要设立分支机构的表述，正确的是(　　)。[2015 年 10 月真题]

A. 必须经中国人民银行审查批准

B. 可以自行设立

C. 必须经财政部审查批准

D. 必须经国务院银行业监督管理机构审查批准

【解析】商业银行根据业务需要可以在中华人民共和国境内外设立分支机构。设立分支机构必须经国务院银行业监督管理机构审查批准。在中华人民共和国境内的分支机构，不按行政区划设立。

14. 下列关于商业银行存款业务的表述，错误的是(　　)。[2015 年 5 月真题]

A. 对个人储蓄存款，商业银行有权拒绝任何单位或者个人查询，但法律另有规定的除外

B. 对单位存款，商业银行有权拒绝任何单位或者个人查询，但法律、部门规章另有规定的除外

C. 对个人储蓄存款，商业银行有权拒绝任何单位或者个人冻结、扣划，但法律另有规

10B　11B　12C　13D　14B

定的除外

D. 对单位存款，商业银行有权拒绝任何单位或者个人冻结、扣划，但法律另有规定的除外

【解析】根据《商业银行法》第二十九条规定，对个人储蓄存款，商业银行有权拒绝任何单位或者个人查询、冻结、扣划，但法律另有规定的除外。根据《商业银行法》第三十条规定，对单位存款，商业银行有权拒绝任何单位或者个人查询，但法律、行政法规另有规定的除外；有权拒绝任何单位或者个人冻结、扣划，但法律另有规定的除外。

15. 下列关于关系人的表述，错误的是(　　)。[2015 年 5 月真题]

A. 关系人包括商业银行的管理人员及其近亲

B. 商业银行不得向关系人发放信用贷款

C. 关系人包括商业银行的董事及其近亲

D. 商业银行不得向关系人发放担保贷款

【解析】根据《商业银行法》第四十条规定，商业银行不得向关系人发放信用贷款，向关系人发放担保贷款的条件不得优于其他借款人同类贷款的条件。其中，关系人是指商业银行的董事、监事、管理人员、信贷业务人员及其近亲属，及其投资或者担任高级管理职务的公司、企业和其他经济组织。

16. 下列关于商业银行贷款的表述，错误的是(　　)。[2014 年 6 月真题]

A. 对同一借款人的贷款余额与商业银行资本余额的比例不得超过 10%

B. 商业银行可向关系人发放担保贷款，但条件不得优于其他借款人同类贷款的条件

C. 商业银行不得利用拆入资金进行固定资产贷款

D. 商业银行可向关系人发放信用贷款，但条件不得优于其他借款人同类贷款的条件

【解析】D 项，商业银行不得向关系人发放信用贷款；向关系人发放担保贷款的条件不得优于其他借款人同类贷款的条件。

17. 《中华人民共和国商业银行法》规定，商业银行不得向关系人发放信用贷款，下列情形中不属于前述"关系人"的是(　　)。[2014 年 6 月真题]

A. 商业银行董事　　B. 商业银行会计人员

C. 商业银行信贷人员近亲属　　D. 商业银行监事担任高级管理职务的公司

【解析】根据《商业银行法》规定，商业银行不得向关系人发放信用贷款，向关系人发放担保贷款的条件不得优于其他借款人同类贷款的条件。其中，关系人是指商业银行的董事、监事、管理人员、信贷业务人员及其近亲属，及其投资或者担任高级管理职务的公司、企业和其他经济组织。

18. 下列关于商业银行业务的表述，正确的是(　　)。[2013 年 11 月真题]

A. 商业银行可以投资于非自用不动产

B. 商业银行办理结算业务不得压单、压票

C. 商业银行办理业务、提供服务不能收取手续费

D. 商业银行可以在没有客户办理业务的时候自行缩短营业时间

15D　16D　17B　18B

【解析】根据《商业银行法》第四十四条规定，商业银行办理票据承兑、汇兑、委托收款等结算业务，应当按照规定的期限兑现，收付入账，不得压单、压票或者违反规定退票。有关兑现、收付入账期限的规定应当公布。A 项，商业银行在中华人民共和国境内不得从事信托投资和证券经营业务，不得向非自用不动产投资或者向非银行金融机构和企业投资，但国家另有规定的除外；C 项，商业银行办理业务，提供服务，按照规定收取手续费，收费项目和标准由国务院银行业监督管理机构、中国人民银行根据职责分工，分别会同国务院价格主管部门制定；D 项，商业银行的营业时间应当方便客户，并予以公告，商业银行应当在公告的营业时间内营业，不得擅自停止营业或者缩短营业时间。

19. 中国人民银行可以决定对商业银行贷款的数额、期限、利率和方式，但贷款的期限不得超过(　　)。

A. 6 个月　　B. 9 个月　　C. 1 年　　D. 2 年

【解析】中国人民银行为执行货币政策，运用存款准备金、利率、再贴现等货币政策工具时，可以规定具体的条件和程序，可以决定对商业银行贷款的数额、期限、利率和方式，但贷款的期限不得超过一年。

20. 银行业金融机构严重违反审慎经营规则的，根据《银行业监督管理法》规定，由国务院银行业监督管理机构责令改正，并处______万元以上______万元以下罚款。(　　)

A. 10；20　　B. 10；50　　C. 20；50　　D. 20；100

【解析】银行业金融机构严重违反审慎经营规则的，根据《银行业监督管理法》规定，由国务院银行业监督管理机构责令改正，并处二十万元以上五十万元以下罚款；情节特别严重或者逾期不改正的，可以责令停业整顿或者吊销其经营许可证；构成犯罪的，依法追究刑事责任。

21. 对银行业金融机构的设立申请，国务院银行业监督管理机构应当在自收到申请文件之日起(　　)个月内作出批准或者不批准的书面决定。

A. 1　　B. 3　　C. 6　　D. 9

【解析】对银行业金融机构的设立申请，国务院银行业监督管理机构应当在自收到申请文件之日起六个月内作出批准或者不批准的书面决定；对银行业金融机构的变更、终止申请，应当在自收到申请文件之日起三个月内作出批准或者不批准的书面决定。

22. 重组是国务院银行业监督管理机构对问题银行业金融机构进行处置的一种方式。对于重组失败的，国务院银行业监督管理机构可以决定终止重组，转由(　　)依法宣告破产。

A. 人民法院　　B. 人民检察院　　C. 国务院　　D. 中国人民银行

【解析】重组的目的是对被重组的银行业金融机构采取对银行业体系冲击较小的市场退出方式，以此维护市场信心与秩序，保护存款人等债权人的利益。对于重组失败的，国务院银行业监督管理机构可以决定终止重组，转由人民法院依法宣告破产。

23. 下列关于商业银行“三性四自”的经营原则，说法错误的是(　　)。

19C　20C　21C　22A　23B

A. “三性”即安全性、流动性、效益性

B. 商业银行“三性”中，安全性劣后于效益性、流动性，而效益性又优先于流动性

C. “四自”即自主经营，自担风险，自负盈亏，自我约束

D. 商业银行须全部承受其自主经营的后果，即自负盈亏

【解析】B项，商业银行经营的“三性”原则紧密关联，相互依存，但商业银行作为吸收存款的金融机构，因其负债经营的性质，所以商业银行“三性”中，效益性劣后于安全性、流动性，而安全性又优先于流动性。

24. 商业银行及其分支机构自取得营业执照之日起无正当理由超过______个月未开业的，或者开业后自行停业连续______个月以上的，由国务院银行业监督管理机构吊销其经营许可证，并予以公告。(　　)

A. 3；3　　B. 3；6　　C. 6；3　　D. 6；6

【解析】经批准设立的商业银行及其分支机构，由国务院银行业监督管理机构予以公告。商业银行及其分支机构自取得营业执照之日起无正当理由超过六个月未开业的，或者开业后自行停业连续六个月以上的，由国务院银行业监督管理机构吊销其经营许可证，并予以公告。

25. 商业银行不得将同业拆入资金用于(　　)。

A. 发放固定资产贷款或投资　　B. 弥补票据结算不足

C. 解决临时性周转资金的需要　　D. 弥补联行汇差头寸的不足

【解析】《商业银行法》第四十六条规定，同业拆借，应当遵守中国人民银行的规定。禁止利用拆入资金发放固定资产贷款或者用于投资。拆出资金限于交足存款准备金、留足备付金和归还中国人民银行到期贷款之后的闲置资金。拆入资金用于弥补票据结算、联行汇差头寸的不足和解决临时性周转资金的需要。

26. 商业银行贷款，借款人应当提供担保。商业银行应该对保证人和担保物的情况进行审查，内容不包括(　　)。

A. 保证人的偿还能力　　B. 质物的权属

C. 抵押物价值　　D. 保证人与借款人的关系

【解析】商业银行贷款，借款人应当提供担保。商业银行应当对保证人的偿还能力，抵押物、质物的权属和价值以及实现抵押权、质权的可行性进行严格审查。经商业银行审查、评估，确认借款人资信良好，确能偿还贷款的，可以不提供担保。

27. 《商业银行法》规定，商业银行流动性负债余额与流动性资产余额的比例(　　)。

A. 不得低于4　　B. 不得高于4

C. 不得低于25%　　D. 不得高于25%

【解析】《商业银行法》第三十九条规定，流动性资产余额与流动性负债余额的比例不得低于25%，即流动性负债余额不得高于流动性资产余额的4倍。

28. 下列有关商业银行业务管理规定的说法中，不正确的是(　　)。

A. 商业银行应当按照国家有关规定，提取呆账准备金，冲销呆账

24D　25A　26D　27B　28D

B. 商业银行的会计年度自公历 1 月 1 日起至 12 月 31 日止

C. 商业银行对分支机构应当进行经常性的稽核和检查监督

D. 商业银行可以在法定的会计账册外另立会计账册

【解析】D 项，商业银行应当依照法律和国家统一的会计制度以及国务院银行业监督管理机构的有关规定，建立、健全本行的财务、会计制度，不得在法定的会计账册外另立会计账册。

29. 洗钱的阶段不包括(　　)。

A. 处置阶段　　B. 培植阶段　　C. 洗白阶段　　D. 融合阶段

【解析】洗钱的过程通常被分为三个阶段，即处置阶段、培植阶段、融合阶段，每个阶段都各有其目的及形态，洗钱犯罪交错运用不同的方法，以达到洗钱的目的。

二、多选题(下列选项中有两项或两项以上符合题目要求，请将符合题目要求选项的代码填入括号内)

1. 下列属于洗钱的常见方式的是(　　)。[2022 年 7 月真题]

A. 借用金融机构　　B. 通过证券和保险业洗钱

C. 使用空壳公司　　D. 伪造商业票据

E. 利用犯罪所得直接购置不动产和动产

【解析】洗钱的常见方式包括：①借用金融机构；②藏身于保密天堂；③使用空壳公司；④利用现金密集行业；⑤伪造商业票据；⑥走私；⑦利用犯罪所得直接购置不动产和动产；⑧通过证券和保险业洗钱。

2. 我国货币政策目标“保持货币币值稳定”中的“币值稳定”包括(　　)。[2019 年 10 月真题]

A. 利率稳定　　B. 汇率稳定　　C. 官方利率稳定　　D. 贴现率稳定

E. 国内物价稳定

【解析】在现阶段，我国的货币政策目标是“保持货币币值稳定，并以此促进经济增长”。币值稳定既包括避免通货膨胀和防止通货紧缩，也包括货币对内币值稳定(国内物价稳定)和对外币值稳定(汇率稳定)。

3. 下列属于中国人民银行法定职责的有(　　)。[2017 年 6 月真题]

A. 实施外汇管理，监督管理银行间外汇市场

B. 对银行业金融机构的业务活动及其风险状况进行非现场监管

C. 对银行业金融机构的董事和高级管理人员实行任职资格管理

D. 监督管理黄金市场

E. 监督管理银行间同业拆借市场和银行间债券市场

【解析】中国人民银行的法定职责有：①发布与履行其职责有关的命令和规章；②依法制定和执行货币政策；③发行人民币，管理人民币流通；④监督管理银行间同业拆借市场和银行间债券市场；⑤实施外汇管理，监督管理银行间外汇市场；⑥监督管理黄金市场；⑦持有、管理、经营国家外汇储备、黄金储备；⑧经理国库；⑨维护支付、清算系统的正常运行；⑩指导、部署金融业反洗钱工作，负责反洗钱的资金监测；⑪负责金融

29C ┃ 1ABCDE　2BE　3ADE

业的统计、调查、分析和预测；⑫作为国家的中央银行，从事有关的国际金融活动；⑬国务院规定的其他职责。

4. 根据《商业银行法》，我国商业银行的业务范围包括(　　)。[2016 年 6 月真题]
A. 人民币贷款　　B. 外汇买卖　　C. 国际结算　　D. 人民币存款
E. 提供保管箱服务

【解析】根据《商业银行法》，商业银行可以经营下列部分或者全部业务：①吸收公众存款；②发放短期、中期和长期贷款；③办理国内外结算；④办理票据承兑与贴现；⑤发行金融债券；⑥代理发行、代理兑付、承销政府债券；⑦买卖政府债券、金融债券；⑧从事同业拆借；⑨买卖、代理买卖外汇；⑩从事银行卡业务；⑪提供信用证服务及担保；⑫代理收付款项及代理保险业务；⑬提供保管箱服务；⑭经国务院银行业监督管理机构批准的其他业务。

5. 依据法律规定，国务院银行业监督管理机构对银行业金融机构进行检查时，对涉嫌违法事项相关的单位和个人可以采取的措施有(　　)。[2015 年 10 月真题]
A. 询问有关单位和个人，要求说明有关情况
B. 对可能被转移、隐匿、毁损或者伪造的文件、资料，予以先行登记保存
C. 对违法事项有关的个人采取短暂的限制自由的强制措施
D. 冻结违法单位和个人的有关账号
E. 查阅、复制有关财务会计等文件

【解析】根据《银行业监督管理法》，国务院银行业监督管理机构可以对与涉嫌违法事项有关的单位和个人采取的措施有：①询问有关单位或者个人，要求其对有关情况作出说明；②查阅、复制有关财务会计、财产权登记等文件、资料；③对可能被转移、隐匿、毁损或者伪造的文件、资料，予以先行登记保存。

6. 我国商业银行不得在境内进行的业务有(　　)。[2010 年 5 月真题]
A. 代售基金　　B. 黄金交易　　C. 证券经营　　D. 外汇买卖
E. 信托投资

【解析】《商业银行法》第四十三条规定："商业银行在中华人民共和国境内不得从事信托投资和证券经营业务，不得向非自用不动产投资或者向非银行金融机构和企业投资，但国家另有规定的除外。"限制银行从事信托投资、证券经营业务和向非自用不动产投资和企业投资，主要是为了贯彻金融分业经营的原则，防范金融风险，维护金融安全。

7. 我国《商业银行法》对商业银行金融业务和直接投资的限制包括(　　)。[2009 年 10 月真题]
A. 不得从事商业房地产投资　　B. 不得从事信托投资业务
C. 不得从事债券投资业务　　D. 不得从事证券经营业务
E. 不得向非自用不动产投资

【解析】商业银行在中华人民共和国境内不得从事信托投资和证券经营业务，不得向非自用不动产投资或者向非银行金融机构和企业投资，但国家另有规定的除外。

4ABCDE　5ABE　6CE　7ABDE

8. 中国人民银行为执行货币政策，可以运用下列哪些货币政策工具？(　　)

A. 要求银行业金融机构按照规定的比例交存存款准备金

B. 确定中央银行基准利率

C. 为在中国人民银行开立账户的银行业金融机构办理再贴现

D. 向商业银行提供贷款

E. 在公开市场上买卖国债、其他政府债券和金融债券及外汇

【解析】中国人民银行为执行货币政策，可以运用的货币政策工具包括：①要求银行业金融机构按照规定的比例交存存款准备金；②确定中央银行基准利率；③为在中国人民银行开立账户的银行业金融机构办理再贴现；④向商业银行提供贷款；⑤在公开市场上买卖国债、其他政府债券和金融债券及外汇；⑥国务院确定的其他货币政策工具。

9. 我国人民币的禁止性规定中规定的禁止行为包括(　　)。

A. 伪造、变造人民币

B. 出售伪造、变造的人民币

C. 购买伪造、变造的人民币

D. 明知是伪造、变造的人民币而持有、使用

E. 在宣传品、出版物或者其他商品上非法使用人民币图样的

【解析】关于人民币的禁止性规定包括：①任何人不得以拒收、印售代币券等方式否认人民币在中国境内的法币地位，否则会依法受到行政处罚；②伪造、变造人民币，或是出售、购买、运输、持有、使用伪造、变造的人民币，或是故意毁损人民币、非法使用人民币图样等，均为违法行为。

10. 中国人民银行有权对金融机构以及其他单位和个人的下列哪些行为进行检查监督？(　　)

A. 执行有关存款准备金管理规定的行为

B. 与中国人民银行普通贷款有关的行为

C. 执行有关人民币管理规定的行为

D. 执行有关反洗钱规定的行为

E. 执行有关白银管理规定的行为

【解析】除 ACD 三项外，中国人民银行有权对金融机构以及其他单位和个人的下列行为进行检查监督：①与中国人民银行特种贷款有关的行为；②执行有关银行间同业拆借市场、银行间债券市场管理规定的行为；③执行有关外汇管理规定的行为；④执行有关黄金管理规定的行为；⑤代理中国人民银行经理国库的行为；⑥执行有关清算管理规定的行为。

11. 根据《银行业监督管理法》，对问题银行业金融机构进行处置的方式主要有(　　)。

A. 解散　　B. 接管　　C. 促成重组　　D. 强制申请破产

E. 撤销

【解析】根据《银行业监督管理法》，对问题银行业金融机构进行处置的方式主要有：①接管，是国务院银行业监督管理机构依法保护银行业金融机构经营安全、合法的一

8ABCDE　9ABCDE　10ACD　11BCE

项预防性拯救措施；②促成重组，是使问题银行业金融机构摆脱其所面临的财务困难，并继续经营而采取的拯救措施；③撤销，是国务院银行业监督管理机构对经其批准设立的具有法人资格的银行业金融机构采取的终止其法人资格的行政强制措施。

12. 国务院银行业监督管理机构对银行业金融机构的其他监督管理措施包括(　　)。

A. 延伸调查　　B. 接管

C. 审慎性监督管理谈话　　D. 强制披露

E. 撤销

【解析】其他监督管理措施包括：①延伸调查；②审慎性监督管理谈话；③强制披露；④查询涉嫌违法账户和申请冻结涉嫌违法资金。

13. 根据《商业银行法》，下列选项中属于商业银行可以经营的业务的是(　　)。

A. 吸收公众存款　　B. 发放短期、中期和长期贷款

C. 发行人民币，管理人民币流通　　D. 办理国内外结算

E. 依法制定和执行货币政策

【解析】CE 两项属于中央银行的职责。

14. 下列关于商业银行组织机构的说法，正确的是(　　)。

A. 城市商业银行属于全国性商业银行

B. 设立全国性商业银行的注册资本最低限额为一亿元人民币

C. 商业银行的注册资本应当是实缴资本

D. 商业银行分支机构不具有法人资格，在总行授权范围内依法开展业务，其民事责任由总行承担

E. 商业银行对其分支机构实行全行统一核算，统一调度资金，分级管理的财务制度

【解析】A 项，全国性商业银行，包括国有控股大型商业银行、全国性股份制商业银行等。区域性商业银行主要包括城市商业银行、农村商业银行、村镇银行等。B 项，设立全国性商业银行的注册资本最低限额为十亿元人民币。设立城市商业银行的注册资本最低限额为一亿元人民币，设立农村商业银行的注册资本最低限额为五千万元人民币。

15. 下列可以成为借款人主体的有(　　)。

A. 国家机关　　B. 个体工商户

C. 限制行为能力人　　D. 企业法人

E. 其他经济组织

【解析】借款人是指与贷款人建立贷款法律关系的法人、其他组织或自然人。

16. 根据《商业银行法》中的相关规定，商业银行须在下列哪些事项之后才可以将资金同业拆出？(　　)

A. 交足存款准备金　　B. 留足备付金

C. 归还中国人民银行到期贷款　　D. 留足股东的股权收益

E. 留足坏账准备金

12ACD　13ABD　14CDE　15BDE　16ABC

【解析】《商业银行法》第四十六条规定，商业银行同业拆借业务的拆出资金限于交足存款准备金、留足备付金和归还中国人民银行到期贷款之后的闲置资金。

17. 下列关于商业银行的接管与终止的说法，正确的是(　　)。
   A. 接管的目的是对被接管的商业银行采取必要措施，以保护存款人的利益，恢复商业银行的正常经营能力
   B. 接管由国务院银行业监督管理机构决定，并组织实施
   C. 接管决定由被接管商业银行予以公告
   D. 接管期限届满，国务院银行业监督管理机构可以决定延期，但接管期限最长不得超过一年
   E. 自接管开始之日起，被接管的商业银行的债权债务关系因接管而变化

   【解析】C 项，接管决定由国务院银行业监督管理机构予以公告；D 项，接管自接管决定实施之日起开始，接管期限届满，国务院银行业监督管理机构可以决定延期，但接管期限最长不得超过两年；E 项，自接管开始之日起，由接管组织行使商业银行的经营管理权力，但被接管的商业银行的债权债务关系不因接管而变化。

三、判断题(请对下列各题的描述做出判断，正确的用 A 表示，错误的用 B 表示)

1. 根据执行货币政策和维护金融稳定的需要，一般情况下中国人民银行可以建议国务院银行业监督管理机构对银行业金融机构进行检查监督。(　　)[2017 年 6 月真题]

   【解析】根据《中国人民银行法》第三十三条，中国人民银行根据执行货币政策和维护金融稳定的需要，可以建议国务院银行业监督管理机构对银行业金融机构进行检查监督。国务院银行业监督管理机构应当自收到建议之日起三十日内予以回复。

2. 1984 年 1 月 1 日起，中国人民银行所承担的工商信贷和储蓄业务职能移交至中国工商银行，中国人民银行开始专门行使中央银行的职能，标志着我国开始实行与商品经济发展相适应的中央银行体系。(　　)[2015 年 10 月真题]

   【解析】从 1984 年 1 月 1 日起，中国人民银行开始专门行使中央银行职能，随后初步确定了中央银行制度的基本框架。1993 年，按照国务院《关于金融体制改革的决定》，中国人民银行进一步强化金融调控、金融监管和金融服务职责，划转政策性业务和商业银行业务。这些改革进程标志着我国中央银行和专业银行并行的“二元制”银行体系的逐步建立。

3. 洗钱的处置阶段是指通过复杂的多种、多层的金融交易，将犯罪收益与来源分开，并进行最大程度的分散，以掩饰线索和隐藏身份。(　　)[2015 年 10 月真题]

   【解析】洗钱的过程通常被分为三个阶段，即处置阶段、培植阶段、融合阶段。处置阶段是指将犯罪收益投入到清洗系统的过程，是最容易被侦查到的阶段。培植阶段，即通过复杂的多种、多层的金融交易，将非法收益与其来源分开，并进行最大限度的分散，以掩饰线索和隐藏身份。融合阶段，被形象地描述为“甩干”，即使非法变为合法，为犯罪得来的财务提供表面的合法掩盖，在犯罪收益披上了合法外衣后，犯罪收益人就能够自由地享用这些肮脏的收益，将清洗后的钱集中起来。

17AB ▎ 1A　2A　3B

4. 商业银行向关系人发放担保贷款的条件可以优于其他贷款人同类贷款的条件。(　　)［2013 年 6 月真题］

【解析】商业银行不得向关系人发放信用贷款；向关系人发放担保贷款的条件不得优于其他借款人同类贷款的条件。

5. 商业银行在中华人民共和国境内不得从事信托投资和证券经营业务，不得向非银行金融机构和企业投资，但国家另有规定的除外。(　　)［2012 年 6 月真题］

【解析】商业银行在中华人民共和国境内不得从事信托投资和证券经营业务，不得向非自用不动产投资或者向非银行金融机构和企业投资，但国家另有规定的除外。

6.《商业银行法》规定商业银行的资本充足率不得低于 8%。(　　)［2010 年 5 月真题］

【解析】根据《商业银行法》第三十九条规定，商业银行贷款，应当遵守下列资产负债比例管理的规定：①资本充足率不得低于百分之八；②贷款余额与存款余额的比例不得超过百分之七十五；③流动性资产余额与流动性负债余额的比例不得低于百分之二十五；④对同一借款人的贷款余额与商业银行资本余额的比例不得超过百分之十；⑤国务院银行业监督管理机构对资产负债比例管理的其他规定。

7. 在宣传品、出版物或者其他商品上非法使用人民币图样的，由公安机关处十五日以下拘留、一万元以下罚款。(　　)

【解析】在宣传品、出版物或者其他商品上非法使用人民币图样的，中国人民银行应当责令改正，并销毁非法使用的人民币图样，没收违法所得，并处五万元以下罚款。出售、购买伪造、变造的人民币或者明知是伪造、变造的人民币而运输、持有、使用，构成犯罪的，依法追究刑事责任；尚不构成犯罪的，由公安机关处十五日以下拘留、一万元以下罚款。

8. 国务院银行业监督管理机构及其派出机构遵循公平、公开、公正和效率的原则对银行业实施监督管理。(　　)

【解析】国务院银行业监督管理机构及其派出机构遵循依法、公开、公正和效率的原则对银行业实施监督管理。

9. 审慎经营规则是国务院银行业监督管理机构对银行业金融机构提出的核心经营目标。(　　)

【解析】审慎经营规则是国务院银行业监督管理机构对银行业金融机构提出的核心经营目标，包括风险管理、内部控制、资本充足率、资产质量、损失准备金、风险集中、关联交易、资产流动性等内容。

10. 未经国务院银行业监督管理机构批准，任何单位或者个人不得设立银行业金融机构或者从事银行业金融机构的业务活动，但是银行业金融机构设立分支机构不需要国务院银行业监督管理机构的批准。(　　)

【解析】银行业金融机构未经批准设立分支机构的，或未经批准变更、终止的，由国务院银行业监督管理机构及其派出机构责令改正，有违法所得的，没收违法所得，并处

4B　5A　6A　7B　8B　9A　10B

以罚款。

11. 国务院银行业监督管理机构对于银行业金融机构违反规定从事未经批准或者未备案的业务活动的追究方式与对银行业金融机构未经批准设立分支机构的处罚追究的方式相同。(　　)

【解析】银行业金融机构违反规定从事未经批准或者未备案的业务活动的，国务院银行业监督管理机构及其派出机构应当处罚追究。处罚追究方式与对银行业金融机构未经批准设立分支机构的，或未经批准变更、终止的处罚追究的方式相同。

12. 撤销是国务院银行业监督管理机构依法保护银行业金融机构经营安全、合法的一项预防性拯救措施。(　　)

【解析】接管是国务院银行业监督管理机构依法保护银行业金融机构经营安全、合法的一项预防性拯救措施。银行业金融机构有违法经营、经营管理不善等情形，不予撤销将严重危害金融秩序、损害公众利益的，国务院银行业监督管理机构有权予以撤销。撤销是国务院银行业监督管理机构对经其批准设立的具有法人资格的银行业金融机构采取的终止其法人资格的行政强制措施。

13. 接管期限届满前，被接管的商业银行已恢复正常经营能力的接管终止。(　　)

【解析】依照《商业银行法》，有下列情形之一的，接管终止：①接管决定规定的期限届满或者国务院银行业监督管理机构决定的接管延期届满；②接管期限届满前，该商业银行已恢复正常经营能力；③接管期限届满前，该商业银行被合并或者被依法宣告破产。

11A　12B　13A

第二章　民事法律制度

一、单选题(下列选项中只有一项最符合题目要求，请将正确选项的代码填入括号内)

1. 在诉讼时效期间进行中，因发生法定事由，致使已经经过的时效期间统归无效，待时效中断的事由消除后，诉讼时效期间重新起算的制度是(　　)。[2023 年 10 月真题]

   A. 诉讼时效终止　B. 诉讼时效延长　C. 诉讼时效中断　D. 诉讼时效中止

   【解析】诉讼时效中断是指在诉讼时效期间进行中，因发生法定事由，致使已经经过的时效期间统归无效，待时效中断的事由消除后，诉讼时效期间重新起算。诉讼时效中止是指在诉讼时效进行中，因发生法定事由而使权利人无法行使请求权，暂停计算诉讼时效期间。诉讼时效延长是指权利人在诉讼时效期间确有正当理由而未能行使请求权，人民法院适当延长诉讼时效期间的制度。

2. 以下主体中不属于民事诉讼当事人的是(　　)。[2023 年 10 月真题]

   A. 第三人　B. 原告　C. 共同诉讼人　D. 诉讼代理人

   【解析】民事诉讼当事人包括原告、被告、第三人和共同诉讼人。

3. 下列哪项不是留置权的主要特征(　　)。[2022 年 7 月真题]

   A. 留置权发生两次效力，即留置标的物和变价并优先受偿

   B. 留置权具有不可分性，即债权得到全部清偿之前，留置权人无权留置全部标的物

   C. 留置权只能发生在特定的合同关系中，如保管合同、运输合同和加工承揽合同

   D. 留置权实现时，留置权人必须确定债务人履行债务的宽限期

   【解析】B 项，法律规定或者当事人约定不得留置的动产，不得留置；留置财产为可分物的，留置财产的价值应当相当于债务的金额。

4. 对他人之间的诉讼标的有独立的请求权或虽无独立的请求权，但是与案件的处理结果有法律上的利害关系，而参加他人之间正在进行的诉讼的人是(　　)。[2021 年 10 月真题]

   A. 诉讼代理人　B. 共同诉讼人　C. 诉讼代表人　D. 第三人

   【解析】民事诉讼当事人包括原告、被告、第三人和共同诉讼人，其中第三人是指对他人之间的诉讼标的有独立的请求权或虽无独立的请求权，但是与案件的处理结果有法律上的利害关系，而参加他人之间正在进行的诉讼的人。

5. (　　)是指无权代理人的代理行为客观上存在使相对人相信其有代理权的情况，且相对人主观上为善意，因而可以向被代理人主张代理的效力。[2021 年 10 月真题]

   A. 表见代理　B. 委托代理　C. 无权代理　D. 法定代理

   【解析】表见代理是指无权代理人的代理行为客观上存在使相对人相信其有代理权的情况，且相对人主观上为善意，因而可以向被代理人主张代理的效力。B 项，委托代理是根据委托人的委托授权而产生的代理关系；C 项，无权代理是指行为人不具有代理权，

1C　2D　3B　4D　5A

但以他人的名义与第三人进行代理行为；D 项，法定代理是根据法律的规定而直接产生的代理关系。

6. 无效合同的法律效力(　　)。[2021 年 6 月真题]

A. 自履行时无效　　B. 自被确认无效时无效

C. 自登记时无效　　D. 自订立时无效

【解析】无效合同是指合同虽然已经成立，但因其欠缺法定有效要件，从法律上不予以承认和保护的合同。无效的合同自始没有法律约束力，自订立时即无效。

7. 合法代理行为的法律后果直接归属于(　　)。[2021 年 6 月真题]

A. 被代理人　　B. 第三人　　C. 代理人　　D. 代理人和被代理人

【解析】代理行为是指能够引起民事法律后果的民事法律行为，就是说通过代理人所为的代理行为，能够在被代理人与第三人之间产生、变更或消灭某种民事法律关系。代理行为的法律后果直接归属于被代理人。

8. 我国《民法典》规定的普通诉讼时效期间为(　　)年。[2019 年 6 月真题]

A. 1　　B. 2　　C. 3　　D. 5

【解析】诉讼时效分为普通诉讼时效、特别诉讼时效和最长诉讼时效。除了法律有特别规定外，所有的民事法律关系都适用于普通诉讼时效。我国《民法典》第一百八十八条规定的普通诉讼时效期间为三年。

9. 夫妻一方因身体受到伤害获得的医疗费，属于(　　)。[2019 年 6 月真题]

A. 夫妻共同生活较长的按共同财产处理

B. 夫妻共同财产

C. 推定为夫妻共同财产

D. 夫妻一方个人财产

【解析】下列财产为夫妻一方的个人财产：①一方的婚前财产；②一方因受到人身损害获得的赔偿或者补偿；③遗嘱或者赠与合同中确定只归一方的财产；④一方专用的生活用品；⑤其他应当归一方的财产。

10. 自债务人的行为发生之日起(　　)年内没有行使撤销权的，该撤销权消灭。[2018 年 10 月真题]

A. 1　　B. 2　　C. 3　　D. 5

【解析】根据《民法典》第五百四十一条规定，撤销权自债权人知道或者应当知道撤销事由之日起一年内行使。自债务人的行为发生之日起五年内没有行使撤销权的，该撤销权消灭。

11. 留置权是指债务人不履行到期债务，债权人可以留置已经合法占有的债务人的(　　)，并有权就该财产优先受偿。[2017 年 10 月真题]

A. 权利凭证　　B. 动产　　C. 不动产和动产　　D. 不动产

【解析】留置权是指债务人不履行到期债务，债权人可以留置已经合法占有的债务人的

6D　7A　8C　9D　10D　11B

动产，并有权就该动产优先受偿。留置权只能发生在特定的合同关系中。

12. 诉讼时效期间从(　　)开始起算。[2016 年 6 月真题]

A. 主张权利时

B. 提起诉讼时

C. 知道或应当知道权利受到损害以及义务人之日

D. 侵害行为发生时

【解析】诉讼时效的起算是指确定诉讼时效期间的开始时间点。《民法典》第一百八十八条规定，诉讼时效期间自权利人知道或者应当知道权利受到损害以及义务人之日起计算。法律另有规定的，依照其规定。

13. 限制民事行为能力人可以进行与其(　　)相适应的民事活动。[2015 年 10 月真题]

A. 身份　　B. 家庭环境

C. 年龄、智力、精神状况　　D. 地位

【解析】限制行为能力，是指行为人只能独立实施与其年龄、智力或精神状况相适应的民事行为的资格。《民法典》第十九条规定，八周岁以上的未成年人为限制民事行为能力人，实施民事法律行为由其法定代理人代理或者经其法定代理人同意、追认，但是可以独立实施纯获利益的民事法律行为或者与其年龄、智力相适应的民事法律行为。《民法典》第二十二条规定，不能完全辨认自己行为的成年人为限制民事行为能力人，实施民事法律行为由其法定代理人代理或者经其法定代理人同意、追认；但是可以独立实施纯获利益的民事法律行为或者与其智力、精神健康状况相适应的民事法律行为。

14. 进行夫妻财产约定，应当(　　)。[2015 年 10 月真题]

A. 采用口头形式　　B. 进行公证

C. 采用书面形式　　D. 有第三人见证

【解析】根据约定夫妻财产制的相关规定，男女双方可以约定婚姻关系存续期间所得的财产以及婚前财产归各自所有、共同所有或者部分各自所有、部分共同所有。约定应当采用书面形式。夫妻对婚姻关系存续期间所得的财产以及婚前财产的约定，对双方具有法律约束力。

15. 民事法律行为应具备的条件不包括(　　)。[2015 年 10 月真题]

A. 不违反法律、行政法规的强制性规定，不违背公序良俗

B. 行为人具有完全民事行为能力

C. 行为人具有相应的民事行为能力

D. 意思表示真实

【解析】民事法律行为是民事主体通过意思表示设立、变更、终止民事法律关系的行为。有效民事法律行为应当具备三个条件：①行为人具有相应的民事行为能力；②意思表示真实；③不违反法律、行政法规的强制性规定，不违背公序良俗。

16. 一物一权原则的含义是(　　)。[2015 年 10 月真题]

A. 一个物上不能同时设立两个或者两个以上在性质上相互排斥或内容上不相容的物权

12C　13C　14C　15B　16A

B. 物权受法律保护

C. 不动产物权的设立、变更、转让和消灭，应当依照法律法规登记

D. 物权的种类和内容由法律规定

【解析】物权是权利人依法对特定的物享有直接支配和排他的权利，包括所有权、用益物权和担保物权。一物一权原则是指：①一个物之上只能设立一个所有权而不能同时设立两个以上的所有权；②在一个物上不能同时设立两个或者两个以上在性质上相互排斥或内容上不相容的物权。

17. 下列选项中具有法人资格的是(　　)。[2015 年 10 月真题]

A. 某银行董事会　B. 个体工商户　C. 某公司财务部　D. 一个公司

【解析】法人是具有民事权利能力和民事行为能力，依法独立享有民事权利和承担民事义务的组织。根据我国《民法典》的规定，法人分为营利法人、非营利法人和特别法人。AC 两项属于企业内部的某个机构或部门，不具有独立的法人资格；B 项，自然人不具备法人资格。

18. 下列关于定金和订金的表述中，错误的是(　　)。[2015 年 10 月真题]

A. 定金是一种担保方式，而订金不具有担保功能

B. 定金具有预付款性质

C. 收受定金的一方不履行约定的债务的，应当双倍返还定金

D. 订金的数额可由当事人之间自由约定

【解析】定金和订金的区别如下：①性质不同。定金是一种担保方式，而订金一般认为具有预付款性质，不具有担保功能。②效力不同。收受定金的一方不履行约定的债务的，应当双倍返还定金；而收受订金的当事人一方不履行合同债务时，退还订金即可，无须双倍返还。③数额限制不同。定金的数额不超过主合同标的额的百分之二十；而订金的数额依当事人之间自由约定，法律未作限制。

19. 以依法可以转让的商标专用权、专利权、著作权中的财产权出质的，应向管理部门办理出质登记，质权自(　　)之日起设立。[2015 年 5 月真题]

A. 订立　B. 出质　C. 转让　D. 登记

【解析】以注册商标专用权、专利权、著作权等知识产权中的财产权出质的，质权自办理出质登记时设立。知识产权中的财产权出质后，出质人不得转让或者许可他人使用，但是出质人与质权人协商同意的除外。

20. 下列财产中不得抵押的财产是(　　)。[2014 年 11 月真题]

A. 国有土地使用权　B. 个人享有的房屋产权

C. 宅基地的使用权　D. 企业所有的汽车

【解析】下列财产不得抵押：①土地所有权；②宅基地、自留地、自留山等集体所有土地的使用权，但是法律规定可以抵押的除外；③学校、幼儿园、医疗机构等为公益目的成立的非营利法人的教育设施、医疗卫生设施和其他公益设施；④所有权、使用权不明或者有争议的财产；⑤依法被查封、扣押、监管的财产；⑥法律、行政法规规定

17D　18B　19D　20C

不得抵押的其他财产。

21. 因重大误解而订立的合同属于(　　)。[2014 年 6 月真题]

A. 无效合同　　B. 可撤销合同　　C. 有效合同　　D. 效力待定合同

【解析】可变更、可撤销的合同是指当事人在订立合同后，基于法定的理由，向法院或仲裁机关请求撤销的合同。可变更、可撤销的合同的类型包括：①因重大误解订立的合同；②显失公平的合同；③因欺诈而订立的合同；④因胁迫而订立的合同；⑤乘人之危的合同。

22. 甲向乙贷款 6 万元，由丙书面承诺在甲不能履行债务时，由丙承担一般保证责任，借款到期后，甲虽有钱仍想赖账不还，乙找甲催款未果，遂要求丙履行保证责任还款，下列关于保证责任的表述，正确的是(　　)。[2013 年 11 月真题]

A. 丙目前可以拒绝承担保证责任

B. 丙应当履行保证责任，先代甲还款 6 万元后，再向甲追债

C. 丙应当履行保证责任，代甲还款 6 万元

D. 丙应当履行保证责任，与乙共同向甲追款，追款未果给乙还款 6 万元

【解析】保证是指保证人和债权人约定，当债务人不履行到期债务或者发生当事人约定的情形时，保证人履行债务或者承担责任的行为。保证的方式有一般保证和连带责任保证。当事人在保证合同中约定，债务人不能履行债务时，由保证人承担保证责任的，为一般保证。一般保证的保证人在主合同纠纷未经审判或者仲裁，并就债务人财产依法强制执行仍不能履行债务前，有权拒绝向债权人承担保证责任。

23. 下列属于民事法律行为的是(　　)。[2013 年 11 月真题]

A. 某企业与银行签订高于人民银行限定的存款利率合同

B. 张三依法委托李四为其申请贷款

C. 某企业与银行签订存款合同，目的为企业洗钱

D. 7 岁的小明买银行理财产品

【解析】民事法律行为是民事主体通过意思表示设立、变更、终止民事法律关系的行为。当事人从事民事法律行为应具备以下条件：①行为人具有相应的民事行为能力；②意思表示真实；③不违反法律、行政法规的强制性规定，不违背公序良俗。AC 两项行为违反了相关的法律；D 项，行为人仅 7 岁，无民事行为能力。

24. 下列关于无效合同表述正确的是(　　)。[2012 年 6 月真题]

A. 合同部分无效，不影响其他部分效力

B. 合同部分无效，整体无效

C. 有过错一方不需承担缔约过失责任

D. 合同无效自判定无效起无效

【解析】B 项，合同部分无效，不影响其他部分效力，其他部分仍然有效；C 项，有过错的一方应当赔偿对方因此所受到的损失，双方都有过错的，应当各自承担相应的责任；D 项，无效的合同自始没有法律约束力。

21B　22A　23B　24A

25. 下列关于合同生效要件的表述，错误的是(　　)。[2011 年 10 月真题]

A. 当事人意思表示真实

B. 合同标的合法，即当事人签订的合同不违反法律和社会公共利益

C. 合同标的须确定和可能

D. 至少有一方当事人具有相应的民事行为能力

【解析】合同生效的要件：①当事人必须具有相应的民事行为能力；②当事人意思表示真实；③合同标的合法，即当事人签订的合同不违反法律和社会公共利益；④合同标的须确定和可能。

26. 下列关于法人的表述中，正确的是(　　)。[2009 年 10 月真题]

A. 只具有民事权利能力，不一定具有民事行为能力

B. 既具有民事权利能力，也具有民事行为能力

C. 只具有民事行为能力，不一定具有民事权利能力

D. 既不具有民事权利能力，也不具有民事行为能力

【解析】法人是具有民事权利能力和民事行为能力，依法独立享有民事权利和承担民事义务的组织。

27. 从民事法律行为来说，甲商业银行授权其业务经理乙与客户商谈业务并签订合同，该代理属于(　　)。[2009 年 10 月真题]

A. 指定代理　　B. 委托代理　　C. 业务代理　　D. 法定代理

【解析】根据《民法典》第一百六十三条的规定，代理包括委托代理和法定代理。委托代理是根据委托人的委托授权而产生的代理关系；法定代理是根据法律的规定而直接产生的代理关系，主要是为保护无民事行为能力人和限制民事行为能力人的合法权益而设定。本题中，甲商业银行是委托人，业务经理乙是代理人，此种代理属于委托代理。

28. 根据《民法典》的相关规定，当事人订立合同应当按照法定程序进行，即采取(　　)方式。[2009 年 10 月真题]

A. 起草和抄写　　B. 意思和表示　　C. 要约和承诺　　D. 协商和证明

【解析】当事人订立合同，可以采取要约、承诺方式或者其他方式。要约是希望和他人订立合同的意思表示，承诺是受要约人同意要约的意思表示。

29. 合同生效是指(　　)。[2009 年 10 月真题]

A. 合同履行完毕　　B. 合同双方当事人按照约定履行义务

C. 已经成立的合同具有法律约束力　　D. 合同订立过程的结束

【解析】合同生效是指依法订立的合同在当事人之间发生法律约束力。合同成立是合同生效的前提。

30. 在保证期间，债权人与债务人协议变更主合同的，(　　)。[2009 年 10 月真题]

A. 应当取得保证人书面同意　　B. 取得保证人口头同意即可

C. 无须取得保证人同意　　D. 通知保证人即可

【解析】债权人与债务人协议变更主合同的，应当取得保证人书面同意，未经保证人书

25D　26B　27B　28C　29C　30A

面同意，减轻债务的，保证人仍对变更后的债务承担保证责任；加重债务的，保证人对加重的部分不承担保证责任。

31. 某商业银行接受客户拥有的股权作为其借款担保，该担保方式属于(　　)。[2009 年 10 月真题]

A. 信用贷款　B. 保证　C. 质押　D. 抵押

【解析】质押是指债务人或第三人将其动产或权利凭证移交债权人占有或者将法律法规允许质押的权利依法进行登记，将该动产或权利作为债权的担保，当债务人不履行债务时，债权人有权依法就该动产或权利处分所得的价款优先受偿。股权本质属于一种权利，因而以股权设定的担保属于质押。

32. 以下不属于债务人的相对人知道或者应当知道相应情形，债权人可以请求人民法院撤销债务人的行为的是(　　)。

A. 债务人以明显不合理的低价转让财产

B. 债务人以明显不合理的高价受让他人财产

C. 债务人没有为他人的债务提供担保

D. 债务人为他人的债务提供担保

【解析】《民法典》第五百三十九条规定，债务人以明显不合理的低价转让财产、以明显不合理的高价受让他人财产或者为他人的债务提供担保，影响债权人的债权实现，债务人的相对人知道或者应当知道该情形的，债权人可以请求人民法院撤销债务人的行为。

33. 当事人一方不履行合同义务或者履行合同义务不符合约定时，应当承担的违约责任不包括(　　)。

A. 继续履行　B. 终止履行　C. 赔偿损失　D. 采取补救措施

【解析】当事人一方不履行合同义务或者履行合同义务不符合约定的，应当承担继续履行、采取补救措施或者赔偿损失等违约责任。

34. 最长诉讼时效期间为(　　)年。

A. 5　B. 10　C. 15　D. 20

【解析】最长诉讼时效，即《民法典》第一百八十八条规定的二十年诉讼时效期间。自权利受到损害之日起超过二十年的，人民法院不予保护。

35. 下列关于仲裁的说法，不正确的是(　　)。

A. 没有仲裁协议，一方申请仲裁的，仲裁委员会不予受理

B. 当事人达成仲裁协议，一方向人民法院起诉的，人民法院不予受理，但仲裁协议无效的除外

C. 实践中，仲裁协议有两种形式，两种形式的仲裁协议法律效力不同

D. 仲裁实行的是一裁终局制度

【解析】实践中，仲裁协议有两种形式：①在争议发生之前订立的，它通常作为合同中的一项仲裁条款出现；②在争议之后订立的，它是把已经发生的争议提交给仲裁的协

31C　32C　33B　34D　35C

议。这两种形式的仲裁协议，其法律效力相同。

36. 物权是指权利人依法对特定的物享有直接支配和排他的权利，下列不属于物权的是(　　)。

A. 所有权　　B. 用益物权　　C. 担保物权　　D. 债权

【解析】物权包括所有权、用益物权和担保物权。所有权是物权中最完整、最充分的权利，担保物权和用益物权都是从所有权派生出来的。

37. 下列不属于代理活动包含的法律关系的是(　　)。

A. 被代理人与代理人之间的基础法律关系

B. 代理人与第三人所为的民事法律行为

C. 被代理人与第三人之间承受代理行为产生的法律后果

D. 代理人与第三人之间的基础法律关系

【解析】代理活动涉及三方主体，其整体是代理法律关系，又包含着三部分内容：①被代理人与代理人之间产生代理的基础法律关系，如委托合同；②代理人与第三人所为的民事法律行为，称为代理行为；③被代理人与第三人之间承受代理行为产生的法律后果，即基于代理行为而产生、变更或消灭的某种法律关系。

38. 建立在劳动合同关系、合伙关系、工作职务关系等特定基础法律关系之上的代理是(　　)。

A. 表见代理　　B. 法定代理　　C. 委托代理　　D. 无权代理

【解析】委托代理是根据委托人的委托授权而产生的代理关系。委托代理一般建立在特定的基础法律关系之上，可以是劳动合同关系、合伙关系、工作职务关系，而多数是委托合同关系。

39. 抵押是担保的一种方式，下列说法正确的是(　　)。

A. 债权人不占有抵押的财产

B. 债权人任何时候都无权就抵押财产优先受偿

C. 无论债务人是否履行到期债务，抵押物均可直接用于清偿

D. 债权人有权使用抵押物

【解析】抵押是指为担保债务的履行，债务人或者第三人不转移财产的占有，将财产抵押给债权人的，债务人不履行到期债务或者发生当事人约定的实现抵押权的情形，债权人有权就该财产优先受偿。

40. 下列选项中，不属于定金和订金的区别的是(　　)。

A. 性质不同　　B. 效力不同　　C. 数额限制不同　　D. 适用法律不同

【解析】定金和订金的区别表现在以下几个方面：①性质不同。定金是一种担保方式；而订金一般认为具有预付款性质，不具有担保功能。②效力不同。收受定金的一方不履行约定的债务的，应当双倍返还定金；而收受订金的当事人一方不履行合同债务时，退还订金即可，无须双倍返还。③数额限制不同。定金数额不超过主合同标的额的百分之二十；而订金的数额依当事人之间自由约定，法律未作限制。

36D　37D　38C　39A　40D

41. 张三向李四借款10000元，同意将自己的笔记本电脑质押，该质权自(　　)起设立。

A. 合同签订　　B. 合同生效　　C. 质物交付　　D. 质押登记

【解析】质权自出质人交付质押财产时设立。

42. 连带责任保证的保证人与债权人未约定保证期间的，债权人有权自主债务履行期届满之日起(　　)个月内要求保证人承担保证责任。

A. 6　　B. 12　　C. 24　　D. 36

【解析】根据《民法典》规定，连带责任保证的保证人与债权人对保证期间没有约定或者约定不明确的，债权人有权自主债务履行期限届满之日起6个月内要求保证人承担保证责任。债权人未在保证期间请求保证人承担保证责任的，保证人不再承担保证责任。

43. 下列关于留置权说法错误的是(　　)。

A. 留置权只能发生在特定的合同关系中

B. 留置权发生两次效力

C. 留置财产后的债务履行期限不定

D. 留置权实现时，留置权人必须确定债务人履行债务的宽限期

【解析】C项，留置权人与债务人应当约定留置财产后的债务履行期限；没有约定或者约定不明确的，留置权人应当给债务人六十日以上履行债务的期限，但是鲜活易腐等不易保管的动产除外。

44. 下列合同中不能产生留置权的是(　　)。

A. 买卖合同　　B. 加工承揽合同　　C. 保管合同　　D. 运输合同

【解析】留置权是指债务人不履行到期债务，债权人可以留置已经合法占有的债务人的动产，并有权就该动产优先受偿。留置权只能发生在特定的合同关系中，如保管合同、运输合同和加工承揽合同。

45. 李某是乙企业销售人员，拥有企业的空白合同书，后李某因违规被乙企业除名，但空白合同书未收回。李某以此合同书与丙签订买卖合同，该买卖合同的效力(　　)。

A. 不成立　　B. 无效　　C. 效力待定　　D. 有效

【解析】表见代理是指无权代理人的代理行为客观上存在使相对人相信其有代理权的情况，且相对人主观上为善意，因而可以向被代理人主张代理的效力。题中李某的行为符合表见代理的适用条件，该合同有效。

46. 关于合同成立和生效之间的关系，下列说法正确的是(　　)。

A. 合同生效是合同成立的前提

B. 合同不能附生效条件

C. 合同成立主要是事实问题，合同生效主要是法律评价问题

D. 只有当事人意思表示真实时，合同才能成立

【解析】A项，合同成立是指合同订立过程的结束；合同生效是指已经成立的合同具有法律约束力。合同成立是合同生效的前提。B项，合同生效的条件具体分为附生效条件和附生效期限的合同，以及法律、行政法规规定应当办理批准、登记手续生效的合

41C　42A　43C　44A　45D　46C

同。D 项，双方达成合意合同即成立，至于当事人意思表示是否真实，则在所不问。

47. 下列情形中，要约有效的是(　　)。

A. 要约被依法撤销　　B. 承诺在约定期限内到达要约人

C. 受要约人变更合同标的物的数量　　D. 要约被拒绝

【解析】有下列情形之一的，要约失效：①要约被拒绝；②要约被依法撤销；③承诺期限届满，受要约人未作出承诺；④受要约人对要约的内容作出实质性变更。

48. 甲以其不动产为抵押，与乙签订借款合同，后乙将甲抵押的不动产作为标的与丙签订买卖合同，甲得知后对此表示反对。乙丙双方所签订的合同是(　　)。

A. 有效合同　　B. 无效合同　　C. 可撤销合同　　D. 效力待定合同

【解析】题中乙对该不动产无处分权，乙丙之间的买卖合同在甲追认前处于效力待定状态，效力待定的合同只有经权利人追认之后才产生效力，否则无效。题中，不动产所有人甲得知后对此表示反对，因此乙丙双方所签订的合同在效力上属于无效合同。

49. 甲与乙订立合同，双方约定甲于 3 月 20 日向乙交付机器一台，后该机器在 3 月 10 日由于社会骚乱而丢失，无法交付，此时乙有权(　　)。

A. 解除合同　　B. 变更合同

C. 行使后履行抗辩权　　D. 行使撤销权

【解析】出现因不可抗力致使不能实现合同目的时，当事人可以解除合同。不可抗力主要包括自然灾害、政府行为、社会异常事件，骚乱属于社会异常事件，符合合同解除的法定情形。

50. 关于合同成立的表述错误的是(　　)。

A. 当事人对合同条款必须坚持协商一致的原则

B. 合同的成立不必具备要约和承诺阶段

C. 双方当事人订立合同应该符合法律规定

D. 当事人采用合同书形式订立合同的，双方当事人签字或者盖章的地点为合同成立的地点

【解析】B 项，当事人订立合同，可以采取要约、承诺方式或者其他方式。

51. 下列关于抵销的说法，不正确的是(　　)。

A. 抵销分为法定抵销与约定抵销

B. 抵销具有简化交易程序，降低交易成本，提高交易安全性的作用

C. 抵销可以附条件或者附期限

D. 当事人互负债务，标的物种类、品质不相同的，经双方协商一致，也可以抵销

【解析】抵销是指双方当事人互负债务时，一方通知对方以其债权充当债务的清偿或者双方协商以债权充当债务的清偿，使得双方的债务在对等额度内消灭的行为。C 项，抵销不得附条件或者附期限。

52. 下列关于夫妻共同债务的说法，不正确的是(　　)。

47B　48B　49A　50B　51C　52B

A. 夫妻共同债务须用于夫妻共同生活和家庭日常生活
B. 一方赌博所借债务属于夫妻共同债务的范围
C. 夫妻共同债务，应以夫妻共有财产清偿
D. 离婚时，原为夫妻共同生活所负的债务，应当共同偿还

【解析】夫妻共同债务应以夫妻共有财产清偿。但是，夫妻对婚姻关系存续期间所得的财产约定归各自所有，夫或者妻一方对外所负的债务，相对人知道该约定的，以夫或者妻一方的个人财产清偿。

53. 下列关于遗嘱的说法，不正确的是(　　)。
A. 遗嘱人可以撤回、变更自己所立的遗嘱
B. 法定继承的效力优于遗嘱继承
C. 立遗嘱后，遗嘱人实施与遗嘱内容相反的民事法律行为的，视为对遗嘱相关内容的撤回
D. 遗嘱人立有数份遗嘱，内容相抵触的，以最后的遗嘱为准

【解析】B 项，遗嘱继承的效力优于法定继承。

54. 关于监护人的设定，下列说法错误的是(　　)。
A. 居民委员会、村民委员会、民政部门或者人民法院应当尊重被监护人的真实意愿，按照最有利于被监护人的原则在依法具有监护资格的人中指定监护人
B. 按照监护人设定的方式不同，监护可以分为法定监护、协议监护和指定监护
C. 没有依法具有监护资格的人的，监护人只能由民政部门担任
D. 监护人的职责是代理被监护人实施民事法律行为，保护被监护人的人身权利、财产权利以及其他合法权益等

【解析】C 项，没有依法具有监护资格的人的，监护人由民政部门担任，也可以由具备履行监护职责条件的被监护人住所地的居民委员会、村民委员会担任。

55. 关于个体工商户和农村承包经营户债务的承担的相关说法错误的是(　　)。
A. 个体工商户的债务，个人经营的，以个人财产承担；家庭经营的，以家庭财产承担
B. 个体工商户的债务，无法区分的，以个人财产承担
C. 农村承包经营户的债务，以从事农村土地承包经营的农户财产承担
D. 农村承包经营户的债务，事实上由农户部分成员经营的，以该部分成员的财产承担

【解析】个体工商户的债务，个人经营的，以个人财产承担；家庭经营的，以家庭财产承担；无法区分的，以家庭财产承担。

56. 法人的民事权利能力与自然人的民事权利能力的区别不包括(　　)。
A. 起止时间不同　B. 差异程度不同　C. 范围不同　D. 实现方式不同

【解析】法人的民事权利能力与自然人的民事权利能力有以下不同：①起止时间不同。自然人的民事权利能力始于出生，终于死亡；法人的民事权利能力则始于成立，终于法人终止。②差异程度不同。不同自然人的权利能力一律平等；而不同法人的民事权利能力则因法律、法人章程的规定的不同而各不相同。③范围不同。自然人和法人各

53B　54C　55B　56D

有一些特有的权利能力，如自然人有继承权，法人不可能享有；而属于某些法人的民事权利能力的内容，如商业银行的贷款业务经营权，自然人则不能享有。

57. 法人的民事行为能力与自然人的民事行为能力的区别不包括(　　)。

A. 起止时间不同　B. 范围不同　C. 差异程度不同　D. 实现方式不同

【解析】法人的民事行为能力与自然人的民事行为能力有以下不同：①起止时间不同。法人的民事行为能力与其民事权利能力一起产生、同时消灭，两者起止时间完全一致。而自然人则随着达到法律规定的一定年龄取得限制或完全行为能力，自然人不仅因死亡而使其行为能力消灭，还可因其患病而丧失部分或完全行为能力。②范围不同。法人的民事行为能力属于完全民事行为能力，其范围始终与民事权利能力的范围相一致。而自然人中的无民事行为能力人或限制民事行为能力人，两者的范围是不一致的。③实现方式不同。自然人的民事行为能力一般通过自然人自身的行为实现，即自然人可以以自己的活动参加民事法律关系，为自己设定民事权利义务。而法人是一种组织体，其自身在客观上不可能像自然人一样实施民事行为。所以，法人的民事行为能力是通过法人的法定代表人的活动来实现的。

58. 关于法人分支机构，下列说法错误的是(　　)。

A. 法人分支机构是以法人财产设立的相对独立活动的法人组成部分

B. 法人分支机构仍属于法人的组成部分，主要表现在其目的事业必须在法人范围之内

C. 法人分支机构对民事活动所发生的债务具有独立责任能力

D. 法人分支机构可以在法人的授权范围内，以自己的名义从事民事活动

【解析】C 项，法人分支机构进行民事活动所发生的债务和所承担的责任最终由法人承担，不具有独立责任能力，与有独立责任能力的母公司之子公司不同。

59. 关于法人的变更与终止，下列说法错误的是(　　)。

A. 法人的变更是指法人在存续期间内，其性质、组织机构、经营范围、财产状况以及名称、住所等重要事项上发生的变动

B. 法人的终止，是指从法律上消灭法人作为民事主体的资格

C. 法人终止主要有依法被撤销、依法被解散、破产等原因

D. 法人终止前不必进行清算

【解析】法人终止前，必须进行清算，由依法成立的清算组织依据其职权清理并消灭法人的全部财产关系。清算是法人终止的必经程序。

二、多选题(下列选项中有两项或两项以上符合题目要求，请将符合题目要求选项的代码填入括号内)

1. 可撤销的合同类型包括(　　)。［2022 年 7 月真题］

A. 因欺诈而订立的合同　B. 因重大误解订立的合同

C. 乘人之危的合同　D. 因胁迫而订立的合同

E. 显失公平的合同

【解析】可变更、可撤销的合同是指当事人在订立合同后，基于法定的理由，向法院或仲

57C　58C　59D　▎　1ABCDE

裁机关请求变更或撤销的合同。类型主要包括：①因重大误解订立的合同；②显失公平的合同；③因欺诈而订立的合同；④因胁迫而订立的合同；⑤乘人之危的合同。

2. 合同的内容由当事人约定，一般包括以下条款内容(　　)。[2022 年 7 月真题]

A. 违约责任

B. 当事人的姓名或者名称和住所

C. 解决争议的方法

D. 履行期限、地点和方式

E. 标的、数量、质量、价款或者报酬

【解析】合同的内容由当事人约定，一般包括以下条款：①当事人的姓名或者名称和住所；②标的；③数量；④质量；⑤价款或者报酬；⑥履行期限、地点和方式；⑦违约责任；⑧解决争议的方法。当事人可以参照各类合同的示范文本订立合同。

3. 下列关于撤销权表述正确的有(　　)。[2022 年 7 月真题]

A. 债务人怠于行使到期债权，对银行债权造成损害的，银行可行使撤销权

B. 请求撤销的时间为知道撤销事由起 2 年内

C. 债务人无偿转让财产，对银行债权造成损害的，银行可行使撤销权

D. 债务人与第三人合谋以明显不合理低价转让财产，对银行债权造成损害的，银行可行使撤销权

E. 债务人以放弃其债权、放弃债权担保、无偿转让财产等方式无偿处分财产权益，或者恶意延长其到期债权的履行期限，影响债权人的债权实现的，债权人可以请求人民法院撤销债务人的行为

【解析】A 项，代位权是指当债务人怠于行使其对第三人享有的到期债权而有损于债权人债权时，债权人可以以自己的名义代位行使债务人的债权；B 项，撤销权自债权人知道或者应当知道撤销事由之日起一年内行使，自债务人的行为发生之日起五年内没有行使撤销权的，该撤销权消灭。

4. 《中华人民共和国民法典》所规定的担保方式有(　　)。[2021 年 10 月真题]

A. 保证　B. 抵押　C. 违约金　D. 定金

E. 质押

【解析】担保是指按照法律规定或者当事人约定，由债务人或第三人向债权人提供一定的财产或资信，以确保债务的清偿。《民法典》规定了五种担保方式：保证、抵押、质押、留置和定金。

5. 人民法院审理民事案件，依照法律规定实行(　　)制度。[2018 年 6 月真题]

A. 合议　B. 回避　C. 公开审判　D. 人民陪审

E. 两审终审

【解析】人民法院审理民事案件，依照法律规定实行合议、回避、公开审判和两审终审制度。人民法院审理民事案件，必须以事实为根据，以法律为准绳，依照法律规定对民事案件独立进行审判，不受行政机关、社会团体和个人的干涉。

6. 依据中国人民银行《应收账款质押登记办法》的规定，应收账款的权利包括现有的和未来的金融债权及其产生的收益，具体包括(　　)。[2016 年 6 月真题]

2ABCDE　3CDE　4ABDE　5ABCE　6ABCDE

A. 公路收费权

B. 提供服务产生的债权

C. 出租不动产产生的债权

D. 销售货物产生的债权

E. 出租动产产生的债权

【解析】应收账款是指权利人因提供一定的货物、服务或设施而获得的要求义务人付款的权利以及依法享有的其他付款请求权，包括现有的和未来的金钱债权，但不包括因票据或其他有价证券而产生的付款请求权，以及法律、行政法规禁止转让的付款请求权，主要包括：①销售、出租产生的债权，包括销售货物，供应水、电、气、暖，知识产权的许可使用，出租动产或不动产等；②提供医疗、教育、旅游等服务或劳务产生的债权；③能源、交通运输、水利、环境保护、市政工程等基础设施和公用事业项目收益权；④提供贷款或其他信用活动产生的债权；⑤其他以合同为基础的具有金钱给付内容的债权。

7. 从特征上看，物权属于(　　)。[2015 年 10 月真题]

A. 绝对权　B. 请求权　C. 对世权　D. 支配权

E. 相对权

【解析】与债权相比，物权具有以下法律特征：①物权是绝对权(对世权)；②物权是支配权；③物权的标的是物；④物权具有排他性；⑤物权具有追及力。

8. 下列合同无效的是(　　)。[2015 年 10 月真题]

A. 以合法形式掩盖非法目的的合同

B. 违反法律、行政法规的强制性规定的合同

C. 恶意串通损害第三人利益的合同

D. 因欺诈而订立的合同

E. 损害社会公共利益的合同

【解析】无效合同是指合同虽然已经成立，但因其欠缺法定有效要件，从法律上不予以承认和保护的合同。导致合同无效的原因包括：①虚假合同；②恶意串通，损害他人合法权益；③违背公序良俗；④违反法律、行政法规的强制性规定。D 项，因欺诈而订立的合同属于可变更、可撤销的合同。

9. 对于设立质权的合同，一般包括的条款有(　　)。[2015 年 10 月真题]

A. 被担保债权的种类和数额

B. 质押财产交付的时间、方式

C. 质押担保的范围

D. 债务人履行债务的期限

E. 质押财产的名称、数量等情况

【解析】质押是指债务人或第三人将其动产或权利凭证移交债权人占有或者将法律法规允许质押的权利依法进行登记，将该动产或权利作为债权的担保，当债务人不履行债务时，债权人有权依法就该动产或权利处分所得的价款优先受偿。对于设立质权的合同，一般包括下列条款：①被担保债权的种类和数额；②债务人履行债务的期限；③质押财产的名称、数量等情况；④担保的范围；⑤质押财产交付的时间、方式。

10. 按照法律的规定，不得作为保证人的有(　　)。[2014 年 6 月真题]

7ACD　8ABCE　9ABCDE　10ABCDE

A. 不从事经营活动的社会团体

B. 国家机关

C. 企业法人的分支机构

D. 学校、幼儿园、医院等以公益为目的的事业单位

E. 企业法人的职能部门

【解析】《民法典》第六百八十三条规定，机关法人不得为保证人，但是经国务院批准为使用外国政府或者国际经济组织贷款进行转贷的除外。以公益为目的的非营利法人、非法人组织不得为保证人。

11. 一般保证的保证人在主合同纠纷未经审判或者仲裁，并就债务人财产依法强制执行仍不能履行债务前，有权拒绝向债权人承担保证责任。但是，有下列(　　)情形的除外。

A. 债务人下落不明，且无财产可供执行

B. 人民法院已经受理债务人破产案件

C. 债权人有证据证明债务人的财产不足以履行全部债务

D. 保证人书面表示放弃本款规定的权利

E. 债权人有证据证明债务人丧失履行债务能力

【解析】一般保证的保证人在主合同纠纷未经审判或者仲裁，并就债务人财产依法强制执行仍不能履行债务前，有权拒绝向债权人承担保证责任。但是，根据《民法典》第六百八十七条的规定，有下列情形之一的除外：①债务人下落不明，且无财产可供执行；②人民法院已经受理债务人破产案件；③债权人有证据证明债务人的财产不足以履行全部债务或者丧失履行债务能力；④保证人书面表示放弃本款规定的权利。

12. 担保物权包括(　　)。

A. 处分权　　B. 留置权　　C. 质权　　D. 抵押权

E. 书面承诺权

【解析】担保物权是指担保物权人在债务人不履行到期债务或者发生当事人约定的实现担保物权的情形，依法享有就担保财产优先受偿的权利。设立担保物权的目的就是担保债权人的债权的实现。担保物权包括抵押权、质权和留置权。

13. 涉外民事诉讼，是指具有涉外因素的民事诉讼。涉外因素是指具有(　　)之一的因素。

A. 诉讼主体涉外　　B. 诉讼法院所在地涉外

C. 作为诉讼标的的法律事实涉外　　D. 诉讼标的物涉外

E. 诉讼当事人住所涉外

【解析】涉外因素是指具有以下三种情况之一：①诉讼主体涉外，即诉讼一方或者双方当事人是外国人、无国籍人或者外国企业和组织；②作为诉讼标的的法律事实涉外，即当事人之间的民事法律关系发生、变更、消灭的事实发生在国外；③诉讼标的物涉外，即当事人之间争议的标的物在国外。具备上述三个因素之一的民事诉讼就属于涉外民事诉讼。

14. 下列关于民事法律行为的说法，正确的是(　　)。

11ABCDE　12BCD　13ACD　14ABE

A. 民事法律行为的主体之间是平等的
B. 民事法律行为依意思表示的内容而发生效力
C. 限制民事行为能力人、无民事行为能力人接受奖励、赠与的行为不是民事法律行为
D. 在我国，民事法律行为的形式只能是书面形式
E. 无效民事行为，是指因欠缺民事法律行为的有效条件，不发生当事人预期法律后果的民事行为

【解析】C 项，限制民事行为能力人、无民事行为能力人从事"纯获法律上利益"的行为是民事法律行为，如接受奖励、赠与等。D 项，在我国，民事法律行为有以下形式：①口头形式；②书面形式；③其他形式。其他形式主要是推定形式和沉默形式。

15. 表见代理的构成要件包括(　　)。
A. 代理人无代理权
B. 相对人主观上为善意
C. 相对人有理由相信无权代理人具有代理权
D. 代理人以自己的名义为民事法律行为
E. 相对人与无权代理人之间的民事行为合法有效

【解析】表见代理的构成要件为：①代理人无代理权；②相对人主观上为善意；③客观上有使相对人相信无权代理人具有代理权的情形；④相对人基于这个客观情形而与无权代理人成立民事行为。D 项，表见代理中代理人必须以被代理人的名义与第三人为民事法律行为。

16. 质押可分为(　　)。
A. 动产质押　B. 不动产质押　C. 权利质押　D. 无形资产质押
E. 其他形式的质押

【解析】质押可以分为动产质押和权利质押两类：前者是以动产为标的设定的质押；后者是以财产权利为标的设定的质押。

17. 下列财产可以作为抵押物的有(　　)。
A. 生产设备　B. 土地所有权　C. 建造中的房屋　D. 学校的教学楼
E. 土地承包经营权

【解析】以下财产不得抵押：①土地所有权；②宅基地、自留地、自留山等集体所有土地的使用权，但是法律规定可以抵押的除外；③学校、幼儿园、医疗机构等为公益目的成立的非营利法人的教育设施、医疗卫生设施和其他社会公益设施；④所有权、使用权不明或者有争议的财产；⑤依法被查封、扣押、监管的财产；⑥法律、行政法规规定不得抵押的其他财产。

18. 抵押合同应当包含的条款有(　　)。
A. 债务人履行债务的期限　B. 抵押财产的状况
C. 被担保债权的种类和数额　D. 担保范围
E. 不能实现债权时的受偿方式

15ABCE　16AC　17ACE　18ABCD

【解析】抵押合同一般包括下列条款：①被担保债权的种类和数额；②债务人履行债务的期限；③抵押财产的名称、数量等情况；④担保的范围。

19. 下列权利可以进行质押的有(　　)。
A. 可以转让的基金份额
B. 应收账款
C. 汇票、本票
D. 提单、仓单
E. 知识产权

【解析】债务人或者第三人有权处分的下列权利可以出质：①汇票、本票、支票；②债券、存款单；③仓单、提单；④可以转让的基金份额、股权；⑤可以转让的注册商标专用权、专利权、著作权等知识产权中的财产权；⑥现有的以及将有的应收账款；⑦法律、行政法规规定可以出质的其他财产权利。E 项，知识产权中的财产性权利才能进行质押，人身权不能质押。

20. 下列关于主债权转让或变更对保证责任的影响，说法正确的有(　　)。
A. 债权人和债务人未经保证人书面同意，协商变更主债权债务合同内容，减轻债务的，保证人仍对变更后的债务承担保证责任
B. 债权人和债务人未经保证人书面同意，协商变更主债权债务合同内容，加重债务的，保证人对加重的部分不承担保证责任
C. 保证人与债权人约定禁止债权转让，债权人未经保证人书面同意转让债权的，保证人对受让人不再承担保证责任
D. 债权人未经保证人书面同意，允许债务人转移全部或者部分债务，保证人对未经其同意转移的债务不再承担保证责任，但是债权人和保证人另有约定的除外
E. 债权人转让全部或者部分债权，未通知保证人的，该转让对保证人仍发生效力

【解析】E 项，债权人转让全部或者部分债权，未通知保证人的，该转让对保证人不发生效力。

21. 合同的相对性主要表现在哪些方面？(　　)
A. 主体相对
B. 内容相对
C. 责任相对
D. 权利相对
E. 义务相对

【解析】合同相对性主要体现在以下三个方面：①主体相对，即指合同关系只能发生在特定的主体之间，只有合同当事人一方能够向合同的另一方当事人基于合同提出请求或提起诉讼，而不能向与合同无关的第三人提出合同上的请求及诉讼；②内容相对，即指除法律、合同另有规定以外，只有合同当事人才能享有合同规定的权利，并承担该合同规定的义务，当事人以外的任何第三人不能主张合同上的权利，更不负担合同中规定的义务；③责任相对。

22. 合同的转让分为(　　)。
A. 股权转让
B. 债权转让
C. 债务承担
D. 合同权利义务的概括移转
E. 债务转让

19ABCD　20ABCD　21ABC　22BCD

【解析】合同的转让，即合同主体的变更，指当事人将合同的权利和义务全部或者部分转让给第三人。合同的转让分为债权转让、债务承担和合同权利义务的概括移转三种。

23. 下列关于合同的债权转让的说法，正确的是(   )。

A. 债权转让是指债权人将合同的权利全部或者部分转让给第三人的法律制度

B. 债权人转让权利的，必须经债务人同意

C. 赠与合同不得转让

D. 在部分转让情形，原债权人丧失全部债权

E. 对债务人而言，债权人权利的转让，不得损害债务人的利益，不应影响债务人的权利

【解析】B 项，债权人转让债权，无须债务人同意，但应当通知债务人；D 项，对债权人而言，如果是全部转让，原债权人脱离债权债务关系，受让人取代债权人地位。如果是部分转让，原债权人就转让部分丧失债权。

24. 当事人行使同时履行抗辩权应符合以下哪些条件？(   )

A. 当事人双方因同一双务合同互负债务

B. 两个债务有先后履行顺序

C. 双方互负的债务没有先后履行顺序且均已届清偿期

D. 对方当事人未履行债务或未按约定履行债务

E. 当事人一方须有先履行的义务且已届履行期

【解析】同时履行抗辩权是指当事人互负债务，没有先后履行顺序的，应当同时履行。一方在对方履行之前有权拒绝其履行请求。一方在对方履行债务不符合约定时，有权拒绝其相应的履行请求。当事人行使同时履行抗辩权应符合以下条件：①当事人双方因同一双务合同互负债务；②双方互负的债务没有先后履行顺序且均已届清偿期；③对方当事人未履行债务或未按约定履行债务；④对方当事人的对待给付是可能履行的。B 项是先履行抗辩权应该符合的条件；E 项是不安抗辩权应符合的条件。

25. 甲乙双方签订了一份买卖淫秽书籍的合同，对此正确的处理方式有(   )。

A. 确认为无效合同

B. 各自返还原物

C. 由双方当事人协商解决

D. 将双方已经取得或者约定取得的财产，收归国库

E. 有过错一方赔偿对方的损失

【解析】违反法律、行政法规的强制性规定，损害社会公共利益的合同属于无效合同；对于违法所得，应收归国库，而不是让双方协商，各自返还。

26. 有(   )情形时，难以履行债务的，债务人可以将标的物提存。

A. 债权人无正当理由拒绝受领

B. 债权人下落不明

C. 债权人死亡未确定继承人、遗产管理人，或者丧失民事行为能力未确定监护人

23ACE　24ACD　25AD　26ABCE

D. 债权人被推定死亡

E. 法律规定的其他情形

【解析】有下列情形之一，难以履行债务的，债务人可以将标的物提存：①债权人无正当理由拒绝受领；②债权人下落不明；③债权人死亡未确定继承人、遗产管理人，或者丧失民事行为能力未确定监护人；④法律规定的其他情形。

27. 下列属于婚姻家庭关系中应遵循的原则的是(　　)。

A. 婚姻自由原则

B. 一夫一妻制原则

C. 男女平等原则

D. 保护妇女、未成年人、老年人、残疾人的合法权益

E. 计划生育原则

【解析】婚姻家庭受国家保护。根据《民法典》，我国实行婚姻自由、一夫一妻、男女平等的婚姻制度。保护妇女、未成年人、老年人、残疾人的合法权益。

28. 下列可以作为遗产的是(　　)。

A. 公民的收入

B. 公民的林木、牲畜和家禽

C. 公民居住地附近的公园

D. 公立学校

E. 公民的房屋、储蓄和生活用品

【解析】遗产是指公民死亡时遗留的个人合法财产。遗产范围包括：①公民的收入；②公民的房屋、储蓄和生活用品；③公民的林木、牲畜和家禽；④公民的文物、图书资料；⑤法律允许公民所有的生产资料；⑥公民的著作权、专利权中的财产权利；⑦公民的其他合法财产。

29. 下列属于第一顺序继承人的是(　　)。

A. 配偶　B. 子女　C. 父母　D. 祖父母

E. 兄弟姐妹

【解析】遗产按照下列顺序继承：第一顺序：配偶、子女、父母；第二顺序：兄弟姐妹、祖父母、外祖父母。继承开始后，由第一顺序继承人继承，第二顺序继承人不继承。没有第一顺序继承人继承的，由第二顺序继承人继承。

30. 下列属于民事权利的有(　　)。

A. 财产权和人身权

B. 绝对权和相对权

C. 请求权和支配权

D. 形成权和抗辩权

E. 主权利和从权利

【解析】民事权利依据不同的标准可分为财产权和人身权，绝对权和相对权，请求权、支配权、形成权和抗辩权，主权利和从权利等。

31. 下列关于物的分类是基于同一划分标准的是(　　)。

A. 流通物、限制流通物与禁止流通物

B. 种类物与特定物

C. 可分物与不可分物

D. 动产与不动产

27ABCD　28ABE　29ABC　30ABCDE　31ABCD

E. 主物与原物

【解析】按照不同的标准，可对物进行如下分类：①流通物、限制流通物与禁止流通物；②种类物与特定物；③可分物与不可分物；④动产与不动产；⑤主物与从物；⑥原物与孳息。

32. 下列关于非典型担保的说法正确的有（　　）。

A. 债权人与担保人订立担保合同，约定以法律、行政法规尚未规定可以担保的财产权利设立担保，当事人主张合同无效的，人民法院不予支持

B. 当事人未在法定的登记机构依法进行登记，主张该担保具有物权效力的，人民法院不予支持

C. 债务人或者第三人为担保债务的履行，设立专门的保证金账户并由债权人实际控制，或者将其资金存入债权人设立的保证金账户，债权人主张就账户内的款项优先受偿的，人民法院应予支持

D. 当事人以保证金账户内的款项浮动为由，主张实际控制该账户的债权人对账户内的款项不享有优先受偿权的，人民法院予以支持

E. 应收账款债权人就同一应收账款订立多个保理合同，致使多个保理人主张权利的，已经登记的先于未登记的取得应收账款

【解析】D 项，当事人以保证金账户内的款项浮动为由，主张实际控制该账户的债权人对账户内的款项不享有优先受偿权的，人民法院不予支持。

33. 我国继承制度的基本原则有（　　）。

A. 保护自然人合法财产继承权　　B. 继承权男女平等

C. 养老育幼　　D. 互谅互让

E. 权利义务相一致

【解析】根据《民法典》的相关规定，我国继承制度的基本原则有：①保护自然人合法财产继承权。②继承权男女平等。③养老育幼、互谅互让。④权利义务相一致。

三、判断题（请对下列各题的描述做出判断，正确的用 A 表示，错误的用 B 表示）

1. 在表见代理中，被代理人因向第三人履行义务或者承担民事责任而遭受损失的，只能向表见代理人追偿。（　　）［2023 年 10 月真题］

【解析】表见代理对于本人来说，产生与有权代理一样的效果，即在相对人与被代理人之间发生法律关系。被代理人因向第三人履行义务或者承担民事责任而遭受损失的，只能向表见代理人追偿。

2. 代位权是指债务人怠于行使其对第三人享有的到期债权而有损债权人债权时，债权人可以以自己的名义代位行使债务人的债权。（　　）［2018 年 6 月真题］

【解析】合同的保全允许债权人行使撤销权或代位权，以保护其债权。代位权是指当债务人怠于行使其对第三人享有的到期债权而有损于债权人债权时，债权人可以以自己的名义代位行使债务人的债权。

3. 根据《民法典》，撤销权自债务人的行为发生之日起五年内没有行使的，该撤销权消灭。

32ABCE　33ABCDE　|　1A　2A　3A

(　　)[2016年6月真题]

【解析】根据《民法典》第五百四十一条的规定，撤销权自债权人知道或者应当知道撤销事由之日起一年内行使。自债务人的行为发生之日起五年内没有行使撤销权的，该撤销权消灭。

4. 动产上已设立抵押权或者质权，不论该动产是否被留置，抵押权人或质押权人优先受偿。(　　)[2015年10月真题]

【解析】《民法典》明确规定：同一动产上已经设立抵押权或者质权，该动产又被留置的，留置权人优先受偿。

5. 当事人在保证合同中约定保证人和债务人对债务承担连带责任的，为连带责任保证。(　　)

【解析】当事人在保证合同中约定保证人和债务人对债务承担连带责任的，为连带责任保证。连带责任保证的债务人不履行到期债务或者发生当事人约定的情形时，债权人可以请求债务人履行债务，也可以请求保证人在其保证范围内承担保证责任。

6. 债权人与债务人对主债务履行期限没有约定或者约定不明确的，保证期间自债权人请求债务人履行债务的宽限期届满之日起计算。(　　)

【解析】债权人与保证人可以约定保证期间，但是约定的保证期间早于主债务履行期限或者与主债务履行期限同时届满的，视为没有约定；没有约定或者约定不明确的，保证期间为主债务履行期限届满之日起6个月。债权人与债务人对主债务履行期限没有约定或者约定不明确的，保证期间自债权人请求债务人履行债务的宽限期届满之日起计算。

7. 执行遗赠不得妨碍清偿遗赠人依法应当缴纳的税款和债务。(　　)

【解析】自然人可以与继承人以外的组织或者个人签订遗赠扶养协议。按照协议，该组织或者个人承担该自然人生养死葬的义务，享有受遗赠的权利。执行遗赠不得妨碍清偿遗赠人依法应当缴纳的税款和债务。

8. 自然人从出生时起到死亡时止，具有民事行为能力，依法享有民事权利，承担民事义务。(　　)

【解析】自然人从出生时起到死亡时止，具有民事权利能力，依法享有民事权利，承担民事义务。

9. 企业法人合并，它的权利和义务随之终止。(　　)

【解析】法人合并的，其权利和义务由合并后的法人享有和承担。

10. 婚姻、收养、监护、扶养、继承纠纷不能仲裁。(　　)

【解析】在我国，平等主体的公民、法人和其他组织之间发生的合同纠纷和其他财产权益纠纷，可以仲裁。但是，下列纠纷不能仲裁：①婚姻、收养、监护、扶养、继承纠纷；②依法应当由行政机关处理的行政争议。

11. 如果质权人在债务履行期届满前，与出质人约定债务人不履行到期债务时质押财产归

4B　5A　6A　7A　8B　9B　10A　11A

债权人所有的，只能依法就质押财产优先受偿。（　　）

【解析】质权自出质人交付质押财产时设立。如果质权人在债务履行期届满前，与出质人约定债务人不履行到期债务时质押财产归债权人所有的，只能依法就质押财产优先受偿。

12. 合同的权利义务关系终止影响合同中结算和清理条款的效力。（　　）

【解析】合同的权利义务关系终止不影响合同中结算和清理条款的效力。

13. 以持续履行的债务为内容的不定期合同，当事人可以随时解除合同，但是应当在合理期限之前通知对方。（　　）

【解析】法定解除，是指根据法律规定而解除合同。以持续履行的债务为内容的不定期合同，当事人可以随时解除合同，但是应当在合理期限之前通知对方。

14. 以动产抵押的，抵押权自登记时设立。（　　）

【解析】以建筑物和其他土地附着物、建设用地使用权、海域使用权抵押或者正在建造的建筑物抵押的，应当办理抵押登记。抵押权自登记时设立。以动产抵押的，抵押权自抵押合同生效时设立；未经登记，不得对抗善意第三人。

15. 最高额抵押，是指为担保债务的履行，债务人或者第三人对一定期间内将要连续发生的债权提供担保财产的，债务人不履行到期债务或者发生当事人约定的实现抵押权的情形，抵押权人有权在最高债权额限度内就该担保财产优先受偿。（　　）

【解析】根据《民法典》第四百二十条的规定，最高额抵押，是指为担保债务的履行，债务人或者第三人对一定期间内将要连续发生的债权提供担保财产的，债务人不履行到期债务或者发生当事人约定的实现抵押权的情形，抵押权人有权在最高债权额限度内就该担保财产优先受偿。

16. 当抵押权人知道或者应当知道抵押财产被查封、扣押时抵押权人的债权不能确定。（　　）

【解析】抵押权人的债权在发生以下情形之一时确定：①约定的债权确定期间届满；②没有约定债权确定期间或者约定不明确，抵押权人或者抵押人自最高额抵押权设立之日起满两年后请求确定债权；③新的债权不可能发生；④抵押权人知道或者应当知道抵押财产被查封、扣押；⑤债务人、抵押人被宣告破产或者解散；⑥法律规定债权确定的其他情形。

17. 受要约人对要约的内容作出实质性变更的，为新要约。（　　）

【解析】当事人订立合同，可以采取要约、承诺方式或者其他方式。承诺的内容应当与要约的内容一致。受要约人对要约的内容作出实质性变更的，为新要约。

18. 合同的形式具有多种，在我国只能采取书面形式。（　　）

【解析】当事人订立合同，有书面形式、口头形式和其他形式。法律、行政法规规定采用书面形式的，应当采用书面形式。当事人约定采用书面形式的，应当采用书面形式。

12B　13A　14B　15A　16B　17A　18B

19. 合同变更包括合同内容的变更以及合同主体的变更。(　　)

【解析】合同的变更是指合同内容的变更，不包括合同主体的变更。合同主体的变更属于合同的转让。

20. 出现按照当事人约定不得转让的情形时不得转让债权。(　　)

【解析】下列情形的债权不得转让：①根据债权性质不得转让。主要指基于当事人特定身份而订立的合同，如出版合同、赠与合同、委托合同、雇用合同等；②按照当事人约定不得转让；③依照法律规定不得转让。

21. 债务人与第三人协议转让债务的，应当经债权人同意。(　　)

【解析】债务人与第三人协议转让债务的，应当经债权人同意。这是因为新债务人的资信情况和偿还能力须得到债权人的认可，以免债权人的利益受到不利影响。

22. 某手表厂为纪念成立二十周年特制纪念手表，声称该手表具有世界领先技术，价值三万元。后经查实，该表只是一般工艺制成的，并不具备先进的技术。为此，购买者与该手表厂发生纠纷，该纠纷中，双方签订的合同应当按可变更、可撤销合同处理。(　　)

【解析】在不损害国家利益的前提下，因欺诈而订立的合同为可变更、可撤销合同。

23. 甲企业不能清偿银行到期贷款，后银行发现甲企业曾于五年前擅自将其财产无偿赠与乙企业，于是向人民法院申请撤销该行为，则人民法院对银行的主张不予支持。(　　)

【解析】撤销权自债权人知道或者应当知道撤销事由之日起一年内行使。自债务人的行为发生之日起五年内没有行使撤销权的，该撤销权消灭。

19B　20A　21A　22A　23A

第三章　商事法律制度

一、单选题(下列选项中只有一项最符合题目要求，请将正确选项的代码填入括号内)

1. 破产开始的法律效果不包括(　　)。[2023 年 10 月真题]

A. 债务人的债务人或者财产持有人应当向管理人清偿债务或者交付财产

B. 已经开始而尚未终结的有关债务人的民事诉讼或者仲裁应当中止

C. 有关债务人财产的保全措施应当解除，执行程序应当中止

D. 债务人有权对个别债权人进行债务清偿

【解析】D 项，人民法院受理破产申请后，债务人对个别债权人的债务清偿无效。

2. 信托法律关系主体一般不包括(　　)。[2023 年 10 月真题]

A. 受托人　　B. 委托人　　C. 托管人　　D. 受益人

【解析】信托法律关系的主体一般包括委托人、受托人和受益人。

3. 下列人员中，不属于证券交易内幕信息的知情人的是(　　)。[2023 年 10 月真题]

A. 证券监管机构工作人员以及由于法定职责对证券的发行、交易进行管理的人员

B. 证券市场研究人员

C. 持有公司 5% 以上股份的股东及其董事、监事、高级管理人员

D. 发行人的董事、监事、高级管理人员

【解析】我国《证券法》第五十一条规定，证券交易内幕信息的知情人包括：①发行人及其董事、监事、高级管理人员；②持有公司百分之五以上股份的股东及其董事、监事、高级管理人员，公司的实际控制人及其董事、监事、高级管理人员；③发行人控股或者实际控制的公司及其董事、监事、高级管理人员；④由于所任公司职务或者因与公司业务往来可以获取公司有关内幕信息的人员；⑤上市公司收购人或者重大资产交易方及其控股股东、实际控制人、董事、监事和高级管理人员；⑥因职务、工作可以获取内幕信息的证券交易场所、证券公司、证券登记结算机构、证券服务机构的有关人员；⑦因职责、工作可以获取内幕信息的证券监督管理机构工作人员；⑧因法定职责对证券的发行、交易或者对上市公司及其收购、重大资产交易进行管理可以获取内幕信息的有关主管部门、监管机构的工作人员；⑨国务院证券监督管理机构规定的可以获取内幕信息的其他人员。

4. 下列关于我国公司资本制度特点的表述，错误的是(　　)。[2023 年 10 月真题]

A. 公司资本制度是确定公司权利、义务关系的重要制度

B. 强调公司必须有相当的财产与其资本总额相维持

C. 资本法定

D. 强调公司资本不得任意变更

【解析】A 项，公司章程是确定公司权利、义务关系的基本法律文件。

1D　2C　3B　4A

5. 信托无效的法定情形不包括（　　）。[2023 年 10 月真题]

A. 委托人以非法财产设立信托　　B. 专以诉讼或者讨债为目的设立信托

C. 信托财产不属于受益人的自有财产　　D. 信托财产不能确定

【解析】有下列情形之一的，信托无效：①信托目的违反法律、行政法规或者损害社会公共利益；②信托财产不能确定；③委托人以非法财产或者《信托法》规定不得设立信托的财产设立信托；④专以诉讼或者讨债为目的设立信托；⑤受益人或者受益人范围不能确定；⑥法律、行政法规规定的其他情形。

6. 票据一经背书转让，票据上的权利也随之转让给（　　）。[2023 年 10 月真题]

A. 被背书人　　B. 出票人　　C. 承兑人　　D. 背书人

【解析】背书是转让票据权利的行为，票据一经背书转让，票据上的权利也随之转让给被背书人。

7. 某上市银行工作人员小王在编制本行年度报告过程中，了解到近期会有重大利好，告知其父亲购买 10000 股该行的股票，此行为违反了银行业从业人员职业操守中的（　　）规定。[2022 年 7 月真题]

A. 礼貌服务　　B. 禁止内幕交易　　C. 熟知业务　　D. 信息披露

【解析】禁止内幕交易规定是指，证券交易内幕信息的知情人和非法获取内幕信息的人，在内幕信息公开前，不得买卖该公司的证券，或者泄露该信息，或者建议他人买卖该证券。

8. 根据中国证监会《公开募集证券投资基金运作管理办法》的规定，股票基金的基金资产投资于股票的比例不低于（　　）。[2022 年 7 月真题]

A. 80%　　B. 90%　　C. 60%　　D. 70%

【解析】根据中国证监会《公开募集证券投资基金运作管理办法》的规定，百分之八十以上的基金资产投资于股票的，为股票基金；百分之八十以上的基金资产投资于债券的，为债券基金；仅投资于货币市场工具的，为货币市场基金；百分之八十以上的基金资产投资于其他基金份额的，为基金中基金；投资于股票、债券、货币市场工具或其他基金份额，并且股票投资、债券投资、基金投资的比例不符合前述规定的，为混合基金。

9. 下列不属于票据基本特征的是（　　）。[2022 年 7 月真题]

A. 票据是非流通证券　　B. 票据是要式证券

C. 票据是无因证券　　D. 票据是债权证券

【解析】票据是指出票人依法签发，由自己无条件支付或委托他人无条件支付一定金额的有价证券。票据的基本特征包括：①票据是完全有价证券。②票据是要式证券。③票据是一种无因证券。④票据是流通证券。⑤票据是文义证券。⑥票据是设权证券。⑦票据是债权证券。

10. 支票的出票日期为 2019 年 1 月 1 日，则持票人对出票人的权利消灭日期为（　　）。[2021 年 6 月真题]

A. 2019 年 7 月 1 日　　B. 2019 年 4 月 1 日

5C　6A　7B　8A　9A　10A

C. 2020年1月1日　　　　　　　　　D. 2021年1月1日

【解析】票据权利在下列期限内不行使而消灭：①持票人对票据的出票人和承兑人的权利，自票据到期日起2年，见票即付的汇票、本票，自出票日起2年；②持票人对支票出票人的权利，自出票日起6个月；③持票人对前手的追索权，自被拒绝承兑或者被拒绝付款之日起6个月；④持票人对前手的再追索权，自清偿日或者被提起诉讼之日起3个月。

11. 公司的经营决策机构是(　　)。[2019年6月真题]

A. 股东(大)会　B. 监事会　C. 公司经理　D. 董事会

【解析】董事会(不设董事会的公司为执行董事)是公司的经营决策机构，负责召集股东会，并向股东会报告工作；执行股东大会决议，负责公司日常经营决策；聘任或者解聘公司经理(总经理)，制定公司基本管理制度。

12. 对破产企业特定财产享有担保权利的债权人，可对该特定财产优先受偿，债权人的这种权利称为(　　)。[2016年6月真题]

A. 取回权　B. 撤销权　C. 别除权　D. 追回权

【解析】债务人财产的除外包括三种权力：①取回权，人民法院受理破产申请后，债务人占有的不属于债务人的财产，该财产的权利人可以通过管理人取回；②别除权，对破产人的特定财产享有担保权的权利人，对该特定财产享有优先受偿的权利；③抵销权，债权人在破产申请受理前对债务人负有债务的，可以向管理人主张抵销。

13. 信托法律关系中的受益人由(　　)指定。[2015年10月真题]

A. 受托人　B. 信托公司　C. 委托人　D. 信托财产管理人

【解析】委托人是信托关系的创设者，应当是具有完全民事行为能力的自然人、法人或依法成立的其他组织。委托人提供信托财产，确定谁是受益人以及受益人享有的受益权。

14. 根据《票据法》理论，票据被称为无因证券，其含义是指(　　)。[2015年10月真题]

A. 取得票据无需合法原因，即便是盗窃罪而得的票据，持票人也享有票据权利

B. 当事人签发、转让、承兑等票据行为须依法定形式进行

C. 票据一经签发，其票据权利与基础关系相分离，无论基础关系是否存在或者是否有效，对票据权利的效力和行使都不产生影响，票据权利人对原因关系的取得无需说明

D. 票据权利以票面记载为准，即使票据上记载的文义与记载人的真实意思有出入，也要以该记载为准

【解析】A项，根据《票据法》的规定，票据权利的取得有两项限制：①以欺诈、偷盗或者胁迫等手段取得票据的，或者明知有前列情形，出于恶意取得票据的，或者有重大过失取得票据的，不得享有票据权利；②以无偿或者不以相当对价，取得票据的，不得享有优于其前手的票据权利。B项表示票据行为须合法，与无因性无关。D项表示票据是文义证券。

11D　12C　13C　14C

15. (　　)作为股份公司的权力机构，决定公司战略性的重大问题，选举和更换董事，选举和更换由股东代表出任的监事，决定公司组织变更、解散、清算，修改公司章程等。[2015年10月真题]

A. 股东大会　　B. 董事会　　C. 公司经理　　D. 监事会

【解析】股东大会(或股东会)作为公司的权力机构，决定公司战略性的重大问题，选举和更换董事，选举和更换由股东代表出任的监事，决定公司组织变更、解散、清算，修改公司章程等。股东大会还有监督董事会和监事会的职责。

16.《中华人民共和国票据法》中所指的票据不包括(　　)。[2015年10月真题]

A. 发票　　B. 汇票　　C. 支票　　D. 本票

【解析】票据，是指出票人依法签发，由自己无条件支付或委托他人无条件支付一定金额的有价证券。按照《票据法》的规定，票据包括汇票、本票、支票。

17. 持票人对支票出票人的权利期限是自出票日起(　　)个月。[2013年11月真题]

A. 1　　B. 24　　C. 6　　D. 3

【解析】持票人对支票出票人的权利期限是自出票日起6个月。票据权利在规定期限内不行使而消灭。

18. 商业银行为票据持有人贴现票据，是商业银行通过(　　)未到期的商业票据，为持票人融通资金的行为。[2012年6月真题]

A. 借入　　B. 买进　　C. 贷出　　D. 卖出

【解析】票据的融资作用主要是通过票据贴现来实现的。票据贴现是指未到期票据的买卖行为，持有未到期票据的人通过卖出票据得到现款，商业银行通过买进票据为持票人融通资金。

19. 根据我国《公司法》的规定，我国采取的公司资本制度是(　　)。[2010年5月真题]

A. 法定资本制　　B. 授权资本制　　C. 折中资本制　　D. 任意资本制

【解析】公司资本制度是《公司法》确认的资本筹措与运营的重要制度。我国公司资本制度的特点是：①资本法定；②强调公司必须有相当的财产与其资本总额相维持；③强调公司资本不得任意变更。

20. 票据行为是指以发生、变更或消灭票据的权利义务为目的的法律行为，(　　)是汇票所独有的一种票据行为。[2010年5月真题]

A. 保证　　B. 承兑　　C. 背书　　D. 出票

【解析】票据行为是指以发生、变更或消灭票据的权利义务关系为目的的法律行为，包括出票、背书、承兑、保证。其中，承兑是指汇票的付款人承诺负担票据债务的行为。承兑为汇票所独有，付款人签字承兑，就是对汇票的到期付款承担责任。

21. 关于破产终结，下列说法错误的是(　　)。

A. 管理人应当自破产程序终结之日起十日内，持人民法院终结破产程序的裁定，向破产人的原登记机关办理注销登记

15A　16A　17C　18B　19A　20B　21D

B. 破产人无财产可供分配的，管理人应当请求人民法院裁定终结破产程序

C. 管理人在最后分配完结后，应当及时向人民法院提交破产财产分配报告，并提请人民法院裁定终结破产程序

D. 人民法院应当自收到管理人终结破产程序的请求之日起十日内作出是否终结破产程序的裁定

【解析】人民法院应当自收到管理人终结破产程序的请求之日起十五日内作出是否终结破产程序的裁定。裁定终结的，应当予以公告。

22. 证券发行管理制度不包括(　　)。

A. 核准制　　B. 审批制　　C. 审核制　　D. 注册制

【解析】证券发行管理制度主要有三种：审批制、核准制和注册制。每一种发行管理制度都对应一定的市场发展状况。

23. 证券的代销、包销期限最长不得超过(　　)日。

A. 30　　B. 60　　C. 90　　D. 180

【解析】证券公司承销证券，应当同发行人签订代销或者包销协议。证券的代销、包销期限最长不得超过九十日。

24. 下列不属于信托终止的条件的是(　　)。

A. 受益人对委托人有重大侵权行为　　B. 信托文件规定的终止事由发生

C. 信托的存续违反信托目的　　D. 信托目的已经实现或者不能实现

【解析】根据《信托法》第五十三条的规定，有下列情形之一的，信托终止：①信托文件规定的终止事由发生；②信托的存续违反信托目的；③信托目的已经实现或者不能实现；④信托当事人协商同意；⑤信托被撤销；⑥信托被解除。A 项属于委托人可以变更受益人或者处分受益人的信托受益权，以及解除信托的情形。

25. 下列选项中，(　　)不属于以公司信用基础为标准进行的公司种类划分。

A. 人合公司　　B. 资合公司

C. 人合兼资合公司　　D. 两合公司

【解析】以公司信用基础为标准，可以将公司分为人合公司、资合公司和人合兼资合公司。D 项，以公司股东承担责任的范围和形式为标准，可以将公司分为无限公司、有限责任公司、股份有限公司和两合公司。

26. 关于我国《公司法》规定的公司资本制度，下列说法错误的是(　　)。

A.《公司法》允许公司资本的分批缴纳　　B. 股票发行价格不得高于票面金额

C. 非货币出资不得高估作价　　D. 公司资本不得任意变更

【解析】公司资本制度强调公司必须有相当的财产与其资本总额相维持。我国《公司法》中规定了：①非货币出资不得高估作价；②非货币出资的实际价额显著低于公司章程所定价额时股东的责任；③股票发行价格不得低于票面金额。这些规定均体现了这一精神。

22C　23C　24A　25D　26B

27. 根据《公司法》的规定，下列说法不正确的是(　　)。

A. 公司营业执照签发日期为公司取得法人资格的日期

B. 公司营业执照签发日期为公司成立日期

C. 具备公司设立条件，公司即取得法人资格

D. 没有公司章程的公司，不能获得公司设立批准

【解析】C项，仅具备公司设立条件，而不履行公司设立登记程序，公司不能成立，也不能取得法人资格。

28. 持票人对前手的追索权，自被拒绝承兑或者被拒绝付款之日起______个月；持票人对前手的再追索权，自清偿日或者被提起诉讼之日起______个月不行使而消灭。(　　)

A. 3；6　　B. 6；3　　C. 6；6　　D. 3；3

【解析】根据《票据法》第十七条规定，持票人对前手的追索权，自被拒绝承兑或者被拒绝付款之日起6个月不行使而消灭；持票人对前手的再追索权，自清偿日或者被提起诉讼之日起3个月不行使而消灭。

29. 下列不属于破产申请人的是(　　)。

A. 债务人　　B. 债权人　　C. 清算人　　D. 担保人

【解析】破产申请人包括：①债务人，债务人可以向人民法院提出“重整、和解或者破产清算”的申请；②债权人，债权人可以向人民法院提出“重整或者破产清算”的申请；③清算人，企业法人已解散但未清算或者未清算完毕，资产不足以清偿债务的，依法负有清算责任的人应当向人民法院申请破产清算。

30. 破产开始的法律效果不包括(　　)。

A. 对债务人的约束

B. 对债权人的约束

C. 禁止个别清偿

D. 对债务人的债务人或者财产持有人的约束

【解析】人民法院受理破产案件后，应通知债权人，并予以公告。由此产生的法律效果有：①对债务人的约束；②禁止个别清偿；③对债务人的债务人或者财产持有人的约束；④关于破产申请受理前成立而债务人和对方当事人均未履行完毕的合同的处理；⑤解除保全，中止执行；⑥对其他民事程序的影响。

31. 债权申报期限自人民法院发布受理破产申请公告之日起计算，最短不得少于______日，最长不得超过______个月。(　　)

A. 15；1　　B. 15；3　　C. 30；1　　D. 30；3

【解析】破产债权，是指在人民法院受理破产申请时对债务人享有的债权。人民法院受理破产申请后，应当确定债权人申报债权的期限。债权申报期限自人民法院发布受理破产申请公告之日起计算，最短不得少于三十日，最长不得超过三个月。

32. 下列不属于债权人委员会的职权的是(　　)。

A. 监督债务人财产的管理和处分

27C　28B　29D　30B　31D　32B

B. 申请人民法院更换管理人，审查管理人的费用和报酬

C. 监督破产财产分配

D. 提议召开债权人会议

【解析】债权人委员会行使下列职权：①监督债务人财产的管理和处分；②监督破产财产分配；③提议召开债权人会议；④债权人会议委托的其他职权。B 项属于债权人会议的职权。

二、多选题(下列选项中有两项或两项以上符合题目要求，请将符合题目要求选项的代码填入括号内)

1. 有下列情形之一的，信托无效(　　)。[2023 年 10 月真题]

A. 信托目的违反法律、行政法规或者损害社会公共利益

B. 委托人以非法财产设立信托

C. 专以诉讼或者讨债为目的设立信托

D. 受益人或者受益人范围不能确定

E. 信托财产不能确定

【解析】有下列情形之一的，信托无效：①信托目的违反法律、行政法规或者损害社会公共利益；②信托财产不能确定；③委托人以非法财产或者本法规定不得设立信托的财产设立信托；④专以诉讼或者讨债为目的设立信托；⑤受益人或者受益人范围不能确定；⑥法律、行政法规规定的其他情形。

2. 以下关于公司资本的表述中，正确的有(　　)。[2023 年 10 月真题]

A. 公司资本是指股东为达到公司目的所实施的财产出资的总额

B. 公司资本制度是《公司法》确认的资本筹措与运营的重要制度

C. 我国采取的公司资本制度是法定资本制

D. 根据我国现行公司法律制度，公司资本不得任意变更

E. 我国公司设立时，资本必须由股东一次性实缴到位

【解析】E 项，公司设立时，其资本必须以章程加以确定，并应由股东认足、缴足(或募足)，其目的在于使公司在成立时就有稳固的财产基础。《公司法》允许公司资本的分批缴纳。

3. 公司终止的事由包括(　　)。[2022 年 7 月真题]

A. 公司解散　　B. 公司破产

C. 公司董事长辞职　　D. 公司被法院判决承担刑事法律责任

E. 公司被命令停业整改

【解析】公司因破产或解散而导致终止，丧失其企业法人资格。公司终止主要有两种情形：①公司破产；②公司解散。

4. 下列关于票据行为的表述，错误的有(　　)。[2019 年 10 月真题]

A. 承兑适用于汇票和本票　　B. 背书只能在汇票上进行

C. 偷窃票据不能称作出票行为　　D. 保证适用于支票

1ABCDE　2ABCD　3AB　4ABD

E. 保证适用于汇票

【解析】A 项，承兑为汇票所独有；B 项，背书适用于汇票、本票和支票；D 项，保证适用于汇票和本票，不适用于支票。

5. 票据保证适用于(　　)。[2017 年 6 月真题]

A. 信用证　　B. 本票　　C. 信用卡　　D. 汇票

E. 支票

【解析】票据保证的目的是担保其他票据债务的履行，适用于汇票和本票，不适用于支票。

6. 下列属于公司董事会职责的有(　　)。[2015 年 10 月真题]

A. 执行股东大会决议，负责公司日常经营

B. 决定公司组织变更、解散、清算

C. 聘任或者解聘公司经理

D. 召集股东会，并向股东会报告工作

E. 制定公司基本管理制度

【解析】董事会(不设董事会的公司为执行董事)是公司的经营决策机构，负责召集股东会，并向股东会报告工作；执行股东大会决议，负责公司日常经营决策；聘任或者解聘公司经理(总经理)，制定公司基本管理制度。董事会必须对股东会负责，接受股东会监督。董事长由董事会选举产生。董事长主持股东会，召集并主持董事会，在诉讼事务和非诉讼事务上对外均代表公司。B 项属于股东大会的职责。

7. 票据丧失的补救措施主要有(　　)。[2015 年 10 月真题]

A. 挂失止付　　B. 让出票人重新补发

C. 提起诉讼　　D. 公示催告

E. 向前手追索

【解析】票据丧失的补救措施主要有：①挂失止付，是指持票人丢失票据后，依照《票据法》规定的程序通知票据上记载的付款人停止支付的行为。②公示催告，是指人民法院根据票据权利人的申请，以向社会公示的方法，将丧失的票据加以公示，催促不明利害关系的有关当事人在一定的期间向法院申报票据权利，如不在规定的期间内申报，就不能以有关的票据权利请求法律保护。③提起诉讼。票据丧失后，也可以提起民事诉讼，请求法院确认其票据权利。在起诉的同时，失票人可以向法院申请诉讼保全措施，由法院通知付款人或代理付款人暂停支付。

8. 票据行为包括(　　)。[2009 年 10 月真题]

A. 出票　　B. 背书　　C. 承兑　　D. 保证

E. 清交

【解析】票据行为是指以发生、变更或消灭票据的权利义务关系为目的的法律行为，包括出票、背书、承兑、保证。

9. 下列关于证券交易限制和禁止的说法正确的有(　　)。

5BD　6ACDE　7ACD　8ABCD　9ABDE

A. 证券登记结算机构的从业人员在任期或者法定限期内，不得直接或者以化名、借他人名义持有、买卖股票或者其他具有股权性质的证券

B. 法律、行政法规规定禁止参与股票交易的其他人员，在任期或者法定限期内，不得收受他人赠送的股票或者其他具有股权性质的证券

C. 证券登记结算机构的从业人员可持有股票或者其他具有股权性质的证券

D. 实施股权激励计划或者员工持股计划的证券公司的从业人员，可以按照国务院证券监督管理机构的规定持有、卖出本公司股票或者其他具有股权性质的证券

E. 证券监督管理机构的工作人员不得直接或者以化名持有、买卖股票

【解析】任何人在成为证券交易场所、证券公司和证券登记结算机构的从业人员时，其原已持有的股票或者其他具有股权性质的证券，必须依法转让。

10. 信托的基本特征包括(　　)。

A. 以信任为基础，受托人应具有良好的信誉

B. 信托成立的前提是委托人要将自有财产委托给受托人

C. 信托财产具有独立性

D. 受托人要为受益人的最大利益管理信托事务

E. 具有一定的连续性和稳定性

【解析】信托的基本特征有：①以信任为基础，受托人应具有良好的信誉；②成立的前提是委托人要将自有财产委托给受托人；③信托财产具有独立性，信托依法成立后，信托财产即从委托人、受托人以及受益人的自有财产中分离出来，成为独立运作的财产；④受托人要为受益人的最大利益管理信托事务；⑤信托不因委托人或者受托人的死亡、丧失民事行为能力、依法解散、被依法撤销或者被宣告破产而终止，也不因受托人的辞任而终止，具有一定的连续性和稳定性。

11. 信托受益人的权利主要有(　　)。

A. 知情权　　B. 受益权　　C. 撤销权　　D. 解任权

E. 管理方法变更权

【解析】信托受益人有权获取信托所产生的收益。同时，受益人也有权行使委托人所享有的知情权、管理方法变更权、撤销权和解任权。

12. 下列属于信托财产的性质的是(　　)。

A. 信托财产与委托人未建立信托的其他财产相区别

B. 信托财产与受托人固有财产相区别

C. 受托人因管理、运用、处分该财产而取得的信托利益，也属于信托财产

D. 信托财产受委托人或受托人财务状况的恶化甚至破产的影响较大

E. 除法律规定的情况外，对信托财产不得强制执行

【解析】D 项，信托财产具有独立性，可以不受委托人或受托人财务状况的恶化甚至破产的影响。

13. 下列有关票据权利的表述，正确的有(　　)。

10ABCDE　11ABCDE　12ABCE　13ABCD

A. 票据权利的取得方式包括原始取得和继受取得

B. 票据权利包括付款请求权和追索权

C. 票据权利在持票人自票据到期日起 2 年内不行使而消灭

D. 持票人对支票出票人的票据权利，自出票日起 6 个月不行使而消灭

E. 追索权是第一顺序请求权

【解析】E 项，追索权是指持票人被拒绝承兑或得不到付款时，向其他票据债务人请求支付票据金额的权利。付款请求权是第一顺序请求权，追索权是在付款请求权得不到实现后才能行使的权利，是第二顺序请求权。

14. 票据是(　　)。

A. 设权证券　　B. 要式证券　　C. 无因证券　　D. 流通证券

E. 文义证券

【解析】票据具有以下特点：①票据是完全有价证券；②票据是要式证券；③票据是一种无因证券；④票据是流通证券；⑤票据是文义证券；⑥票据是设权证券；⑦票据是债权证券。

15. 关于票据权利，下列说法正确的有(　　)。

A. 票据主债务人是汇票的付款人或承兑人

B. 通过背书方式取得票据权利为原始取得

C. 支付对价后取得的票据，为善意取得

D. 为防止追索权的丧失，可采取作出拒绝证书的方式

E. 票据权利的行使，应当在票据债务人的营业场所和营业时间内进行

【解析】A 项，票据主债务人包括汇票的付款人或承兑人、本票的付款人以及支票的付款人；B 项，因背书而取得，因税收、继承、赠与而取得，因公司合并而取得的票据权利为继受取得。

16. 下列属于债务人财产范围的是(　　)。

A. 破产申请受理时属于债务人的全部财产

B. 破产申请受理后至破产程序终结前债务人及其配偶取得的财产

C. 他人应对债务人的出资

D. 债务人的董事、监事和高级管理人员从企业获取的正常收入

E. 取回的质物、留置物

【解析】债务人财产范围包括：①破产申请受理时属于债务人的全部财产，包括固定资产、流动资产等；②破产申请受理后至破产程序终结前债务人取得的财产；③他人应对债务人的出资；④债务人的董事、监事和高级管理人员利用职权从企业获取的非正常收入和侵占的企业财产，管理人应当追回；⑤取回的质物、留置物；⑥对不当行为行使追回权而取得的财产。

17. 投资基金是一种(　　)的集合投资方式。

A. 组合投资　　B. 专业管理　　C. 利益共享　　D. 风险共担

14ABCDE　15CDE　16ACE　17ABCD

E. 分散投资

【解析】投资基金是一种组合投资、专业管理、利益共享、风险共担的集合投资方式。它主要通过向投资者发行受益凭证(基金份额)，将社会上的资金集中起来，交由专业的基金管理机构进行投资，实现基金资产的保值增值。

18. 按照组织形式的不同，基金可分为(　　)。

A. 契约型基金　　B. 公募基金　　C. 公司型基金　　D. 合伙型基金

E. 私募基金

【解析】BE 两项是按照资金募集方式的不同进行的分类。

三、判断题(请对下列各题的描述做出判断，正确的用 A 表示，错误的用 B 表示)

1. 票据权利包括付款请求权和追索权。(　　)[2017 年 6 月真题]

【解析】票据权利是持票人因合法拥有票据而向票据债务人请求支付票据金额的权利。票据权利包括付款请求权和追索权。

2. 破产人所欠职工工资可以优先于破产人所欠税款受偿。(　　)[2015 年 10 月真题]

【解析】破产财产在优先清偿破产费用和共益债务后，依照下列顺序清偿：①破产人所欠职工的工资和医疗、伤残补助、抚恤费用，所欠的应当划入职工个人账户的基本养老保险、基本医疗保险费用，以及法律、行政法规规定应当支付给职工的补偿金；②破产人欠缴的除前项规定以外的社会保险费用和破产人所欠税款；③普通破产债权。破产财产不足以清偿同一顺序的清偿要求的，按照比例分配。

3. 受托人因管理、运用、处分信托财产而取得的信托利益，不属于信托财产。(　　)[2015 年 10 月真题]

【解析】信托法律关系的客体，即信托财产，是指受托人承诺信托而取得的财产。受托人因管理、运用、处分该财产而取得的信托利益，也属于信托财产。

4. 为证券发行出具审计报告或者法律意见书等文件的证券服务机构和人员，在该证券承销期内和期满后一年内，不得买卖该证券。(　　)

【解析】为证券发行出具审计报告或者法律意见书等文件的证券服务机构和人员，在该证券承销期内和期满后六个月内，不得买卖该证券。

5. 保险代理人是基于投保人的利益，为投保人与保险人订立保险合同提供中介服务，并依法收取佣金的机构。(　　)

【解析】保险代理人是根据保险人的委托，向保险人收取佣金，并在保险人授权的范围内代为办理保险业务的机构或者个人。保险经纪人是基于投保人的利益，为投保人与保险人订立保险合同提供中介服务，并依法收取佣金的机构。

6. 个人保险代理人在代为办理人寿保险业务时，可以同时接受两个以上保险人的委托。(　　)

【解析】个人保险代理人在代为办理人寿保险业务时，不得同时接受两个以上保险人的委托。

18ACD ▌ 1A 2A 3B 4B 5B 6B

7. 设立信托，应当采取书面形式。(　　)

【解析】设立信托，应当采取书面形式。根据《信托法》的规定，书面形式包括信托合同、遗嘱或者法律、行政法规规定的其他书面文件等。采取信托合同形式设立信托的，信托合同签订时，信托成立。采取其他书面形式设立信托的，受托人承诺信托时，信托成立。

8. 信托的委托人没有民事行为能力的限制。(　　)

【解析】委托人是信托关系的创设者，应当是具有完全民事行为能力的自然人、法人或依法成立的其他组织。委托人必须具备完全民事行为能力；受益人没有行为能力限制。

9. 因背书而取得，因税收、继承、赠与而取得，因公司合并而取得票据，均属于继受取得。(　　)

【解析】继受取得是指持票人从有正当处分权的人那里依背书转让或者交付程序而取得票据。如因背书而取得，因税收、继承、赠与而取得，因公司合并而取得等。

10. 票据保证的目的是担保其他票据债务的履行，适用于汇票、本票和支票。(　　)

【解析】票据保证的目的是担保其他票据债务的履行，适用于汇票和本票，不适用于支票。

11. 我国《企业破产法》在破产程序启动上采取审批主义原则。(　　)

【解析】我国《企业破产法》在破产程序启动上采取申请主义原则。人民法院根据破产申请人的申请而启动破产程序。无人申请时，人民法院不得自行启动破产程序。

12. 破产案件由债权人住所地人民法院管辖。(　　)

【解析】破产案件由债务人住所地人民法院管辖。

13. 第一次债权人会议由人民法院召集，自债权申报期限届满之日起三十日内召开。(　　)

【解析】第一次债权人会议由人民法院召集，自债权申报期限届满之日起十五日内召开。

14. 商业银行属于保险专业代理机构，可以代理保险业务。(　　)

【解析】保险代理机构包括专门从事保险代理业务的保险专业代理机构和兼营保险代理业务的保险兼业代理机构。商业银行属于保险兼业代理机构。

15. 投资者提起虚假陈述等证券民事赔偿诉讼时，诉讼标的是同一种类，且当事人一方人数众多的，可以依法推选代表人进行诉讼。(　　)

【解析】投资者提起虚假陈述等证券民事赔偿诉讼时，诉讼标的是同一种类，且当事人一方人数众多的，可以依法推选代表人进行诉讼。对按照前述规定提起的诉讼，可能存在有相同诉讼请求的其他众多投资者的，人民法院可以发出公告，说明该诉讼请求的案件情况，通知投资者在一定期间向人民法院登记。

7A　8B　9A　10B　11B　12B　13B　14B　15A

第四章　刑事法律制度

一、单选题（下列选项中只有一项最符合题目要求，请将正确选项的代码填入括号内）

1. 签订、履行合同失职被骗罪属于（　　）。[2023 年 10 月真题]

A. 侵占犯罪　　B. 渎职犯罪　　C. 故意犯罪　　D. 诈骗犯罪

【解析】签订、履行合同失职被骗罪，是指国有公司、企业、事业单位直接负责的主管人员在签订、履行合同过程中，因严重不负责任被诈骗，致使国家利益遭受重大损失的行为。本罪侵犯的客体是公司、企业的管理秩序与国家财产。本罪属于渎职犯罪。

2. 下列关于金融犯罪的表述，错误的是（　　）。[2023 年 10 月真题]

A. 金融犯罪的主观方面应以非法占有为目的

B. 金融犯罪的主体可以是自然人，也可以是单位

C. 金融犯罪的对象可以是人，也可以是金融工具

D. 金融犯罪行为违反了金融管理法规

【解析】金融犯罪是一种图利犯罪，其主观方面只能是故意，有的还要求具有非法占有目的。

3. 以下措施不属于刑事诉讼强制措施的是（　　）。[2023 年 10 月真题]

A. 拘传　　B. 扣押财物　　C. 取保候审　　D. 逮捕

【解析】《刑事诉讼法》规定的强制措施包括拘传、取保候审、监视居住、拘留和逮捕五种。

4. 下列关于违法发放贷款罪犯罪构成的表述，错误的是（　　）。[2023 年 10 月真题]

A. 犯罪主观方面是故意或过失

B. 犯罪主体是银行或者其他金融机构及其工作人员

C. 犯罪客观方面表现为违反国家规定发放贷款的行为

D. 犯罪客体是国家对贷款的管理制度

【解析】违法发放贷款罪主观方面是故意，并且违法向关系人发放贷款罪中还要求明知是关系人而违法向其发放贷款。

5. 附带民事诉讼解决的是（　　）。[2023 年 6 月真题]

A. 被告人在主刑之外的附加刑问题

B. 被告人的定罪问题

C. 被告人的犯罪行为所造成的物质损失的赔偿问题

D. 被告人的精神损失

【解析】附带民事诉讼是指司法机关在刑事诉讼过程中，在解决被告人刑事责任的同时，附带解决被告人的犯罪行为所造成的物质损失的赔偿问题，而进行的民事诉讼活动。

1B　2A　3B　4A　5C

6. 下列金融犯罪中，单位不能成为犯罪主体的是(　　)。[2022 年 7 月真题]

A. 伪造金融票证罪　　B. 信用卡诈骗罪

C. 集资诈骗罪　　D. 信用证诈骗罪

【解析】B 项，信用卡诈骗罪是指使用伪造的信用卡，或者使用以虚假的身份证明骗领的信用卡，或者使用作废的信用卡，或者冒用他人的信用卡，或者利用信用卡恶意透支进行诈骗活动，数额较大的行为。信用卡诈骗罪主体是一般主体，仅为自然人，单位不构成本罪。

7. 吸收客户资金不入账罪侵犯的客体是(　　)。[2021 年 10 月真题]

A. 国家对金融机构的设立管理制度　　B. 国家对贷款的管理制度

C. 国家对金融机构的准入管理制度　　D. 国家对存款的管理制度

【解析】吸收客户资金不入账罪是指银行或者其他金融机构的工作人员，吸收客户资金不入账，数额巨大或者造成重大损失的行为。本罪侵犯的客体是国家对存款的管理制度，行为对象是以金融机构办理业务的名义所吸收的客户资金，包括个人储蓄和单位存款，客观方面表现为吸收客户资金不入账的方式，数额巨大或者造成重大损失的行为。

8. 王某以高利率吸引公众存款，而后以更高利率将吸收的存款贷给一些公司企业。王某的这一行为违反了(　　)。[2021 年 10 月真题]

A. 非法吸收公众存款罪　　B. 擅自设立金融机构罪

C. 违法发放贷款罪　　D. 高利转贷罪

【解析】非法吸收公众存款罪，是指非法吸收公众存款或者变相吸收公众存款，扰乱金融秩序的行为。本罪侵犯的客体是国家的银行管理制度。本罪客观方面主要表现为非法吸收和变相吸收公众存款，扰乱金融秩序的行为。“非法”包括主体不合法和方式不合法两种情况：一种是行为人不具有吸收公众存款的法定主体资格而吸收公众存款，如个人私设银行、钱庄，企事业单位私设银行、储蓄所等，非法办理存款贷款业务，吸收公众存款；另一种是行为人虽然有吸收公众存款的法定资格，但采取非法的方式吸收公众存款，如有些商业银行和信用社，为了争揽客户，以擅自提高利率或在存款时以先支付利息等手段吸收公众存款。

9. 下列金融犯罪中，犯罪主体属于一般主体的是(　　)。[2021 年 6 月真题]

A. 对违法票据承兑、付款、保证罪　　B. 违法发放贷款罪

C. 伪造、变造金融票证罪　　D. 违规出具金融票证罪

【解析】C 项，伪造、变造金融票证罪主体是一般主体，包括自然人和单位；ABD 三项，犯罪主体均是特殊主体，为银行或其他金融机构及其工作人员。

10. 法律明文规定为犯罪行为的，依照法律定罪处刑；法律没有明文规定为犯罪行为的，不得定罪处刑。体现了(　　)原则。[2019 年 6 月真题]

A. 无罪推定　　B. 刑法面前人人平等

C. 罪刑法定　　D. 罪责刑相适应

【解析】罪刑法定原则，是指法无明文规定不为罪、法无明文规定不处罚。换言之，罪

6B　7D　8A　9C　10C

刑法定是指什么行为构成犯罪、构成什么罪及处何种刑罚，均须由法律明文规定。《刑法》第三条规定，法律明文规定为犯罪行为的，依照法律定罪处刑；法律没有明文规定为犯罪行为的，不得定罪处刑。

11. 采用虚构事实或隐瞒真相的方法，非法占有本单位财物，该行为属于(　　)。[2018年10月真题]

A. 侵吞　　B. 窃取　　C. 骗取　　D. 夺取

【解析】侵占财物的行为一般表现为：①侵吞，是指利用职务上的便利，将自己主管、经管、经手的公共财物，非法占为己有；②窃取，是指利用职务上的便利，采用秘密方法，将自己合法管理的公共财物窃为己有，也就是通常讲的“监守自盗”；③骗取，是指采用虚构事实或隐瞒真相的方法，非法占有本单位财物。

12. 下列罪名中，个人不能构成犯罪主体的是(　　)。[2018年6月真题]

A. 背信运用受托财产罪　　B. 违规出具金融票证罪

C. 违法发放贷款罪　　D. 吸收客户资金不入账罪

【解析】A项，背信运用受托财产罪是指银行或者其他金融机构违背受托义务，擅自运用客户资金或者其他委托、信托的财产，情节严重的行为。本罪的犯罪主体为特殊主体，即为“商业银行、证券交易所、期货交易所、证券公司、期货经纪公司、保险公司或者其他金融机构”，个人不能构成本罪的主体。

13. 高利转贷罪侵犯的客体是(　　)。[2017年6月真题]

A. 国家的银行业务的准入管理制度　　B. 国家对存款业务的管理制度

C. 国家对贷款业务的管理制度　　D. 国家对金融机构的准入制度

【解析】高利转贷罪侵犯的客体是国家对贷款的管理制度。行为对象是金融机构的信贷资金。

14. 根据金融犯罪的客体不同，可以将金融犯罪分为危害货币管理制度的犯罪、危害金融机构管理制度的犯罪和(　　)。[2016年11月真题]

A. 危害金融安全管理制度的犯罪　　B. 危害金融业务管理制度的犯罪

C. 危害金融运行管理制度的犯罪　　D. 危害金融政策管理制度的犯罪

【解析】金融犯罪是指行为人违反国家金融管理法规，破坏国家金融管理秩序，使公私财产权利遭受严重损失，根据《刑法》规定应受惩罚的行为。根据金融犯罪侵犯的客体不同，可以将金融犯罪分为危害货币管理制度的犯罪、危害金融机构管理制度的犯罪、危害金融业务管理制度的犯罪。

15. 集资诈骗罪区别于非法集资的重要特征是(　　)。[2015年10月真题]

A. 使用高端工具　　B. 犯罪主体资格

C. 以非法占有他人财物为目的　　D. 集资总量大

【解析】集资诈骗罪主观方面是故意，且要求是以非法占有为目的。是否具有非法占有他人财物的目的，是本罪区别于非法集资等行为(主要指《刑法》第一百七十六条规定的非法吸收公众存款罪、第一百七十九条规定的擅自发行股票、公司、企业债券罪等)的

11C　12A　13C　14B　15C

重要特征之一。

16. 下列银行业犯罪中，其主观方面不是故意的是(　　)。[2015 年 10 月真题]

A. 受贿罪　　B. 票据诈骗罪

C. 签订、履行合同失职被骗罪　　D. 持有、使用假币

【解析】犯罪主观方面是指犯罪主体对自己危害行为及其危害结果所持的心理态度。行为人的罪过(包括故意和过失)是一切犯罪构成都必须具备的主观方面要件，有些犯罪的构成还要求行为人主观上具有特定的犯罪目的。C 项，签订、履行合同失职被骗罪的主观方面是过失。

17. 某银行会计花 2000 元钱购入 5 万元的假币，然后利用职务之便，用假币换取等额真币，其行为涉嫌构成(　　)。[2015 年 10 月真题]

A. 出售、购买、运输假币罪

B. 伪造货币罪

C. 金融机构工作人员购买假币、以假币换取货币罪

D. 持有、使用假币罪

【解析】金融机构工作人员购买假币、以假币换取货币罪，是指银行或者其他金融机构的工作人员购买伪造的货币或者利用职务上的便利，以伪造的货币换取货币的行为。本罪侵犯的客体是国家的货币管理制度。

18. 构成信用卡诈骗罪的行为是(　　)。[2014 年 11 月真题]

A. 误用他人信用卡　　B. 盗用他人信用卡

C. 冒用他人信用卡　　D. 善意透支

【解析】信用卡诈骗罪客观上表现为使用伪造、变造的信用卡，或者冒用他人信用卡，或者利用信用卡恶意透支，诈骗公私财物，数额较大的行为，包括：①使用伪造的信用卡，或者使用以虚假的身份证明骗领的信用卡的；②使用作废的信用卡进行诈骗；③冒用他人的信用卡进行诈骗；④使用信用卡进行恶意透支。

19. 下列属于违法发放贷款罪的主体是(　　)。[2014 年 11 月真题]

A. 银行存款　　B. 金融机构工作人员

C. 银行信贷资金　　D. 金融机构自有资金

【解析】违法发放贷款罪，是指银行或者其他金融机构的工作人员，违反国家规定发放贷款，造成重大损失的行为。其主体是特殊主体，即银行或者其他金融机构及其工作人员；其客体是国家对贷款的管理制度。

20. 金融犯罪侵犯的客体是(　　)。[2014 年 11 月真题]

A. 银行　　B. 金融管理秩序　　C. 银行从业人员　　D. 客户存款

【解析】金融犯罪侵犯的客体是金融管理秩序，金融管理秩序是银行管理秩序、货币管理秩序、外汇管理秩序、信贷管理秩序、证券管理秩序、票据管理秩序、保险管理秩序等的总称，侵犯其中任何一种秩序都属于侵害金融管理秩序。

16C　17C　18C　19B　20B

21. 金融犯罪的主体是(　　)。[2014 年 6 月真题]

A. 只能是自然人　　B. 金融企业

C. 可以是自然人，也可以是单位　　D. 只能是单位

【解析】金融犯罪的主体可以是自然人，也可以是单位。自然人作为金融犯罪主体，有的是一般主体，有的是特殊主体。例如，违法向关系人发放贷款罪就是特殊主体，必须是银行或者其他金融机构的工作人员。单位作为金融犯罪的主体，也有一般主体和特殊主体两种，特殊主体为银行或者其他金融机构。

22. 根据《中华人民共和国刑法》，下列行为涉嫌诈骗银行贷款的是(　　)。[2014 年 6 月真题]

A. 某企业将价值 100 万元的厂房抵押给银行获取了 70 万元贷款，此后，该企业先后两次将该厂房抵押给其他银行获取相同数额的贷款

B. 某企业由于资金周转困难，与银行协商延长还款期限

C. 某企业以高利率向职工借款，用于公司经营

D. 某企业与银行协商，企业缩短还款期限，提前还款，从银行取得相对较低的利率

【解析】贷款诈骗罪是指以非法占有为目的，采用虚构事实、隐瞒真相的方法，诈骗银行或者其他金融机构的贷款，数额较大的行为。本罪客观方面表现为：①编造引进资金、项目等虚假理由；②使用虚假的经济合同；③使用虚假的证明文件；④使用虚假的产权证明作担保或超出抵押物价值重复担保；⑤以其他方法诈骗贷款。

23. 明知是伪造、变造的汇票、本票、支票而使用，涉嫌构成(　　)。[2014 年 6 月真题]

A. 金融凭证诈骗罪　　B. 伪造、变造金融票证罪

C. 挪用资金罪　　D. 票据诈骗罪

【解析】票据诈骗罪客观方面表现为：①明知是伪造、变造的汇票、本票、支票而使用；②明知是作废的汇票、本票、支票而使用；③冒用他人的汇票、本票、支票；④签发空头支票或者与其预留印鉴不符的支票，骗取财物；⑤汇票、本票的出票人签发无资金保证的汇票、本票或者在出票时作虚假记载，骗取财物。

24. 李某是农村信用社的会计主管，利用职务之便，其先后三次挪用本单位资金 25 万元，用于网上赌球。李某的行为涉嫌构成(　　)。[2014 年 6 月真题]

A. 洗钱罪　　B. 职务侵占罪　　C. 挪用资金罪　　D. 贪污罪

【解析】挪用资金罪是指公司、企业或者其他单位的工作人员，利用职务上的便利，挪用本单位资金归个人使用或者借贷给他人，数额较大、超过三个月未还的，或者虽未超过三个月，但数额较大、进行营利活动的，或者进行非法活动的行为。

25. 下列关于商业银行业务的表述，错误的是(　　)。[2013 年 11 月真题]

A. 商业银行不得拖延、拒绝支付定期存款人本金和利息

B. 单位名称中使用“银行”字样须经国务院银行业监督管理机构批准

C. 企业法人可以根据经营融资需要从事吸收公众存款行为

D. 商业银行不得违反规定提高利率吸收存款

21C　22A　23D　24C　25C

【解析】C 项，行为人不具有吸收公众存款的法定主体资格而吸收公众存款，如个人私设银行、钱庄，企事业单位私设银行、储蓄所等，非法办理存款贷款业务，吸收公众存款等构成非法吸收公众存款罪。

26. 下列关于金融犯罪的表述，错误的是(　　)。[2013 年 11 月真题]

A. 金融犯罪侵犯的客体是金融管理秩序

B. 金融犯罪的主体可以是自然人，也可以是单位法人

C. 金融犯罪的主观方面只能是故意的

D. 金融犯罪事实上以非法占有为目的

【解析】D 项，金融犯罪是一种图利犯罪，其主观方面只能是故意，有的还要求具有非法占有目的，但非法占有目的不是必须的。

27. 钱某持盗来的身份证及伪造的空头支票，骗取某音像中心 VCD 光盘4000 张，支票票面金额 4 万元。对钱某骗取光盘行为的准确定性是(　　)。[2013 年 6 月真题]

A. 钱某的行为构成金融凭证诈骗罪　　B. 钱某的行为构成票据诈骗罪

C. 钱某的行为不构成犯罪　　D. 钱某的行为构成盗窃罪

【解析】票据诈骗罪是指以非法占有为目的，采用虚构事实、隐瞒真相的方法，利用金融票据进行诈骗活动，数额较大的行为。票据诈骗罪侵犯的客体是指狭义的金融票据，即仅指汇票、本票和支票。

28. 按照《中华人民共和国刑法》规定，索取他人财物或非法收受他人财物，必须达到数额较大，才构成犯罪。司法实践中，“数额较大”的标准是指索取或收受(　　)元以上者。[2012 年 6 月真题]

A. 500000　　B. 50000　　C. 500　　D. 5000

【解析】按照《刑法》规定，索取他人财物或非法收受他人财物，必须达到数额较大，才构成犯罪。司法实践中，“数额较大”的标准是指索取或收受五千元以上者。非国家工作人员受贿罪最高可判处五年以上有期徒刑，可以并处没收财产。国有公司、企业中从事公务的人员和国有公司、企业委派到非国有公司、企业从事公务的人员犯受贿罪的，最高处死刑，并处没收财产。

29. 下列行为没有破坏金融管理秩序的是(　　)。[2010 年 5 月真题]

A. 银行工作人员为不符合条件的社会公益组织出具资信证明

B. 银行根据客户的指示，运用客户资金进行债券投资

C. 收买他人信用卡信息资料

D. 某公司根据自身资金需要，吸收社会公众存款

【解析】A 项属于违规出具金融票证罪；C 项属于窃取、收买、非法提供信用卡信息罪；D 项属于非法吸收公众存款罪。

30. 刑法所保护而为犯罪所侵犯的社会主义社会关系是(　　)。

A. 犯罪主体　　B. 犯罪主观方面　　C. 犯罪客体　　D. 犯罪客观方面

【解析】犯罪客体是指刑法所保护而为犯罪所侵犯的社会主义社会关系。A 项，犯罪主

26D　27B　28D　29B　30C

体是指实施危害社会的行为，依法应当负刑事责任的自然人或单位；B 项，犯罪主观方面是指犯罪主体对自己危害行为及其危害结果所持的心理态度；D 项，犯罪客观方面是指犯罪活动的客观外在表现，包括危害行为、危害结果。

31. 某银行会计伙同另一银行出纳员，先后多次从上海等地购回假人民币 50 万余元，并将其换取真币牟利，他们的行为应(　　)。

A. 以金融机构工作人员购买假币罪、以假币换取货币一罪处罚

B. 以金融机构工作人员购买假币罪和金融机构工作人员以假币换取货币两罪并罚

C. 以金融机构工作人员购买假币罪处罚

D. 以金融机构工作人员以假币换取货币罪处罚

【解析】金融机构工作人员购买假币、以假币换取货币罪，是指银行或者其他金融机构的工作人员购买伪造的货币，或者利用职务上的便利，以伪造的货币换取货币的行为。本罪客观方面表现为两种情况：①购买假币；②利用职务上的便利，以假币换取货币，即利用职务上管理金库、出纳现金、吸收付出存款等便利条件，将假币调换成真币。

32. 下列关于非法吸收公众存款罪的说法不正确的是(　　)。

A. 侵犯的客体是国家的银行管理制度

B. 主观方面是故意，并且不具有非法占有不特定对象资金的目的

C. 自然人犯本罪数额巨大或有其他严重情节的，处三年以下有期徒刑或者拘役，并处或者单处二万元以上二十万元以下罚金

D. 单位犯本罪的，对单位判处罚金，并对其直接负责的主管人员和其他直接责任人员依照相关规定进行处罚

【解析】C 项，根据《刑法》第一百七十六条规定，犯非法吸收公众存款罪的，处三年以下有期徒刑或者拘役，并处或者单处罚金；数额巨大或者有其他严重情节的，处三年以上十年以下有期徒刑，并处罚金；数额特别巨大或者有其他特别严重情节的，处十年以上有期徒刑，并处罚金。单位犯前款罪的，对单位判处罚金，并对其直接负责的主管人员和其他直接责任人员，依照前款的规定处罚。有前两款行为，在提起公诉前积极退赃退赔，减少损害结果发生的，可以从轻或者减轻处罚。

33. 某企业为了扩展业务规模，要求员工集资入股，后该企业集资 200 万元，危及分红即被他人告发，该企业的行为(　　)。

A. 构成非法吸收公众存款罪　　B. 不构成犯罪

C. 集资诈骗罪　　D. 擅自发行企业债券罪

【解析】非法吸收公众存款罪是指非法吸收公众存款或者变相吸收公众存款，扰乱金融秩序的行为；集资诈骗罪是指以非法占有为目的，采用虚构事实、隐瞒真相的方法，非法向社会公开募集资金，数额较大的行为。题中该企业为扩展业务规模进行的集资行为属于合法的行为，不构成犯罪。

34. 下列行为中，(　　)不属于持有、使用假币罪的范畴。

A. 使用假币购买商品　　B. 将假币存入银行或者兑换其他货币

31A　32C　33B　34D

C. 使用假币参与赌博　　D. 以假币作为资信证明

【解析】D 项，持有、使用假币罪中的使用应指使假币直接进入流通领域，如将假币作为资信证明给别人察看，应不属于本罪中使用的范畴。

35. 行为人购买假币后使用的，以(　　)从重处罚。

A. 购买假币罪　　B. 使用假币罪

C. 购买、使用假币罪　　D. 持有假币罪

【解析】行为人购买假币后使用的，以购买假币罪从重处罚。但行为人出售、运输假币后又使用的，以出售、运输假币罪和使用假币罪数罪并罚。

36. 下列关于犯罪的预备、未遂和中止，说法错误的是(　　)。

A. 盗窃分子练习偷盗技巧是犯罪预备

B. 犯罪预备行为不具有社会危害性

C. 已经着手实行犯罪，由于犯罪分子意志以外的原因而未得逞的，是犯罪未遂

D. 在犯罪过程中，自动放弃犯罪或者自动有效地防止犯罪结果发生的，是犯罪中止

【解析】B 项，犯罪预备行为虽然尚未直接侵害犯罪客体，但已经使犯罪客体面临即将实现的现实危险，因而同样具有社会危害性。因此，犯罪预备行为同样具有可罚性，应当追究刑事责任。同时考虑到犯罪预备行为毕竟尚未着手实行犯罪，还没有实际造成社会危害，因此，对于预备犯，可以比照既遂犯从轻、减轻处罚或者免除处罚。

37. 贷款诈骗罪与票据诈骗罪相比，最重要的区别在于主体(　　)。

A. 是否涉及巨额资金　　B. 是否涉及众多被害人

C. 是否只能由个人实施　　D. 犯罪对象是否是金融机构

【解析】票据诈骗罪既可以由单位构成，也可以由个人构成；而贷款诈骗罪的主体只是自然人。单位实施骗取贷款的行为，不能按照贷款诈骗罪追究刑事责任，符合条件的也只能按照合同诈骗罪定罪。

38. 银行或其他金融机构的工作人员与诈骗贷款的犯罪分子串通并为之提供诈骗贷款帮助的，既可能构成贷款诈骗罪的共犯，也可能构成职务侵占罪或贪污罪的共犯，关键区别在于(　　)。

A. 主观方面是否故意　　B. 是否采用虚构事实、隐瞒真相的方法

C. 银行是否被骗　　D. 所侵犯的客体是否为贷款

【解析】构成职务侵占罪和贪污罪均不需要受害人被欺骗，而贷款诈骗罪只有在犯罪主体采取欺诈的方法使银行受骗的前提下才可以构成。

39. 盗窃信用卡并使用的，定(　　)。

A. 盗窃罪　　B. 金融凭证诈骗罪

C. 信用证诈骗罪　　D. 信用卡诈骗罪

【解析】《关于审理盗窃案件具体应用法律若干问题的解释》第十条规定，盗窃信用卡并使用的，定盗窃罪而非信用卡诈骗罪。

35A　36B　37C　38C　39A

40. 下列关于集资诈骗罪的说法错误的是(　　)。

A. 其客体是社会公众的财产与国家的金融秩序

B. 集资诈骗行为名为集资、实为诈骗

C. 客观方面表现为行为人不是以存款的名义而是以其他形式吸收公众资金，承诺还本付息，来达到吸收公众存款的目的

D. 主体包括自然人和单位

【解析】集资诈骗罪的客观方面表现为非法集资的行为，即公司、企业、个人或其他组织未经合法批准，向社会公众或者集体募集资金的行为。C 项是非法吸收公众存款罪客观方面的表现之一。

二、多选题(下列选项中有两项或两项以上符合题目要求，请将符合题目要求选项的代码填入括号内)

1. 下列属于刑罚的有(　　)。[2022 年 7 月真题]

A. 无期徒刑　　B. 行政处罚　　C. 有期徒刑　　D. 行政拘留

E. 死刑

【解析】我国的刑罚可以分为主刑和附加刑，主刑具体包括管制、拘役、有期徒刑、无期徒刑和死刑。附加刑包括罚金、剥夺政治权利和没收财产。BD 两项，行政处罚和行政拘留属于行政法的内容。

2. 以非法占有为目的，诈骗银行或者其他金融机构的贷款，数额较大的，涉嫌构成“贷款诈骗罪”的情形有(　　)。[2022 年 7 月真题]

A. 使用虚假的产权证明作担保或者超出抵押物价值重复担保的

B. 以其他方法诈骗贷款的

C. 编造引进资金、项目等虚假理由的

D. 使用虚假的证明文件的

E. 使用虚假的经济合同的

【解析】根据《刑法》第一百九十三条规定，犯贷款诈骗罪的，有下列情形之一，数额较大的，处五年以下有期徒刑或者拘役，并处二万元以上二十万元以下罚金；数额巨大或者有其他严重情节的，处五年以上十年以下有期徒刑，并处五万元以上五十万元以下罚金；数额特别巨大或者有其他特别严重情节的，处十年以上有期徒刑或者无期徒刑，并处五万元以上五十万元以下罚金或者没收财产：①编造引进资金、项目等虚假理由的；②使用虚假的经济合同的；③使用虚假的证明文件的；④使用虚假的产权证明作担保或者超出抵押物价值重复担保的；⑤以其他方法诈骗贷款的。

3. 下列属于金融诈骗罪的有(　　)。[2018 年 10 月真题]

A. 非法出具金融票证罪　　B. 吸收客户资金不入账罪

C. 信用卡诈骗罪　　D. 票据诈骗罪

E. 集资诈骗罪

【解析】金融诈骗罪包括集资诈骗罪、贷款诈骗罪、信用证诈骗罪、信用卡诈骗罪、票据诈骗罪、金融凭证诈骗罪。AB 两项属于破坏金融管理秩序罪中的破坏银行和其他金融

40C　‖　1ACE　2ABCDE　3CDE

机构管理类犯罪。

4. 职务侵占罪的犯罪主体为特殊主体，包括(　　)。[2017 年 10 月真题]

A. 非国有的公司，企业的非国家工作人员

B. 国家机关的工作人员

C. 非国有的公司、企业或者其他单位的国家工作人员

D. 国有企业的国家工作人员

E. 其他单位的非国家工作人员

【解析】职务侵占罪的犯罪主体为特殊主体，即非国有的公司、企业或者其他单位的工作人员才能构成，在这些单位工作的国家工作人员不能成为本罪的主体。

5. 下列各项犯罪中，犯罪主体只能是自然人的有(　　)。[2016 年 11 月真题]

A. 贷款诈骗罪　　B. 金融凭证诈骗罪

C. 票据诈骗罪　　D. 信用卡诈骗罪

E. 集资诈骗罪

【解析】AD 两项，贷款诈骗罪和信用卡诈骗罪的犯罪主体是一般主体，仅为自然人，单位不能构成本罪；BCE 三项，金融凭证诈骗罪、票据诈骗罪和集资诈骗罪的犯罪主体都是一般主体，包括自然人和单位。

6. 下列属于伪造、变造金融票证的有(　　)。[2015 年 10 月真题]

A. 伪造信用卡　　B. 汇款凭证的印鉴与预留印鉴不一致

C. 伪造信用证随附的单据　　D. 克隆银行本票

E. 汇票附件不完整

【解析】伪造、变造金融票证罪客观方面表现为伪造、变造金融票证的行为，包括：①伪造、变造汇票、支票、本票；②伪造、变造委托收款凭证、汇款凭证、银行存单等其他银行结算凭证；③伪造、变造信用证或者附随的单据、文件；④伪造信用卡。

7.《刑法》规定的主刑有(　　)。[2015 年 10 月真题]

A. 有期徒刑　　B. 管制　　C. 拘役　　D. 无期徒刑

E. 死刑

【解析】刑罚是统治阶级为了维护本阶级利益和统治秩序，以国家的名义对犯罪人实行惩罚的一种强制方法。我国的刑罚可以分为主刑和附加刑。主刑包括：①管制，是指对犯罪分子不实行关押，交由公安机关管束和人民群众监督，限制其一定自由的刑罚方法；②拘役，是指短期剥夺犯罪分子人身自由，就近强制实行劳动改造的刑罚方法；③有期徒刑，指在一定期限内剥夺犯罪分子的人身自由，实行强制劳动改造的一种刑罚方法；④无期徒刑，指终身剥夺犯罪分子的人身自由，实行强制劳动改造的一种刑罚方法；⑤死刑，指剥夺犯罪分子生命的一种刑罚方法。

8. 下列属于票据诈骗罪客观方面表现的有(　　)。[2015 年 5 月真题]

A. 使用伪造、变造的汇票、本票、支票进行诈骗

B. 签发空头支票或者与其预留印鉴不符的支票，骗取财物

4AE　5AD　6ACD　7ABCDE　8ABE

C. 使用伪造、变造的委托收款凭证、汇款凭证、银行存单

D. 明知是作废的收款凭证、汇款凭证及银行存单而使用

E. 冒用他人的汇票、本票、支票

【解析】票据诈骗罪客观方面表现为：①明知是伪造、变造的汇票、本票、支票而使用；②明知是作废的汇票、本票、支票而使用；③冒用他人的汇票、本票、支票；④签发空头支票或者与其预留印鉴不符的支票，骗取财物；⑤汇票、本票的出票人签发无资金保证的汇票、本票或者在出票时作虚假记载，骗取财物。CD两项是金融凭证诈骗罪客观方面的表现。

9. 犯罪主体不能由单位构成的金融犯罪有(　　)。[2014年6月真题]

A. 贷款诈骗罪　B. 信用证诈骗罪　C. 票据诈骗罪　D. 集资诈骗罪

E. 信用卡诈骗罪

【解析】A项，贷款诈骗罪的主体只是自然人，单位实施骗取贷款的行为，不能按照贷款诈骗罪追究刑事责任，符合条件的也只能按照合同诈骗罪定罪；E项，信用卡诈骗罪主体仅为自然人，单位不构成本罪。

10. 金融凭证诈骗罪，是指以非法占用为目的，采用虚构事实、隐瞒真相的方法，使用伪造、变造的(　　)等其他银行结算凭证进行诈骗活动的行为。[2013年11月真题]

A. 银行存单　B. 汇款凭证　C. 委托收款凭证　D. 信用证

E. 银行汇票

【解析】金融凭证诈骗罪，是指以非法占有为目的，采用虚构事实、隐瞒真相的方法，使用伪造、变造的委托收款凭证、汇款凭证、银行存单等其他银行结算凭证进行诈骗活动的行为。从广义上说，汇票、本票、支票都属于银行的结算凭证，但作为本罪行为对象的金融凭证，则仅指委托收款凭证、汇款凭证及银行存单。如果使用伪造、变造的汇票、本票、支票进行诈骗，构成犯罪的，不构成本罪，而应构成票据诈骗罪。使用伪造的信用证进行诈骗活动的构成信用证诈骗罪。

11. 违规出具金融票证罪，是指银行或者其他金融机构的工作人员违反规定，为他人出具(　　)，情节严重的行为。[2013年6月真题]

A. 票据　B. 保函　C. 存单　D. 信用证

E. 资信证明

【解析】违规出具金融票证罪，是指银行或者其他金融机构的工作人员违反规定，为他人出具信用证或者其他保函、票据、存单、资信证明，情节严重的行为。本罪侵犯的客体是国家对金融票证的管理制度。

12. 吸收客户资金不入账罪的犯罪主体为(　　)。[2012年6月真题]

A. 一般性公司企业及其工作人员　B. 农村信用社工作人员

C. 银行工作人员　D. 农村信用社

E. 银行

【解析】吸收客户资金不入账罪，是指银行或者其他金融机构的工作人员，吸收客户资

9AE　10ABC　11ABCDE　12BCDE

金不入账，数额巨大或者造成重大损失的行为。本罪侵犯的客体是国家对存款的管理制度。本罪主体是特殊主体，为银行或者其他金融机构及其工作人员。

13. 下列选项中属于银行人员职务犯罪的有(　　)。[2010 年 5 月真题]

A. 挪用公款　　B. 签订合同失职罪

C. 受贿　　D. 金融诈骗罪

E. 贪污

【解析】根据金融犯罪实施主体的不同，可以将金融犯罪划分为针对银行的犯罪和银行人员职务犯罪。针对银行的犯罪又称为外部犯罪，主要包括破坏金融管理秩序罪、金融诈骗罪等；银行人员职务犯罪又称为内部犯罪，包括贪污、受贿、挪用公款、签订合同失职罪等。

14. 下列关于对违法票据承兑、付款、保证罪的说法，正确的是(　　)。

A. 本罪侵犯的客体是国家对票据的管理制度

B. 承兑，是指汇票付款人承诺在汇票到期日支付汇票金额的票据行为

C. 保证，是指对已经存在的票据上的债务进行担保的票据行为

D. 本罪主体是一般主体，为银行工作人员

E. 本罪主观方面是故意

【解析】D 项，对违法票据承兑、付款、保证罪的主体是特殊主体，为银行或其他金融机构及其工作人员；E 项，对违法票据承兑、付款、保证罪主观方面一般是故意，也可能是过失，对造成重大损失，行为人不需要明确认识到。

15. 骗取贷款、票据承兑、金融票证罪与贷款诈骗罪的区别主要有(　　)。

A. 犯罪主体不同　　B. 犯罪主观方面不同

C. 犯罪客体方面不同　　D. 犯罪客观方面不同

E. 最高法定刑不同

【解析】骗取贷款、票据承兑、金融票证罪与贷款诈骗罪有一定区别：①骗取贷款、票据承兑、金融票证罪在主观上不要求行为人以“非法占有为目的”，而贷款诈骗罪要求行为人必须以“非法占有为目的”；②骗取贷款、票据承兑、金融票证罪的主体包括自然人和单位，而贷款诈骗罪的主体只是自然人；③两罪的最高法定刑不同，骗取贷款、票据承兑、金融票证罪最高法定刑仅为七年有期徒刑，而贷款诈骗罪最高可以判处无期徒刑。

16. 信用证诈骗罪客观方面的表现包括(　　)。

A. 使用伪造、变造的信用证或者附随的单据、文件

B. 使用作废的信用证

C. 骗取信用证

D. 盗窃信用证并使用

E. 以其他方法进行信用证诈骗活动的

【解析】信用证诈骗罪，是指使用伪造、变造的信用证或者附随的单据、文件，或者使

13ABCE　14ABC　15ABE　16ABCE

用作废的信用证，或者骗取信用证以及以其他方法进行信用证诈骗活动的行为。信用证诈骗罪客观方面表现为行为人实施了利用信用证进行诈骗的行为：①使用伪造、变造的信用证或者附随的单据、文件；②使用作废的信用证；③骗取信用证的；④其他方法。

17. 以下凭证中，票据诈骗罪所侵犯的客体包括(　　)。

A. 汇票　　B. 支票　　C. 汇款凭证　　D. 本票

E. 资信证明

【解析】票据诈骗罪所侵犯的客体为汇票、本票和支票。CE 两项属于金融凭证诈骗罪的客体。

18. 下列哪些犯罪必须以非法占有为目的？(　　)

A. 贷款诈骗罪　　B. 信用卡诈骗罪

C. 集资诈骗罪　　D. 骗取贷款、票据承兑、金融票证罪

E. 非法吸收公众存款罪

【解析】D 项，骗取贷款、票据承兑、金融票证罪在主观上不要求行为人以"非法占有为目的"，在司法实践中认定"以非法占有为目的"比较困难，致使社会上大量的骗取银行贷款的行为难以被追究刑事法律责任。本罪的设立，降低了打击骗取银行贷款和信用行为的门槛，为保障银行信贷资产提供了更加有力的法律武器。E 项，非法吸收公众存款罪主观方面是故意，并且不具有非法占有不特定对象资金的目的，否则可能构成集资诈骗罪。

19. 背信运用受托财产罪中的犯罪主体包括(　　)。

A. 个人　　B. 商业银行　　C. 证券交易所　　D. 期货交易所

E. 期货经纪公司

【解析】背信运用受托财产罪的犯罪主体为特殊主体，即为"商业银行、证券交易所、期货交易所、证券公司、期货经纪公司、保险公司或者其他金融机构"。个人不能构成本罪的主体。

20. 下列选项中属于职务侵占罪的构成要件的有(　　)。

A. 犯罪主体是非国家工作人员　　B. 利用职务上的便利

C. 非法将本单位的财物占为己有　　D. 非法占有财物数额较大

E. 占有财物超过三个月未还

【解析】职务侵占罪是指公司、企业或者其他单位的工作人员利用职务上的便利，将本单位财物非法占为己有，数额较大的行为。构成职务侵占罪在占有财物时间上没有限制。

三、判断题(请对下列各题的描述做出判断，正确的用 A 表示，错误的用 B 表示)

1. 汇票、本票的出票人签发无资金保证的汇票、本票或者在出票时作虚假记载，骗取财物的，构成金融凭证诈骗罪。(　　)［2017 年 6 月真题］

【解析】汇票、本票的出票人签发无资金保证的汇票、本票或者在出票时作虚假记载，骗

17ABD　18ABC　19BCDE　20ABCD　▎　1B

取财物的，构成票据诈骗罪。

2. 在金融犯罪中，若行为人出售、运输假币后又使用的，应当以出售、运输假币罪和使用假币罪数罪并罚。（　　）[2016 年 6 月真题]

【解析】行为人购买假币后使用的，以购买假币罪从重处罚。但行为人出售、运输假币后又使用的，以出售、运输假币罪和使用假币罪数罪并罚。

3. 对于中止犯，可以比照既遂犯从轻或者减轻处罚。（　　）[2015 年 10 月真题]

【解析】《刑法》第二十三条规定，已经着手实行犯罪，由于犯罪分子意志以外的原因而未得逞的，是犯罪未遂。对于未遂犯，可以比照既遂犯从轻或者减轻处罚。《刑法》第二十四条规定，在犯罪过程中，自动放弃犯罪或者自动有效地防止犯罪结果发生的，是犯罪中止。对于中止犯，没有造成损害的，应当免除处罚；造成损害的，应当减轻处罚。

4. 贷款诈骗罪，是指以非法占有为目的，采用虚构事实、隐瞒真相的方法，诈骗银行或者其他金融机构的贷款，数额较大的行为。（　　）[2015 年 10 月真题]

【解析】贷款诈骗罪，是指以非法占有为目的，采用虚构事实、隐瞒真相的方法，诈骗银行或者其他金融机构的贷款，数额较大的行为。诈骗贷款行为不仅侵犯了银行等金融机构的财产所有权，而且必然影响银行等金融机构贷款业务和其他金融业务的正常进行，破坏我国金融秩序的稳定。

5. 职务侵占罪是指公司、企业或者其他单位的工作人员利用职务上的便利，索取他人财物或非法收受他人财物，为他人谋取利益，数额较大的行为。（　　）[2015 年 5 月真题]

【解析】职务侵占罪是指公司、企业或者其他单位的工作人员利用职务上的便利，将本单位财物非法占为己有，数额较大的行为。题中描述的是非国家工作人员受贿罪。

6. 国有公司、企业中从事公务的人员和国有公司、企业委派到非国有公司、企业从事公务的人员犯受贿罪的，最高处死刑，并处没收财产。（　　）[2014 年 6 月真题]

【解析】根据《刑法》规定，非国家工作人员受贿罪最高可判处五年以上有期徒刑，可以并处没收财产。国有公司、企业中从事公务的人员和国有公司、企业委派到非国有公司、企业从事公务的人员犯受贿罪的，最高处死刑，并处没收财产。

7. 国有公司、企业、事业单位直接负责的主管人员在签订、履行合同过程中，因严重不负责任被诈骗，致使国家利益遭受重大损失的，属于职务犯罪。（　　）[2013 年 11 月真题]

【解析】银行业相关职务犯罪主要包括职务侵占罪、挪用资金罪、非国家工作人员受贿罪和签订、履行合同失职被骗罪。其中，签订、履行合同失职被骗罪，是指国有公司、企业、事业单位直接负责的主管人员在签订、履行合同过程中，因严重不负责任被诈骗，致使国家利益遭受重大损失的行为，属于渎职犯罪。

8. 明知是假币的情况下，把假币赠与他人也应列为使用假币罪。（　　）[2010 年 5 月真题]

【解析】持有、使用假币罪中的“使用”，是将假币作为真币使用，可以是以外表合法的

2A　3B　4A　5B　6A　7A　8A

方式使用，如购买商品、兑换他种货币、存入银行、赠与他人、缴纳罚款等，也可以是以非法的方式使用，如用于赌博等。

9. 犯罪主体主观上具有故意，是金融犯罪成立的前提和基础。(　　)

【解析】金融犯罪成立的前提是违反金融管理法律法规，而非主观上故意。

10. 高利转贷罪的犯罪主体是特殊主体。(　　)

【解析】高利转贷罪的犯罪主体是一般主体，包括自然人和单位，不包括具有贷款业务经营权的金融机构。

11. 违规出具金融票证罪的主体是一般主体。(　　)

【解析】违规出具金融票证罪的主体是特殊主体，为银行或者其他金融机构及其工作人员。

12. 股份制商业银行的一般工作人员不能成为贪污罪的犯罪主体。(　　)

【解析】贪污罪的主体是国家工作人员或者受国有单位委派管理、经营国有财产的人员。

13. 骗取贷款、票据承兑、金融票证罪的犯罪主体是自然人，单位不能构成该罪。(　　)

【解析】骗取贷款、票据承兑、金融票证罪的犯罪主体是一般主体，自然人和单位都可成为犯罪主体。

14. 骗取贷款、票据承兑、金融票证罪最高可以判处无期徒刑。(　　)

【解析】骗取贷款、票据承兑、金融票证罪的最高法定刑为七年有期徒刑。

15. 挪用资金进行非法活动的，不受时间的限制，但要构成犯罪，挪用的资金必须数额较大。(　　)

【解析】挪用资金进行非法活动的，既没有挪用资金数额和时间的限制，也没有还与不还的条件，只要是挪用资金用于非法活动的，即构成挪用资金罪。

16. 我国刑事审判实行审判公开、两审终审和人民陪审的审判制度。(　　)

【解析】审判是指人民法院在控、辩双方及其他诉讼参与人参加下，依照法定的权限和程序，对于依法向其提出诉讼请求的刑事案件进行审理和裁判的诉讼活动。我国刑事审判实行审判公开、两审终审和人民陪审的审判制度。

17. 取保候审是强制措施中最轻微的一种。(　　)

【解析】拘传，是指公安机关、人民检察院或者人民法院对于没有拘留、逮捕的犯罪嫌疑人、被告人强制其到指定地点接受讯问的方法，是强制措施中最轻微的一种。

9B　10B　11B　12A　13B　14B　15B　16A　17B

第五章　行政法律制度

一、单选题(下列选项中只有一项最符合题目要求，请将正确选项的代码填入括号内)

1. 根据《中华人民共和国行政处罚法》，以下不属于行政处罚的是(　　)。[2023 年 10 月真题]

   A. 责令停产停业　　B. 暂扣或者吊销许可证、执照

   C. 记大过　　D. 罚款

   【解析】根据《行政处罚法》，我国行政处罚的种类有以下几个方面：①警告、通报批评；②罚款、没收违法所得、没收非法财物；③暂扣许可证件、降低资质等级、吊销许可证件；④限制开展生产经营活动、责令停产停业、责令关闭、限制从业；⑤行政拘留；⑥法律、行政法规规定的其他行政处罚。

2. 根据《中华人民共和国行政诉讼法》，下列说法正确的是(　　)。[2023 年 10 月真题]

   A. 在诉讼过程中，被告可以自行向原告和证人收集证据

   B. 行政诉讼的被告对作出的具体行政行为不负有举证责任

   C. 行政诉讼的被告应当提供作出该具体行政行为的证据和所依据的规范性文件

   D. 行政诉讼根据“谁主张，谁举证”原则进行举证

   【解析】《行政诉讼法》规定，行政诉讼的被告对作出的具体行政行为负有举证责任，应当提供作出该具体行政行为的证据和所依据的规范性文件。在诉讼过程中，被告不得自行向原告和证人收集证据。

3. 以下关于行政复议当事人的表述中，错误的是(　　)。[2023 年 10 月真题]

   A. 被申请人为作出具体行政行为的行政机关或上级主管机关

   B. 有权申请行政复议的公民死亡的，其近亲属可以申请行政复议

   C. 申请人即依法申请行政复议的公民、法人或者其他组织

   D. 外国人、无国籍人、外国组织可以作为申请人在中华人民共和国境内申请行政复议

   【解析】被申请人为公民、法人或者其他组织对行政机关的具体行政行为不服申请行政复议情况下，作出具体行政行为的行政机关。

4. 下列关于行政强制的表述，错误的是(　　)。[2023 年 10 月真题]

   A. 行政强制包括行政处罚决定、行政强制措施和行政强制执行

   B. 行政强制措施包括行政机关依法对公民的人身自由实施暂时性限制，或者对公民、法人或者其他组织的财物实施暂时性控制的行为

   C. 行政强制措施主要适用于行政机关在行政管理过程中制止违法行为、防止证据损毁、避免危害发生、控制危险扩大等情形

   D. 行政强制执行是指行政机关或者行政机关申请人民法院，对不履行行政决定的公民、法人或者其他组织，依法强制履行义务的行为

1C　2C　3A　4A

【解析】A 项，行政强制包括行政强制措施和行政强制执行。

5. 根据《中华人民共和国行政复议法》，以下说法正确的是（　　）。[2022 年 7 月真题]
   A. 行政复议可附带审查国务院部门规章和地方人民政府规章
   B. 公民、法人或者其他组织认为行政机关的具体行政行为侵犯其合法权益的，可以依法申请行政复议
   C. 公民、法人或者其他组织向人民法院提起行政诉讼，人民法院已经依法受理的，仍然可以申请行政复议
   D. 行政复议可受理不服行政机关作出的行政处分或者其他人事处理决定，以及不服行政机关对民事纠纷作出的调解或者其他处理等事项

【解析】行政复议指公民、法人或者其他组织认为具体行政行为侵犯其合法权益，向行政机关提出行政复议申请，行政机关受理行政复议申请、作出行政复议决定的活动。A 项，行政复议可附带审查的规定不含国务院部门规章、委员会规章和地方人民政府规章。C 项，公民、法人或者其他组织向人民法院提起行政诉讼，人民法院已经依法受理的，不得申请行政复议。D 项，行政复议不受理不服行政机关作出的行政处分或者其他人事处理决定以及不服行政机关对民事纠纷作出的调解或者其他处理等事项。

6. 根据《中华人民共和国行政复议法》，不属于行政复议机关履行行政复议职责应该遵循的原则是（　　）。[2022 年 7 月真题]
   A. 疑错从无原则　B. 公正原则　C. 公开原则　D. 及时、便民原则

【解析】行政复议机关履行行政复议职责，应当遵循合法、公正、公开、及时、便民的原则，坚持有错必纠，保障法律、法规的正确实施。

7. 根据《中华人民共和国行政处罚法》，以下表述不正确的是（　　）。[2022 年 7 月真题]
   A. 一般情况下，我国行政罚款实行“裁执分离”，即作出罚款决定与执行罚款决定的不能为同一主体
   B. 简易程序中当场决定依法给予二百元以下的罚款，行政机关执法人员可以当场收缴
   C. 在边远、水上、交通不便地区，当事人向指定的银行缴纳罚款确有困难，经当事人提出，行政机关及其执法人员可以依法当场收缴罚款
   D. 简易程序中不当场收缴事后难以执行的罚款，行政机构执法人员可以当场收缴

【解析】对于简易程序中当场决定依法给予 100 元以下的罚款，或不当场收缴事后难以执行的罚款，《行政处罚法》规定行政机关执法人员可以当场收缴。

8. 关于行政强制执行的实施，以下表述错误的是（　　）。[2022 年 7 月真题]
   A. 具有行政强制执行权的行政机关可以依法作出强制执行决定
   B. 必要时，行政机关可以对居民生活采取停止供水、供电、供热、供燃气等方式迫使当事人履行相关行政决定
   C. 行政机关不得在夜间或者法定节假日实施行政强制执行，但是，情况紧急的除外
   D. 没有行政强制执行权的行政机关可以在依法催告后，自履行期限满之日起三个月内，向有管辖权的人民法院申请对不履行行政决定又没有申请行政复议或者提起行政诉

5B　6A　7B　8B

讼的当事人予以强制执行

【解析】具有行政强制执行权的行政机关可以依法作出强制执行决定。行政机关不得在夜间或者法定节假日实施行政强制执行。但是，情况紧急的除外。行政机关不得对居民生活采取停止供水、供电、供热、供燃气等方式迫使当事人履行相关行政决定。

9. 下列选项中，(　　)不是行政许可申请人的权利。

A. 陈述权　　B. 申辩权　　C. 抗辩权　　D. 听证权

【解析】根据《行政许可法》的规定，行政许可申请人的权利包括：①公民、法人或者其他组织符合法定条件、标准的，有依法取得行政许可的平等权利，行政机关不得歧视；②公民、法人或者其他组织对行政机关实施行政许可，享有陈述权、申辩权；③有权依法申请行政复议或者提起行政诉讼；④合法权益因行政机关违法实施行政许可受到损害的，有权依法要求补偿、赔偿；⑤行政许可直接涉及申请人与他人之间重大利益关系的，其与利害关系人都享有听证权，且不承担行政机关组织听证的费用。

10. 在行政处罚听证程序中，当事人要求听证的，应当在行政机关告知有要求举行听证的权利后(　　)内提出。

A. 3 日　　B. 7 日　　C. 5 日　　D. 10 日

【解析】行政机关作出行政处罚决定之前，应当告知当事人有要求举行听证的权利。当事人应在行政机关告知后五日内提出要求听证。当事人要求听证的，行政机关应当组织听证。

11. 根据《行政处罚法》，我国行政处罚决定程序不包括(　　)。

A. 简易程序　　B. 标准程序　　C. 普通程序　　D. 听证程序

【解析】根据《行政处罚法》，我国行政处罚决定程序主要有简易程序、普通程序，此外还可以应行政处罚当事人的要求适用听证程序。

12. 行政强制措施与行政强制执行的共同点在于(　　)。

A. 都是以行政相对人不履行义务为前提

B. 都是以强制的方式实现行政目的

C. 实施主体都是法律明确授权的行政机关

D. 采取强制措施的方式都是相同的

【解析】行政强制措施，是指行政机关在行政管理过程中，为制止违法行为、防止证据损毁、避免危害发生、控制危险扩大等情形，依法对公民的人身自由实施暂时性限制，或者对公民、法人或者其他组织的财物实施暂时性控制的行为。行政强制执行，是指行政机关或者行政机关申请人民法院，对不履行行政决定的公民、法人或者其他组织，依法强制履行义务的行为。行政强制措施与行政强制执行都是以强制的方式实现行政目的。

13. 法律没有规定行政机关可以强制执行的，作出行政决定的机关应当申请(　　)强制执行。

A. 上一级行政机关　　B. 人民法院

9C　10C　11B　12B　13B

C. 有权的行政机关　　　　　　　　D. 上一级行政许可机关

【解析】根据《行政处罚法》，行政强制执行只能由法律设定；法律没有规定行政机关可以强制执行的，作出行政决定的行政机关应当申请人民法院强制执行。

14. 行政机关对涉嫌金融违法的银行业金融机构及其工作人员采取冻结存款、汇款的行为属于(　　)。

A. 行政强制措施　B. 行政处罚　　C. 行政处分　　D. 违法行为

【解析】行政强制措施，是指行政机关在行政管理过程中，为制止违法行为、防止证据损毁、避免危害发生、控制危险扩大等情形，依法对公民的人身自由实施暂时性限制，或者对公民、法人或者其他组织的财物实施暂时性控制的行为。根据《行政强制法》，我国行政强制措施的种类有：①限制公民人身自由；②查封场所、设施或者财物；③扣押财物；④冻结存款、汇款；⑤其他行政强制措施。

15. 被接管的商业银行应由(　　)行使该银行的经营管理权利。

A. 接管组织

B. 人民法院

C. 中国人民银行

D. 该商业银行除直接责任人员以外的管理层

【解析】《商业银行法》规定，商业银行已经或者可能发生信用危机，严重影响存款人的利益时，国务院银行业监督管理机构可以对该银行实行接管。自接管开始之日起，由接管组织行使商业银行的经营管理权力。

16. 公民、法人或其他组织向人民法院起诉，人民法院已经受理的，(　　)。

A. 可以再申请复议　　　　　　　B. 不得申请复议

C. 法院判决后再申请复议　　　　D. 被法院驳回起诉后再申请复议

【解析】《行政复议法》第 16 条规定，公民、法人或者其他组织向人民法院提起行政诉讼，人民法院已经依法受理的，不得申请行政复议。

17. 对复议被申请人提供的书面答复和作出具体行政行为的有关材料，申请人、第三人在复议过程中(　　)。

A. 不可以查阅　　　　　　　　B. 有权查阅

C. 经法院准许可以查阅　　　　D. 经复议机关准许可以查阅

【解析】行政复议当事人有阅卷权。申请人、第三人可以查阅被申请人提出的书面答复、作出具体行政行为的证据、依据和其他有关材料，除涉及国家秘密、商业秘密或者个人隐私外，行政复议机关不得拒绝。

18. 对行政复议决定不服的，可以向(　　)提起行政诉讼。

A. 国务院银行业监督管理机构　　B. 国务院

C. 中国人民银行　　　　　　　　D. 人民法院

【解析】国务院银行业监督管理机构、中国人民银行都是垂直领导的中央行政机关，对国务院银行业监督管理机构、中国人民银行作出的具体行政行为不服的，向国务院银

14A　15A　16B　17B　18D

行业监督管理机构、中国人民银行申请复议。对行政复议决定不服的，可以向人民法院提起行政诉讼；也可以向国务院申请裁决，国务院依法作出最终裁决。

19. 下列不属于行政诉讼当事人的是(　　)。

A. 原告　　B. 第三人　　C. 被告　　D. 委托代理人

【解析】行政诉讼的当事人有原告、被告、第三人和共同诉讼人。D 项，委托代理人不是当事人。

20. 行政诉讼中，当事人、法定代理人可委托(　　)参加诉讼。

A. 1~2 人　　B. 4 人　　C. 3 人　　D. 1~3 人

【解析】没有诉讼行为能力的公民，由其法定代理人代为诉讼。法定代理人互相推诿代理责任的，由人民法院指定其中一人代为诉讼。当事人、法定代理人，可以委托一至二人代为诉讼。

21. 某规划部门批准了甲的建房申请，但甲的房子被水利部门以违章建筑为由强行拆除，甲对水利部门的拆除决定不服向法院起诉。这时规划部门应是(　　)。

A. 共同被告　　B. 第三人

C. 原告　　D. 不能作为诉讼参与人

【解析】根据《行政诉讼法》的规定，同提起诉讼的具体行政行为有利害关系的其他公民、法人或者其他组织，可以作为第三人申请参加诉讼，或者由人民法院通知参加诉讼。

22. 对行政复议机关改变原具体行政行为的复议决定不服提起行政诉讼，被告是(　　)。

A. 原机关和复议机关　　B. 复议机关

C. 复议机关的上级机关　　D. 原机关

【解析】经复议的案件，复议机关决定维持原具体行政行为的，作出原具体行政行为的行政机关是被告；复议机关改变原具体行政行为的，复议机关是被告。

23. 行政诉讼中，被告无权(　　)。

A. 提出上诉

B. 自行向原告和证人收集证据

C. 作出停止执行原具体行政行为的决定

D. 改变自己所作的具体行政行为

【解析】根据《行政诉讼法》的规定，在诉讼过程中，被告不得自行向原告和证人收集证据。

二、多选题(下列选项中有两项或两项以上符合题目要求，请将符合题目要求选项的代码填入括号内)

1. 行政复议当事人的权利有(　　)。[2023 年 10 月真题]

A. 上诉权　　B. 阅卷权　　C. 撤回权　　D. 救济权

E. 陈述权

19D　20A　21B　22B　23B　▎　1BCDE

【解析】行政复议当事人的权利包括：①陈述权；②阅卷权；③撤回权；④救济权。

2. 下列属于行政强制当事人法定权利的有(　　)。[2022年7月真题]

A. 因行政机关违法实施行政强制受到损害的，有权依法要求赔偿

B. 陈述权和申辩权

C. 因人民法院在强制执行中有违法行为或者扩大强制执行范围受到损害的，有权依法要求赔偿

D. 无权向行政强制的设定机关和实施机关提出意见和建议

E. 依法申请行政复议或者提起行政诉讼

【解析】行政强制当事人的权利有：①公民、法人或者其他组织对行政机关实施行政强制，享有陈述权、申辩权，还享有向行政强制的设定机关和实施机关提出意见和建议的权利；②有权依法申请行政复议或者提起行政诉讼；③因行政机关违法实施行政强制受到损害的，有权依法要求赔偿；④因人民法院在强制执行中有违法行为或者扩大强制执行范围受到损害的，有权依法要求赔偿。

3. 下列行政行为中属于行政强制措施的有(　　)。

A. 吊销执照　　B. 冻结银行存款　　C. 查封场所　　D. 行政拘留

E. 限制公民人身自由

【解析】根据《行政强制法》，我国行政强制措施的种类有：①限制公民人身自由；②查封场所、设施或者财物；③扣押财物；④冻结存款、汇款；⑤其他行政强制措施。AD两项，吊销执照、行政拘留属于行政处罚。

4. 属于人民法院对公民、法人或其他组织采取的强制执行方式的有(　　)。

A. 划拨存款、汇款

B. 加处罚款或者滞纳金

C. 拍卖或者依法处理查封、扣押的场所、设施或者财物

D. 代履行

E. 限制公民人身自由

【解析】根据《行政强制法》，我国行政强制执行的方式有：①加处罚款或者滞纳金；②划拨存款、汇款；③拍卖或者依法处理查封、扣押的场所、设施或者财物；④排除妨碍、恢复原状；⑤代履行；⑥其他强制执行方式。E项属于行政强制措施。

5. 地方性法规可以设定的行政强制措施包括(　　)。

A. 查封场所　　B. 查封设施或者财物

C. 扣押财物　　D. 冻结存款、汇款

E. 处以一定数额的罚款

【解析】行政法规可以对法律授权设定或是国务院行政管理职权范围内尚未制定法律的事项，设定除限制公民人身自由、冻结存款、汇款和应当由法律规定的行政强制措施以外的其他行政强制措施。地方性法规可以对尚未制定法律、行政法规，且属于地方性事务的事项，设定查封场所、设施或者财物、扣押财物的行政强制措施。

2ABCE　3BCE　4ABCD　5ABC

6. 关于行政强制措施的实施，下列说法正确的有(　　)。
A. 行政强制措施由法律、法规规定的行政机关在法定职权范围内实施，且应当由行政机关具备资格的行政执法人员实施
B. 行政强制措施不得委托，也不得由行政机关不具备资格的其他人员实施
C. 实施查封、扣押的，查封、扣押限于涉案的场所、设施或者财物，不得查封、扣押与违法行为无关的场所、设施或者财物；不得查封、扣押公民个人及其所扶养家属的生活必需品
D. 当事人的场所、设施或者财物已被其他国家机关依法查封的，不得重复查封
E. 实施冻结存款、汇款的，冻结存款、汇款的数额应当与违法行为涉及的金额相当，已被其他国家机关依法冻结的，可以重复冻结

【解析】E 项，根据《行政强制法》的规定，实施冻结存款、汇款的，冻结存款、汇款的数额应当与违法行为涉及的金额相当；已被其他国家机关依法冻结的，不得重复冻结。

7. 下列(　　)情形中，行政复议期间的具体行政行为可以停止执行。
A. 被申请人认为需要停止执行的
B. 行政复议机关认为需要停止执行的
C. 申请人申请停止执行，行政复议机关认为其要求合理，决定停止执行的
D. 第三人认为需要停止执行的
E. 法律规定停止执行的

【解析】行政复议期间具体行政行为一般不停止执行。但是，有特殊情形的，可以停止执行。特殊情形包括：①被申请人认为需要停止执行的；②行政复议机关认为需要停止执行的；③申请人申请停止执行，行政复议机关认为其要求合理，决定停止执行的；④法律规定停止执行的。

8. 行政复议申请人享有的权利包括(　　)。
A. 陈述权　　B. 收集证据权　　C. 阅卷权　　D. 撤回权
E. 救济权

【解析】行政复议当事人主要有申请人、被申请人和第三人。行政复议当事人的权利有：①陈述权。行政复议原则上采取书面审查的办法，但是申请人可以要求行政复议机关负责法制工作的机构向有关组织和人员调查情况，听取申请人、被申请人和第三人的意见。②阅卷权。申请人、第三人可以查阅被申请人提出的书面答复、作出具体行政行为的证据、依据和其他有关材料，除涉及国家秘密、商业秘密或者个人隐私外，行政复议机关不得拒绝。③撤回权。行政复议决定作出前，申请人要求撤回行政复议申请的，经说明理由，可以撤回；撤回行政复议申请的，行政复议终止。④救济权。行政复议当事人对行政复议决定不服的，享有依法规定向人民法院提起行政诉讼的救济权，但是法律规定行政复议决定为最终裁决的除外。

三、判断题(请对下列各题的描述做出判断，正确的用 A 表示，错误的用 B 表示)

1. 在我国，行政许可的设定和实施适用《中华人民共和国行政许可法》。(　　)[2023 年 10 月真题]

6ABCD　7ABCE　8ACDE　▎　1A

【解析】在我国，行政许可的设定和实施适用《中华人民共和国行政许可法》。依照《行政许可法》的规定，只有针对特定范围内的活动才可以设定行政许可；如果这些特定活动能够通过其他方式予以规范，可以不设行政许可。有关行政机关对其他机关或者对其直接管理的事业单位的人事、财务、外事等事项的审批，不属于《行政许可法》的适用范围。

2. 下位法不可以对上位法的行政处罚规定作任何具体规定。(　　)

【解析】一些下位法可以在上位法设定的行政许可事项范围内，对实施该行政许可作出具体规定。

3. 行政复议受理不服行政机关作出的行政处分或者其他人事处理决定。(　　)

【解析】行政复议不受理不服行政机关作出的行政处分或者其他人事处理决定以及不服行政机关对民事纠纷作出的调解或者其他处理等事项。

4. 第三人不可以委托代理人代为参加行政复议。(　　)

【解析】第三人，即同申请行政复议的具体行政行为有利害关系，但并非以申请人而是以第三人身份参加行政复议的其他公民、法人或者其他组织。第三人可以委托代理人代为参加行政复议。

2B　3B　4B

第五部分　银行监管与自律

第一章　银行监管体制

一、单选题(下列选项中只有一项最符合题目要求，请将正确选项的代码填入括号内)

1. 下列关于国际上主要金融监管体制的说法，错误的是(　　)。[2023 年 10 月真题]

A. 统一监管型是指对于不同的金融机构和业务，都由一个机构负责监管

B. 多头监管型是指将金融机构和金融市场一般按照证券、银行、期货划分为三个领域，分别进行监管

C. “双峰”监管型的代表国家有英国、澳大利亚

D. 目前主要有日本、韩国等国家采用统一监管模式

【解析】多头监管型是指将金融机构和金融市场一般按照银行、证券、保险划分为三个领域，分别设置专业的监管机构负责包括审慎监管和业务监管在内的全面监管。

2. 我国银行监管的四个层次不包括(　　)。[2023 年 10 月真题]

A. 银行自我监管　　B. 审慎监管　　C. 行业自律　　D. 市场约束

【解析】银行监管包含了银行监督和银行管理双重属性。我国银行监管的四个层次包括：银行自我监管、外部监管、行业自律以及市场约束。

3. 银行监管的发展历程在表象上反映为管制、放松、重新管制，本质上是对______和______两种监管目标选择的过程。(　　)[2023 年 10 月真题]

A. 安全优先；风险优先　　B. 风险优先；发展优先

C. 效率优先；发展优先　　D. 安全优先；效率优先

【解析】银行业监管的发展历程在表象上反映为管制、放松、重新管制，但从深层次看，这是由特定历史时期银行业的实际发展状况所决定的，是对安全优先和效率优先两种监管目标的选择过程，正是由于风险与效益之间存在替代性效应，这一演变过程最终将会达成复合型监管目标的某种平衡，即寻求在效率与风险之间的平衡。

4. 下列选项中，不属于我国银行审慎监管框架组成部分的是(　　)。[2022 年 7 月真题]

A. 完善有效的内控制度　　B. 审慎全面的监管规则

C. 行之有效的监管工具　　D. 科学合理的监管组织体系

【解析】我国当前银行监管的审慎监管框架主要包括三大组成部分：①审慎全面的监管规则；②行之有效的监管工具；③科学合理的监管组织体系。

5. 下列不属于我国银行监管工具的是(　　)。[2019 年 6 月真题]

A. 风险集中度　　B. 流动性　　C. 拨备覆盖率　　D. 市盈率

1B　2B　3D　4A　5D

【解析】我国传统的监管工具主要包括流动性、拨备覆盖率、风险集中度、不良资产率等。近年来，在国际金融危机、第三版巴塞尔资本协议发布的背景下，国务院银行业监督管理机构陆续引入或更新了资本、拨备、流动性（LCR、NSFR）、银行账簿利率风险（IRRBB）、大额风险暴露、杠杆率等银行监管工具。

6. 银行监管的本质实际上是（　　）监管。

A. 法律　　B. 行政规章　　C. 制度　　D. 风险

【解析】市场经济首先是规则经济或者是法制经济，银行监管的本质实际上是制度监管，正如高兰所说，“监管就是制定并实施规则的一种活动”。

二、多选题（下列选项中有两项或两项以上符合题目要求，请将符合题目要求选项的代码填入括号内）

1. 巴塞尔委员会在工作开展中始终遵循的两个基本原则是（　　）。[2023 年 10 月真题]

A. 没有任何境外银行机构可以逃避监管

B. 银行机构必须坚持流动性、安全性、效益性

C. 对银行机构的监管必须是充分有效的

D. 银行机构必须资本充足

E. 须建立完善的金融监管体系

【解析】巴塞尔委员会在开展工作中始终遵循两个基本原则：①没有任何境外银行机构可以逃避监管；②监管必须是充分有效的。巴塞尔委员会成立以来发布的许多监管原则和建议，基本上体现了这两个重要的基本原则。

2. 下列选项中，属于银行自我监管实现方式的有（　　）。[2022 年 7 月真题]

A. 内部资本评估程序　　B. 内部审计

C. 内部治理　　D. 内部控制

E. 发展规划

【解析】商业银行自我监管通过内部治理、内部控制与内部审计实现。

3. 我国银行业监管规则体系的层次结构包括（　　）。[2021 年 10 月真题]

A. 规范性文件　　B. 部门规章　　C. 法律　　D. 行政法规

E. 内控制度

【解析】我国银行业监管规则体系主要由法律、行政法规、部门规章、规范性文件四个层次构成，法律、行政法规是基础和主干，部门规章和规范性文件构成了实际监管工作中的依据和准绳。

4. 下列关于银行监管表述正确的有（　　）。[2019 年 10 月真题]

A. 银行业外部监管是监管的最高层次

B. 商业银行自我监管通过内部治理、内部控制与内部审计实现

C. 银行监管的本质是制度监管

D. 银行监管的方式方法在不断变化和演进之中

E. 行业自律和市场约束属于银行监管的两个层次

6C　┃　1AC　2BCD　3ABCD　4ABCDE

【解析】银行监管的四个层次包括：①银行自我监管；②外部监管；③行业自律；④市场约束。该题 ABCDE 五项表述皆正确。

5. 国际上主要的金融监管体制包括(　　)。[2016 年 6 月真题]

A. "双峰"监管型　B. 伞型监管型　C. 多头监管型　D. "多峰"监管型

E. 统一监管型

【解析】国际上主要金融监管的体制包括三类：①统一监管型，即对于不同的金融机构和金融业务，无论审慎监管，还是业务监管，都由一个机构负责监管；②多头监管型，是指将金融机构和金融市场一般按照银行、证券、保险划分为三个领域，分别设置专业的监管机构负责包括审慎监管和业务监管在内的全面监管；③"双峰"监管型，该模式设置两类监管机构，一类负责对所有金融机构进行审慎监管，控制金融体系的系统性金融风险；另一类负责对不同金融业务监管，从而达到双重保险作用。

6. 下列关于国际上主要监管体制的说法，正确的是(　　)。

A. 统一监管型按监管主体数量划分法又称为单一全能型

B. 多头监管型将金融机构和金融市场按照银行、证券、保险划分为三个领域

C. 目前有英国、日本、韩国等 9 个国家实行多头监管型

D. 澳大利亚和荷兰是多头监管型模式的代表

E. "双峰"监管型设置两类监管机构，一类负责对所有金融机构进行审慎监管，另一类负责对不同金融业务监管

【解析】C 项，统一监管型对于不同的金融机构和金融业务，无论审慎监管，还是业务监管，都由一个机构负责监管。目前有日本、韩国等 9 个国家实行这种模式。D 项，澳大利亚和荷兰是"双峰"监管型模式的代表。

7. 美国对银行业的监管实行双重多头监管，具有"两级多元"的特征。其中，联邦一级的监管者包括(　　)。

A. 美联储(Fed)　B. 货币监理署(OCC)

C. 联邦存款保险公司(FDIC)　D. 储蓄监管局(OTS)

E. 全国信用社管理局(NCUA)

【解析】联邦一级的监管者包括美联储(Fed)、货币监理署(OCC)、联邦存款保险公司(FDIC)、储蓄监管局(OTS)和全国信用社管理局(NCUA)，地方一级的就是各州监管机构。

8. 下列关于日本金融厅的认识，正确的是(　　)。

A. 金融厅承担规划、检查、监督等全部与金融相关的监管职能

B. 金融厅负责维系金融市场稳定，确保金融监管协调

C. 金融厅是日本金融监管体系的最高行政部门

D. 金融厅可以保护储户、保险合同签约者、有价证券持有者的合法权益

E. 日本实行银行、证券、保险的分业监管模式

【解析】大藏省改名为财务省后，仅在处置金融破产和金融危机相关事务时，负责对存款

5ACE　6ABE　7ABCDE　8ABCD

保险机构的协同监管。在此过程中，日本打破银行、证券、保险的分业监管模式，实现了金融监管的集中和统一。

三、判断题（请对下列各题的描述做出判断，正确的用 A 表示，错误的用 B 表示）

1. 银行监管制度是指银行机构监管的模式、目标、原则、内容和方式等的总称。（　　）［2019 年 10 月真题］

【解析】市场经济首先是规则经济或者是法制经济，银行监管的本质实际上是制度监管，正如高兰所说，“监管就是制定并实施规则的一种活动”。银行监管制度是指银行机构监管的模式、目标、原则、内容和方式等的总称。由于历史原因、经济发达程度和法律体系的影响，各国银行发展程度和监管制度不尽相同。

2. 银行业监管的发展历程在表象上反映为管制、放松、重新管制。（　　）［2015 年 10 月真题］

【解析】银行业监管的发展历程在表象上反映为管制、放松、重新管制，但从深层次看，这是由特定历史时期银行业的实际发展状况所决定的，是对安全优先和效率优先两种监管目标的选择过程，正是由于风险与效益之间存在替代性效应，这一演变过程最终将会达成复合型监管目标的某种平衡，即寻求在效率与风险之间的平衡。

3. 美国对混业经营实行的伞形监管和联合监管模式，其中联合监管是指对于拥有其他行业大型子公司的金融控股公司，相关的行业监管者作为联合监管者共同实施监管。（　　）

【解析】美国对混业经营实行的伞形监管和联合监管模式，主要体现在对金融控股公司的监管上。伞形监管是指美联储对所有的金融控股公司进行监管，联合监管则是指对于拥有其他行业大型子公司的金融控股公司，相关的行业监管者作为联合监管者共同实施监管。

4. 国际金融危机的爆发对欧洲金融体系产生了较大冲击，也暴露出由各国金融监管当局独立负责监管和处置的模式已无法满足识别、防范和处置跨境风险的需要。（　　）

【解析】国际金融危机的爆发对欧洲金融体系产生了较大冲击，也暴露出由各国金融监管当局独立负责监管和处置的模式已无法满足识别、防范和处置跨境风险的需要。2012 年 5 月，欧盟委员会主席巴罗佐在欧盟非正式峰会上正式提出，要在欧元区成立一个对银行业进行集中监管和处置的银行业联盟。

1A　2A　3A　4A

第二章 银行监管目标与方法

一、**单选题**(下列选项中只有一项最符合题目要求，请将正确选项的代码填入括号内)

1. 下列关于我国的银行监管目标的表述，正确的是(　　)。[2023 年 10 月真题]

A. 保护存款人和广大金融消费者的利益是国务院银行业监督管理机构的基本职责和目标追求

B. 努力减少金融犯罪是国务院银行业监督管理机构的基本职责和目标追求

C. 防范金融风险是国务院银行业监督管理机构的基本职责和目标要求

D. 增进市场信心是国务院银行业监督管理机构的基本职责和目标追求

【解析】我国银行监管的目标包括：①保护存款人和广大金融消费者的利益；②增强市场信心；③增进公众对现代金融的了解；④减少金融犯罪；⑤支持实体经济发展，防范金融风险。其中保护存款人和广大金融消费者的利益，这是国务院银行业监督管理机构的基本职责和目标追求。

2. 国际上银行监管机构进行银行监管的共同目标是(　　)。[2023 年 10 月真题]

A. 努力减少金融犯罪　　B. 增进市场信心

C. 保护存款人和广大金融消费者的利益　　D. 防范金融风险

【解析】保护存款人和广大金融消费者的利益是国务院银行业监督管理机构的基本职责和目标追求，是国际上银行监管机构的共同目标，也是其区别于目前我国其他监管机构的根本所在。

3. 下列选项中，不属于骆驼评级(CAMEL)参考指标的是(　　)。[2023 年 10 月真题]

A. 集中度水平　　B. 资本充足性　　C. 资产质量　　D. 盈利水平

【解析】骆驼评级体系是目前美国金融管理当局对商业银行及其他金融机构的业务经营、信用状况等进行的一整套规范化、制度化和指标化的综合等级评定制度。因其五项考核指标，即资本充足性(Capital Adequacy)、资产质量(Asset Quality)、管理水平(Management)、盈利水平(Earnings)和流动性(Liquidity)，其英文第一个字母组合在一起为“CAMEL”，正好与“骆驼”的英文名字相同而得名。骆驼评级方法，因其有效性，已被世界上大多数国家所采用。

4. 下列不属于我国银行监管目标的是(　　)。[2023 年 10 月真题]

A. 增进公众对现代金融的了解　　B. 扩大市场容量

C. 保护存款人和广大金融消费者的利益　　D. 防范金融风险

【解析】我国的银行监管目标主要包括：①保护存款人和广大金融消费者的利益；②增强市场信心；③增进公众对现代金融的了解；④减少金融犯罪；⑤支持实体经济发展，防范金融风险。

1A　2C　3A　4B

5. 从 1991 年开始，美国联邦储备委员会及其他监管部门对骆驼评级体系进行重新评估时增加的内容是(　　)。[2021 年 6 月真题]

A. 资本充足性　　B. 资产质量

C. 市场风险敏感度　　D. 盈利水平

【解析】从 1991 年开始，美国联邦储备委员会及其他监管部门对骆驼评级体系进行了重新修订。增加了第六个评估内容，即市场风险敏感度，主要考察利率、汇率、商品价格及股票价格的变化，对金融机构的收益或资本可能产生不良影响的程度。

6. 银行监管的首要环节是(　　)。[2014 年 11 月真题]

A. 现场检查　　B. 市场准入　　C. 非现场监管　　D. 信息披露

【解析】市场准入是金融机构获得许可证的过程，各国对金融机构实行监管都是从实行市场准入管制开始的。

7. 骆驼评级体系要求资本充足率比率达到(　　)。

A. 4% ~7%　　B. 5% ~6%　　C. 6.5% ~7.5%　　D. 6.5% ~7%

【解析】骆驼评级体系的分析涉及的主要指标和考评标准是：①资本充足率(资本/风险资产)，要求这一比率达到 6.5% ~7%；②有问题放款与基础资本的比率，一般要求该比率低于 15%；③管理者的领导能力和员工素质、处理突发问题应变能力和董事会决策能力、内部技术控制系统的完善性和创新服务吸引顾客的能力；④净利润与盈利资产之比在 1% 以上为第一、二级，若该比率在 0 ~1% 为第三、四级，若该比率为负数则评为第五级；⑤随时满足存款客户的取款需要和贷款客户的贷款要求的能力。

二、多选题(下列选项中有两项或两项以上符合题目要求，请将符合题目要求选项的代码填入括号内)

1. 骆驼评级主要考察的指标包括(　　)。[2021 年 10 月真题]

A. 盈利水平　　B. 资本充足性　　C. 管理水平　　D. 资产质量

E. 流动性

【解析】骆驼评级体系的五项考核指标分别为：①资本充足性(Capital Adequacy)；②资产质量(Asset Quality)；③管理水平(Management)；④盈利水平(Earnings)；⑤流动性(Liquidity)。

2. 下列属于监管当局对银行类金融机构现场检查的内容的有(　　)。[2014 年 11 月真题]

A. 管理与内控完善程度　　B. 资产负债结构及流动性状况

C. 收益结构及真实盈利水平　　D. 资产质量和资产损失准备金充足程度

E. 遵守法律、法规情况

【解析】常规性的现场检查，应主要包括以下内容：资产质量和资产损失准备金充足程度，实际资本充足水平，资产负债结构及流动性状况，收益结构及真实盈利水平，市场风险水平及管理能力，管理与内控完善程度，以及遵守法律、法规情况。通过现场检查，还要检查非现场监管难以监管和发现的问题。

3. 在有限的资源约束下，采用风险为本的监管是一种最具成本效益的选择，其发挥的重要

5C　6B　7D　▎　1ABCDE　2ABCDE　3ABCDE

作用有(　　)。[2014 年 11 月真题]

A. 实现了由事后检查向事前监测的转变　B. 实现了事后发现向事前预警的转变

C. 实现了事后纠正向事前防范转变　D. 加强了风险监测、识别和化解能力

E. 节省监管成本

【解析】风险为本的监管方式，实现了由事后检查向事前监测、事后发现向事前预警、事后纠正向事前防范转变，有更强的风险监测、识别和化解能力，在监管成本不升高的情况下能取得更好效果。

4. 银行监管中，采取市场准入的主要目的有(　　)。[2012 年 10 月真题]

A. 维护国有商业银行的利益　B. 保护存款者的利益

C. 防止海外游资流入国内银行系统　D. 维护银行市场秩序

E. 防止不合格的金融机构进入金融市场

【解析】市场准入是金融机构获得许可证的过程，各国对金融机构实行监管都是从实行市场准入管制开始的。实行市场准入管制是为了防止不合格的金融机构进入金融市场，保持金融市场主体秩序的合理性。市场准入监管的最直接表现体现为金融机构开业登记、审批的管制。

5. 下列选项属于非现场监管的基本流程的是(　　)。

A. 采集数据　B. 对有关数据进行核对、整理

C. 风险监测分析　D. 检查规定执行情况

E. 指导现场检查

【解析】非现场监管的基本流程包括：①采集数据；②对有关数据进行核对、整理；③生成风险监管指标值；④风险监测分析；⑤风险初步评价与早期预警；⑥指导现场检查。

三、判断题(请对下列各题的描述做出判断，正确的用 A 表示，错误的用 B 表示)

1. ARROW 评级体系是目前美国金融管理当局对商业银行及其他金融机构的业务经营、信用状况等进行综合等级评定的制度。(　　)[2023 年 10 月真题]

【解析】骆驼(CAMEL)评级体系是目前美国金融管理当局对商业银行及其他金融机构的业务经营、信用状况等进行的一整套规范化、制度化和指标化的综合等级评定制度。

2. 以风险为本的监管是指通过行政手段，对银行执行有关法规、制度和规章等情况进行监管，以规范银行经营行为，维护银行业内部秩序。(　　)

【解析】合规监管是指通过行政手段，对银行执行有关法规、制度和规章等情况进行监管，以规范银行经营行为，维护银行业内部秩序。

3. 风险监管的核心是监管当局能够识别、监测、预警和处置风险。(　　)

【解析】风险监管方式的核心是监管当局能够识别、监测、预警和处置风险，识别风险是各个环节的基础。

4. 对金融机构的专项检查应至少一年或一年半进行一次。(　　)

【解析】对金融机构的常规性全面检查应至少一年或一年半进行一次。

4BDE　5ABCE　▌　1B　2B　3A　4B

5. ARROW 评级体系中风险评估的内容只包括可能影响银行的外部风险。(　　)

【解析】ARROW 评级体系中风险评估的内容主要包括可能影响银行的外部风险，以及检测识别商业银行业务运作和内部控制方面的风险。

第三章　银行自律与市场约束

一、单选题(下列选项中只有一项最符合题目要求，请将正确选项的代码填入括号内)

1. 下列关于银行金融创新过程中客户利益保护的说法，错误的是(　　)。[2023 年 6 月真题]

   A. 银行应及时、高效处理客户投诉

   B. 银行应向客户准确、公平地披露产品信息

   C. 银行应对客户的投资损失予以全额赔付

   D. 银行应履行必要的保密义务，妥善保管客户信息

   【解析】银行业从业人员在向客户销售产品的过程中，应当严格落实销售专区录音录像等监管要求，按照规定以明确的、足以让客户注意的方式向其充分提示必要信息，对涉及的法律风险、政策风险以及市场风险等进行充分地提示。严禁为达成交易而隐瞒风险或进行虚假或误导性陈述，严禁向客户做出不符合有关法律法规及所在机构有关规章制度的承诺或保证。

2. 商业银行的信息披露中，关于经营业绩必须披露的内容不包括(　　)。[2022 年 7 月真题]

   A. 资本收益率　　B. 资产收益率　　C. 客户名单　　D. 净利差

   【解析】商业银行的信息披露中，关于经营业绩必须披露的内容包括资本收益率、资产收益率、主要收支项目、净利差及影响收益的主要因素等。

3. 中国银行业协会的最高权力机构是(　　)。[2021 年 10 月真题]

   A. 理事会　　B. 国务院银行业监督管理机构

   C. 常务理事会　　D. 会员大会

   【解析】中国银行业协会的最高权力机构为会员大会，由参加协会的全体会员单位组成。会员大会的执行机构为理事会，对会员大会负责。

4. 下列行业中，违反“公平竞争”原则的是(　　)。[2021 年 10 月真题]

   A. 某银行为提高服务质量，定期对从业人员进行培训讲授金融产品和服务的特点和技巧，经过一段时间后，该行的服务质量和效率显著提高，吸引了更多客户

   B. 某银行在向客户推销信用卡业务时，明确告知客户在信用卡使用过程中，消费达到一定金额后，可以获得相应积分

   C. 与同业相比，某银行同类产品定价并非最低，但却能在提供产品和服务的过程中，为客户提供增值服务

   D. 某银行客户经理为了获得一家上市企业的贷款业务，自己掏钱购买贵重礼物馈赠给该企业财务部门负责人

   【解析】银行业从业人员应当崇尚公平竞争，遵循客户自愿原则、尊重同业公平原则。在

1C　2C　3D　4D

宣传、办理业务过程中，不得使用不正当竞争手段。坚决抵制以权谋私、钱权交易、贪污贿赂、“吃拿卡要”等腐败行为。

5. 下列选项中符合银行业从业人员关于协助有权机关执法的规定的是(　　)。[2021 年 6 月真题]

A. 按规定审核有权机关来人的证件

B. 为图方便，简化协助执行程序

C. 未经法定程序透露客户信息给司法人员

D. 协助客户转移资产

【解析】银行业从业人员应当熟知银行承担的依法协助执行的义务，在严格保守客户隐私的同时，按法定程序积极协助执法机关的执法活动，不泄露执法活动信息，不协助客户隐匿、转移资产。

6. 某银行员工甲与员工乙共同负责业务印章及重要凭证的保管，甲保管保险箱钥匙，乙掌握密码，某日，甲员工请假看病，下列做法中，符合职业操守要求的是(　　)。[2021 年 6 月真题]

A. 甲估计外出时间不长，不会用到业务印章和相关凭证，因此未做移交就外出看病

B. 甲根据银行印章、重要凭证等管理规定，办理移交手续，正式移交钥匙后外出看病

C. 甲将保险箱钥匙委托第三名员工保管

D. 考虑到时间不长，甲将保险箱钥匙交于乙暂时保管

【解析】银行业从业人员应当遵守业务操作指引，遵循银行岗位职责划分和风险隔离的操作规程，确保客户交易的安全。不得打听与自身工作无关的信息，或是违反规定委托他人履行保管物品、信息或其他岗位职责。

7. 下列行为中，符合银行业从业人员行为规范关于严禁内幕交易行为的是(　　)。[2018 年 10 月真题]

A. 未经批准公布本行内部信息

B. 与同事交流自己服务客户的大额交易信息

C. 利用所了解的本行内幕信息指导客户股票交易

D. 与客户交流个人对宏观经济走势的看法

【解析】银行业从业人员在业务活动中应当遵守有关禁止内幕交易的规定。不得以明示或暗示的形式违规泄露内幕信息，不得利用内幕信息获取个人利益，或是基于内幕信息为他人提供理财或投资方面的建议。

8. 法院持法定手续去某银行支行查询某贸易公司的存款状况，该行客户经理小刘因与该贸易公司保持良好的业务关系，闻讯后立即告知该贸易公司。此行为违反了银行业从业人员职业操守中关于(　　)规定。[2018 年 10 月真题]

A. 监管规避　　B. 协助执行　　C. 内部交易　　D. 风险提示

【解析】协助有权机关执法要求银行业从业人员应当熟知银行承担的依法协助执行义务，在严格保守客户隐私的同时，按法定程序积极协助执法机关的执法活动，不泄露执法活

5A　6B　7D　8B

动信息，不协助客户隐匿、转移资产。

9. 银行从业人员的下列行为中，违反银行业从业人员行为规范中关于遵守岗位管理规范规定的是(　　)。[2015 年 10 月真题]

A. 未经批准帮同事代班　　B. 不打听与自身工作无关信息

C. 保管好自己的交易密码　　D. 对反洗钱信息保密

【解析】银行业从业人员应当遵守业务操作指引，遵循银行岗位职责划分和风险隔离的操作规程，确保客户交易的安全。不得打听与自身工作无关的信息，或是违反规定委托他人履行保管物品、信息或其他岗位职责。

10. 下列选项中，违反银行业从业人员职业操守关于“严守秘密”规定的是(　　)。[2015 年 10 月真题]

A. 依法向有权机构提供客户账户信息

B. 向反洗钱主管机构提供反洗钱需要的材料

C. 与本行专家讨论某股票的走势

D. 出于好奇向其他同事打听客户个人信息

【解析】银行业从业人员应当谨慎负责，严格保守工作中知悉的国家秘密、商业秘密、工作秘密和客户信息，坚决抵制泄密、窃密、违法处理客户个人信息等违法违规行为。

11. 银行从业人员处理客户投诉时，下列行为正确的是(　　)。[2015 年 10 月真题]

A. 若在机构规定的投诉反馈期限内无法提出处理意见，只能搁置

B. 对客户错误的投诉和建议无需理会

C. 应当耐心听取客户投诉，事后若经过调查发现客户投诉不当则不必再答复客户

D. 应当将处理的进展和结果及时地反馈给客户

【解析】银行业从业人员应当坚持客户至上、客观公正原则，耐心、礼貌、认真地处理客户的投诉，及时作出有效反馈。

12. 下列行为中，属于银行业从业人员接受、配合监管工作的是(　　)。[2014 年 6 月真题]

A. 管理人员之间统一口径　　B. 提供检查经费

C. 提供内部管理基本情况　　D. 转移相关账本

【解析】银行业从业人员应当树立依法合规意识，依法接受银行业监督管理部门的监管，积极配合非现场监管和现场检查等监管工作。严禁自行或诱导客户规避监管要求。

13. 近期，某银行支行因为一笔违规放贷可能导致损失，记者李某找到他在该支行的一位朋友张某进行采访。在这种情况下(　　)。[2013 年 11 月真题]

A. 张某为维护所在机构的形象和声誉，应断然否认

B. 张某有责任告知李某他所知道的情况

C. 未经单位允许和授权，张某不应擅自代表所在机构接受新闻媒体采访

D. 如果李某答应不披露采访对象，张某就可以将他所知道的情况告诉李某

【解析】银行业从业人员应当遵守法律法规、监管规制及所在机构关于信息发布的规定，严禁擅自接受媒体采访或通过微信、微博、贴吧、网络直播等自媒体形式对外发布相

9A　10D　11D　12C　13C

关信息。

14. 某上市银行工作人员小王在编制本行年度报告过程中，建议其父亲购买 10000 股该行的股票，此行为违反了行为规范的(　　)规定。[2010 年 5 月真题]

A. 严禁内幕交易行为　　B. 严禁违法犯罪行为

C. 严禁组织、参与非法民间融资　　D. 严禁挪用资金行为

【解析】银行业从业人员在业务活动中应当遵守有关禁止内幕交易的规定。不得以明示或暗示的形式违规泄露内幕信息，不得利用内幕信息获取个人利益，或是基于内幕信息为他人提供理财或投资方面的建议。

15. 下列行为中，不属于银行业从业人员职业操守关于“诚实守信”规定的是(　　)。

A. 恪守诚实信用原则，真诚对待客户，珍视声誉、信守承诺

B. 发扬银行业“三铁”精神

C. 秉持服务为本的理念

D. 谋事要实，创业要实，做人要实，通过踏实劳动实现职业理想和人生价值

【解析】C 项属于银行业从业人员职业操守关于“服务为本”的规定。

16. 下列规定不属于实施履职回避的有(　　)。

A. 银行业从业人员应当严格遵守有关履职回避要求

B. 银行从业人员任职期间出现需要回避情形的，本人应当主动提出回避申请，服从所在机构作出的回避决定

C. 银行业从业人员严禁通过近亲属以明显优于或低于正常商业条件与其所在机构进行交易

D. 银行业金融机构不得向特定关系人及其亲属提供高薪岗位、职务、薪酬奖励

【解析】C 项属于严禁非法利益输送交易的规定。

17. 某银行部门主管对一名业务人员的违规行为进行了处罚。但是该业务人员认为自己并没有违反规章制度，则该业务人员应(　　)。

A. 向媒体披露证据证明自己的清白

B. 向公安部门反映情况

C. 按照正常渠道向本行有关部门反映和申诉

D. 向部门所有同事发送邮件争取声援

【解析】根据《银行业从业人员职业操守和行为准则》中关于“惩戒及争议处理”的规定要求，银行业从业人员对所在机构的惩戒有异议的，有权按照正常渠道反映和申诉。

18. 下列关于强化银行从业人员职业行为自律的相关说法错误的是(　　)。

A. 严格遵守准则，接受所在机构的监督管理

B. 自觉接受银行业协会等自律组织的监督

C. 对所在机构的惩戒有异议的，有权按照正常渠道反映和申诉

D. 对银行业从业人员严重违法违规违纪的、严重影响行业形象造成恶劣社会影响的纳入“黑名单”管理，予以通报同业，但不实行行业禁入制度

14A　15C　16C　17C　18D

【解析】对银行业从业人员严重违法违规违纪的、严重影响行业形象造成恶劣社会影响的纳入“黑名单”管理，予以通报同业，实行行业禁入制度。对其他情节较严重的违法违规违纪人员实行“灰名单”管理制度，限制其不得任职于银行业金融机构重点部门或关键岗位。

19. 下列关于银行业机构信息披露要求的说法，不正确的是(　　)。

A. 必须每季度披露风险管理政策

B. 根据巴塞尔委员会的要求，银行应进行并表披露

C. 必须提高信息披露的相关性

D. 必须保持合理频度

【解析】A 项，巴塞尔《新资本框架协议》(第三稿)规定，第三支柱规定的披露频率应该为每半年进行一次，有关银行风险管理目标及政策、报告系统及各项口径的一般性概述的定性披露可每年一次，考虑到新协议增强风险敏感度、在资本市场上更频繁地报告的总体趋势，国际活跃的大银行和其他大银行(及其主要分支机构)必须按季度披露一级资本充足率、总的资本充足率及其组成成分。

二、多选题(下列选项中有两项或两项以上符合题目要求，请将符合题目要求选项的代码填入括号内)

1. 银行信息披露的方式包括(　　)。[2021 年 6 月真题]

A. 内部邮件　　B. 新闻媒体　　C. 致股东的信　　D. 新闻发布会

E. 年报

【解析】银行信息披露的方式根据披露的对象和范围，可选择新闻媒体、新闻发布会、年报等方式。

2. 下列选项中，属于商业银行不正当竞争的有(　　)。[2019 年 10 月真题]

A. 封锁有关金融信息　　B. 储蓄回扣

C. 储蓄赠送礼品　　D. 有奖储蓄

E. 违反中央银行利率方面的有关规定进行贴息

【解析】银行业从业人员应当崇尚公平竞争，遵循客户自愿原则、尊重同业公平原则。在宣传、办理业务过程中，不得使用不正当竞争手段。坚决抵制以权谋私、钱权交易、贪污贿赂、“吃拿卡要”等腐败行为。

3.《银行业从业人员职业操守和行为准则》由(　　)监督实施。[2013 年 6 月真题]

A. 司法机构　　B. 银行业自律组织

C. 社会公众　　D. 银行业从业人员所在机构

E. 监管机构

【解析】从一般意义上讲，遵守职业操守与准则，应当成为银行业从业人员自觉的职业行为。但没有一定的监督、约束机制，严重违反职业操守规定的行为得不到应有的惩罚，银行业就不能健康发展。因此，《银行业从业人员职业操守和行为准则》的监督者有：银行业从业人员所在机构、银行业自律组织、监管机构和社会公众。

19A　▎　1BDE　2ABCDE　3BCDE

4. 小王是某商业银行客户经理，他应该接受(　　)监督。[2012 年 6 月真题]

A. 国家外汇管理局　　B. 其所在地区的银行业协会

C. 国务院银行业监督管理机构　　D. 社会公众

E. 所在商业银行

【解析】银行业从业人员应当遵守《银行业从业人员职业操守和行为准则》，并接受所在机构、银行业自律组织、监管机构和社会公众的监督。其中，监管机构既包括国务院银行业监督管理机构，也包括中国人民银行、国家外汇管理局等行使监督管理职能的部门及其分支机构。

5. 下列行为属于内幕交易的有(　　)。[2011 年 10 月真题]

A. 非内幕信息知情人利用不正当手段获得内幕信息，根据该信息建议他人买卖证券

B. 内幕信息知情人根据内幕信息建议他人买卖证券

C. 内幕信息知情人根据内幕信息自行买卖证券

D. 内幕信息知情人向他人泄露内幕信息，他人利用该信息获利

E. 非内幕信息知情人以不正当手段获得内幕信息，根据该信息买卖证券

【解析】严禁内幕交易行为的主要内容包括：银行业从业人员在业务活动中应当遵守有关禁止内幕交易的规定。不得以明示或暗示的形式违规泄露内幕信息，不得利用内幕信息获取个人利益，或是基于内幕信息为他人提供理财或投资方面的建议。

6. 银行业从业人员职业操守包括(　　)。

A. 勤勉履职　　B. 诚实守信　　C. 服务为本　　D. 专业胜任

E. 依法合规

【解析】银行业从业人员职业操守包括以下七项：①爱国爱行；②诚实守信；③依法合规；④专业胜任；⑤勤勉履职；⑥服务为本；⑦严守秘密。

7. 下列属于对风险暴露和风险管理情况的披露内容的有(　　)。

A. 信用风险状况　　B. 资本收益率　　C. 市场风险状况　　D. 操作风险状况

E. 净利差及影响收益的主要因素

【解析】对风险暴露和风险管理情况的披露内容包括：①信用风险状况；②流动性风险状况；③市场风险状况；④操作风险状况；⑤其他风险状况。BE 两项属于对经营业绩的披露内容。

8. 下列属于对风险管理战略与实践的披露内容的有(　　)。

A. 风险管理的组织结构　　B. 总资本结构

C. 风险的监管评价　　D. 风险的控制体系

E. 核心资本和附属资本结构

【解析】对风险管理战略与实践的披露内容包括风险管理的组织结构，风险的识别、监管评价和控制体系，规避和化解风险的工具与技术。BE 两项属于对资本充足状况的披露内容。

9. 下列属于对公司治理结构的披露内容的有(　　)。

4ABCDE　5ABCDE　6ABCDE　7ACD　8ACD　9BCD

A. 季度内召开股东大会情况　　B. 最大十名股东名称及报告期内变动情况
C. 董事会的构成及其工作情况　　D. 监事会的构成及其工作情况
E. 按存放境内、境外同业披露存放同业款项

【解析】A 项应为年度内召开股东大会的情况；E 项属于主体业务、经营管理等信息应该披露的内容。

10. 下列属于对会计政策与实践的披露内容要求的有(　　)。
A. 计算各类资产价值的会计准则
B. 编制年报和合并报表所遵循的一般会计原则
C. 确认不良资产及其收益的会计政策与方法
D. 提取呆账准备金及呆坏账核销停息的会计政策与方法
E. 呆账准备金水平和政策

【解析】E 项属于对资本充足状况披露内容的要求。

11. 市场约束参与方主要包括(　　)。
A. 其他银行　　B. 存款人　　C. 评级机构　　D. 债权人
E. 股东

【解析】市场约束的主体是银行的债权人和所有者以及其他一些金融市场的参与者，如其他银行、金融机构以及评级公司等中介机构。

12. 根据信息披露的相关规定，金融机构应当披露的信息包括(　　)。
A. 经营业绩　　B. 风险暴露和风险管理情况
C. 资本充足状况　　D. 风险管理战略与实践
E. 会计政策与实践

【解析】金融机构应披露以下方面的信息：①经营业绩；②风险暴露和风险管理情况；③资本充足状况；④风险管理战略与实践；⑤会计政策与实践；⑥主体业务、经营管理等信息；⑦公司治理结构。

13. 下列选项中，属于金融机构在信息披露中应当披露的主体业务、经营管理等方面的信息的是(　　)。
A. 按存放境内、境外同业披露存放同业款项
B. 按信用贷款、保证贷款、抵押贷款、质押贷款分别披露贷款的期初数、期末数
C. 应收利息余额及变动情况
D. 贷款损失准备的期初数、本期计提数、本期转回数、本期核销数、期末数
E. 增加或减少注册资本、分立合并事项

【解析】E 项属于应披露的公司治理结构方面的信息。

14. 下列属于对资本充足状况披露内容的有(　　)。
A. 重要资产转让及其出售　　B. 核心资本和附属资本结构
C. 风险资产总额　　D. 资本净额的数量和结构
E. 资本充足比率及计算方法

10ABCD　11ABCDE　12ABCDE　13ABCD　14BCDE

【解析】A 项属于对会计政策与实践披露内容的要求。

15. 下列关于银行信息披露频率，说法正确的有(　　)。
A. 银行应提高透明度，定期向公众提供可靠的信息和关键数据，反映银行真实财务状况、经营活动、风险状况和风险管理活动等方面的信息
B. 如果有关风险暴露或其他项目的信息变化较快，银行也要按年度披露这些信息
C. 第三支柱规定的披露频率应该为每半年进行一次
D. 有关银行风险管理目标及政策、报告系统及各项口径的一般性概述的定性披露可每年一次
E. 国际活跃的大银行和其他大银行(及其主要分支机构)必须按年度披露一级资本充足率、总的资本充足率及其组成成分

【解析】B 项，如果有关风险暴露或其他项目的信息变化较快，银行也要按季度披露这些信息；E 项，国际活跃的大银行和其他大银行(及其主要分支机构)必须按季度披露一级资本充足率、总的资本充足率及其组成成分。

16. 下列关于中国银行业协会的运行机制的说法正确的有(　　)。
A. 中国银行业协会的最高权力机构为会员大会，由参加协会的部分会员单位组成
B. 会员大会的执行机构为理事会，对会员大会负责
C. 常务理事会在会员大会闭会期间负责领导协会开展日常工作
D. 理事会闭会期间，常务理事会行使理事会职责
E. 常务理事会由会长 1 名、专职副会长 1 名、副会长 1 名、秘书长 1 名组成

【解析】A 项，中国银行业协会的最高权力机构为会员大会，由参加协会的全体会员单位组成；C 项，理事会在会员大会闭会期间负责领导协会开展日常工作；E 项，常务理事会由会长 1 名、专职副会长 1 名、副会长若干名、秘书长 1 名组成。

三、判断题(请对下列各题的描述做出判断，正确的用 A 表示，错误的用 B 表示)

1. 银行中如有闲置的手提电脑，从业人员可以带回家中供家人使用，银行需要随时返回。(　　)[2017 年 6 月真题]

【解析】银行业从业人员应当厉行勤俭节约，珍惜资源，爱护财产。根据工作需要合理使用所在机构财物，禁止以任何方式损害、浪费、侵占、挪用、滥用所在机构财产。

2. 商业银行定期披露的信息应包括财务会计报告、风险管理信息、公司治理信息、年度重大事项等。(　　)[2016 年 11 月真题]

【解析】2002 年 5 月 21 日，中国人民银行颁布的《商业银行信息披露暂行办法》规定，商业银行应按照办法规定披露财务会计报告、各类风险管理状况、关联方交易的总量及重大关联方交易的情况、公司治理、年度内重大事项等信息。

3. 自律组织即自我管理机构，是政府监管的主要手段，也是监管机构进行监管必要的和有益的补充。(　　)

【解析】自律组织即自我管理机构，是政府监管的重要辅助，也是监管机构进行监管必要的和有益的补充。

15ACD　16BD　▌　1B　2A　3B

4. 银行从业人员应当根据有关反洗钱的规定，严格按照要求落实大额和可疑交易等工作。(　　)

【解析】银行从业人员应当遵守反洗钱、反恐怖融资有关规定，熟知银行承担的义务，严格按照要求落实报告大额和可疑交易等工作。

5. 银行业从业人员应当认真落实所在机构贯彻中央八项规定精神的有关制度，坚决反对“形式主义、官僚主义、享乐主义和奢靡之风”等四种不正之风。(　　)

【解析】银行业从业人员应当严格遵守纪律要求，认真落实所在机构贯彻中央八项规定精神的有关制度，求真务实、勤俭节约，坚决反对“形式主义、官僚主义、享乐主义和奢靡之风”。

6. 银行业从业人员根据所在机构和客户之间的契约而产生的服务方式的差异是歧视客户的表现。(　　)

【解析】银行业从业人员应当公平对待所有客户，不得因客户的国籍、肤色、民族、性别、年龄、宗教信仰、健康或残障及业务的繁简程度和金额大小等其他方面的差异而歧视客户。银行业从业人员根据所在机构与客户之间的契约而产生的服务方式、费率等方面的差异属于双方约定的内容，不应视为歧视。

7. 中国银行业协会的主管单位为国务院银行业监督管理机构。(　　)

【解析】中国银行业协会是我国的银行业自律组织，成立于2000年，是在民政部登记注册的全国性非营利社会团体。主管单位为国务院银行业监督管理机构。

8. 中国银行业协会以促进会员单位实现共同利益为宗旨。(　　)

【解析】中国银行业协会以促进会员单位实现共同利益为宗旨，履行自律、维权、协调、服务职能，维护银行业合法权益，维护银行业市场秩序，提高银行业从业人员素质，提高为会员服务的水平，促进银行业的健康发展。

4A　5A　6B　7A　8A

第四章　清廉金融

一、单选题(下列选项中只有一项最符合题目要求，请将正确选项的代码填入括号内)

1. 银行业金融机构应加强清廉金融建设，将清廉从业制度纳入(　　)体系，将清廉金融理念贯穿业务经营各个方面、各个环节和流程。[2023 年 10 月真题]

A. 内部控制　　B. 全面风险管理　　C. 内部审计　　D. 合规管理

【解析】银行业金融机构应加强清廉金融建设，将清廉从业制度纳入金融业全面风险管理体系，将清廉理念贯穿金融机构业务经营各个方面、各个环节和流程。强调建立科学完备、适应市场发展的现代金融制度，保障金融业稳健发展。

2. 下列关于清廉金融的内涵的说法错误的是(　　)。

A. 清廉金融包含清廉从业理念、清廉从业制度、清廉从业行为、清廉金融产品等

B. 清廉从业理念，强调金融从业诚信、责任、服务、合规、稳健、创新

C. 清廉从业制度，纳入金融业全面风险管理体系，将清廉理念贯穿金融机构业务经营各个方面、各个环节和流程

D. 清廉金融产品，强调金融产品的安全性、风险性、收益性是金融客户关注的重点

【解析】清廉金融产品，强调金融产品的安全性、透明度、收益性是金融客户关注的重点，必须经得起客户及社会的监督和检验。金融机构不得销售或推介未经审批的产品，不得代销未持有金融牌照机构发行的产品。

3. 下列关于银行业从业人员清廉金融行为守法，说法错误的是(　　)。

A. 自觉遵守法律法规规定，不得参与“黄、赌、毒、黑”、非法集资、非法吸收公众存款、高利贷、高利转贷、欺诈、行贿受贿等一切违法活动和非法组织

B. 遵守岗位管理规范，确保客户交易的安全

C. 不得以故意伤害、非法拘禁、侮辱、恐吓、威胁、骚扰等非法手段催收贷款

D. 不得利用职务便利实施伪造信用卡、非法套现信用卡、滥发信用卡等

【解析】B 项属于银行业从业人员清廉金融业务合规的相关规定。

二、多选题(下列选项中有两项或两项以上符合题目要求，请将符合题目要求选项的代码填入括号内)

1. 下列关于银行业从业人员清廉从业管理的授信业务方面的行为禁令的说法正确的有(　　)。

A. 严禁隐瞒贷款审查中发现的重大问题或疑点

B. 严禁以化整为零等方式越权或变相越权审批贷款，逆程序或缺程序审批贷款

C. 严禁不按规定审核办理贷款发放手续直接发放贷款，未落实贷款审批意见或擅自变更审批意见发放贷款

D. 严禁采用自主支付方式

1B　2D　3B　|　1ABCE

E. 严禁无票据贴现或先贴现后见票，以先转后贴的方式逆程序办理贴现和转贴现业务

【解析】D 项，严禁不按规定采用受托支付，或按规定采用自主支付方式时未对借款人的资金使用情况进行监控。

2. 下列关于银行业从业人员清廉从业管理职业操守方面的行为禁令，说法正确的有(   )。

A. 严禁参加非法集资或高利贷活动，为高利贷公司、担保公司、小额贷款公司以及客户之间等充当任何形式的资金掮客，牵线搭桥帮助借款人筹措资金归还银行贷款并从中牟利

B. 严禁对不具有真实贸易背景的商业汇票或不能确认具有真实贸易背景的票据办理承兑、贴现

C. 严禁利用职务上的便利与亲属及其他利益关系人投资入股或实际控制的担保机构进行业务合作，或利用职权指令与某一特定担保机构合作

D. 严禁利用职务上的便利索要、收受贿赂，或违反国家规定收受各种名义的回扣、手续费等

E. 严禁允许非本行员工以各种方式进入本机构办公或营业场所开展民间借贷、违规担保和非法集资活动

【解析】B 项属于银行业从业人员清廉从业管理授信业务方面的行为禁令。

三、判断题(请对下列各题的描述做出判断，正确的用 A 表示，错误的用 B 表示)

1. 银行业金融机构应加强员工行为管理的全周期落实，重视员工职业发展，从员工入职前、入职后的新人期、成长期，自始至终分阶段进行行为管理教育防范。(   )

【解析】银行业金融机构将清廉行为规范作为反腐倡廉建设、企业文化建设、合规管理、员工教育培训及人力资源管理的重要内容，定期评估，建立持续的员工执业行为评价和监督机制。加强员工行为管理的全周期落实，重视员工职业发展，从员工入职前、入职后的新人期、成长期，自始至终分阶段进行行为管理教育防范。

2. 银行业金融机构应当强化内控案防管理，通过大数据等系统排查手段，强化对员工异常行为的监督。(   )

【解析】银行业金融机构应当强化内控案防管理，通过大数据等系统排查手段，强化对员工异常行为的监督，包括员工与客户之间是否存在经济往来，是否有大额资金进出，以及员工与员工之间是否有不正当经济往来等。

2ACDE ▌ 1A 2A

第五章　银行业消费者权益保护

一、单选题（下列选项中只有一项最符合题目要求，请将正确选项的代码填入括号内）

1. 银行在与客户格式合同中增加了限制消费者合法权利的条款，这违反了银行业消费者应享有的（　　）。［2022 年 7 月真题］

A. 安全权　　B. 受尊重权　　C. 隐私权　　D. 公平交易权

【解析】公平交易权是指，银行在与消费者形成法律关系时，应当遵循公正、平等、诚实、信用的原则，不得强行要求消费者购买、使用其产品或接受其服务，银行业金融机构不得设置违反公平原则的交易条件，在格式合同中不得加重金融消费者责任、限制或者排除金融消费者合法权利，不得限制金融消费者寻求法律救济途径，不得减轻、免除本机构损害金融消费者合法权益应当承担的民事责任。

2. 银行以各种理由和借口限制、误导银行业消费者进行自主决策，侵犯了消费者的（　　）。［2019 年 6 月真题］

A. 隐私权　　B. 自主选择权　　C. 安全权　　D. 知情权

【解析】银行业消费者的自主选择权是指银行业消费者可以根据自己的体验、爱好与判断自主选择银行作为交易对象或自主选择银行产品并决定是否与其进行交易，不受任何单位和个人的不合理干预。银行业消费者可以自主决定选择银行，而个别银行以各种理由和借口限制、误导银行业消费者进行自主决策就会造成侵权。

3. 享有（　　），是银行业消费者在消费过程中作出自由选择并实现公平交易的前提条件。

A. 安全权　　B. 隐私权　　C. 知情权　　D. 自主选择权

【解析】银行业消费者的知情权，是指在消费中，银行业消费者享有知悉其购买、使用产品或接受服务的真实情况的权利。享有知情权，是银行业消费者在消费过程中作出自由选择并实现公平交易的前提条件。

4. 银行业消费者的受教育权可以分为______的教育权和______的教育权。（　　）

A. 银行消费知识；银行服务知识　　B. 银行消费知识；消费者权益保护知识

C. 银行产品知识；消费者权益保护知识　　D. 银行产品知识；银行服务知识

【解析】银行业消费者的受教育权可以分为两类：银行消费知识的教育权和消费者权益保护知识的教育权。前者指消费者有权接受关于银行产品的种类、特征等有关知识的教育，后者指消费者有权接受权益受到侵害时如何维权等知识的教育。

5. 银行业金融机构（　　）是指银行业金融机构支持国家产业政策和环保政策，节约资源，保护和改善自然生态环境，支持社会可持续发展。

A. 慈善责任　　B. 经济责任　　C. 社会责任　　D. 环境责任

【解析】AC 项，银行业金融机构社会责任，是指银行业金融机构以符合社会道德和公益

1D　2B　3C　4B　5D

要求的经营理念为指导，积极维护消费者、员工和社区大众的社会公共利益，提倡慈善责任，积极投身社会公益活动，构建社会和谐，促进社会发展；B 项，银行业金融机构经济责任，是指银行业金融机构在遵守法律条件下，营造公平、安全、稳定的行业竞争秩序，以优质的专业经营，持续为国家、股东、员工、客户和社会公众创造经济价值。

6. 《银行业金融机构绩效考评监管指引》的颁布，将(　　)类指标作为五大类指标之一专门纳入绩效考评中。

A. 合规经营　　B. 社会责任　　C. 风险管理　　D. 发展转型

【解析】为指导和推动银行业金融机构履行社会责任，2012 年，原中国银监会颁布《银行业金融机构绩效考评监管指引》，将社会责任类指标作为五大类指标之一专门纳入绩效考评中。银行业金融机构绩效考评指标包括：合规经营类指标、风险管理类指标、经营效益类指标、发展转型类指标、社会责任类指标。

二、多选题(下列选项中有两项或两项以上符合题目要求，请将符合题目要求选项的代码填入括号内)

1. 《中国银行业金融机构企业社会责任指引》从(　　)三个方面对银行业金融机构应该履行的社会责任进行了阐述。[2023 年 6 月真题]

A. 社会责任　　B. 环境责任　　C. 政治责任　　D. 安全责任

E. 经济责任

【解析】《中国银行业金融机构企业社会责任指引》从经济责任、社会责任、环境责任三个方面对银行业金融机构应该履行的社会责任进行了阐述，并对银行业金融机构履行社会责任的管理机制和制度提出了建议。

2. 银行业金融机构环境责任的主要内容包括(　　)。

A. 优化资源配置，支持社会、经济和环境的可持续发展

B. 倡导独立对融资项目的环境影响进行现场调查、审核

C. 热心慈善捐赠、志愿者活动

D. 积极主动地参与环境保护的实践和宣传活动

E. 维护银行业良好的市场竞争秩序，促进银行业健康发展

【解析】C 项属于银行业金融机构社会责任包含的内容；E 项属于银行业金融机构经济责任包含的内容。

三、判断题(请对下列各题的描述做出判断，正确的用 A 表示，错误的用 B 表示)

1. 当前，金融教育已逐渐成为市场行为和审慎监管的有效补充。(　　)

【解析】当前，金融教育已逐渐成为市场行为和审慎监管的有效补充，许多国家在改进个人金融行为上也将金融教育定位为长期优先事项。

2. 银行业消费者专指购买或使用银行业产品的自然人。(　　)

【解析】银行业消费者是指购买或使用银行业产品和接受银行业服务的自然人。

6B ❙ 1ABE　2ABD ❙ 1A　2B